Oliver Ahlfeld

Starke Mitarbeiter
Starke Gemeinden

Mitarbeiter gewinnen und fördern
– als Gemeinde leben und wachsen

BORN-VERLAG

Der Autor

Oliver Ahlfeld, Jahrgang 1968, ist Religionslehrer an Gymnasium sowie Haupt-/Realschule und staatlich anerkannter Erzieher. Er absolvierte von 1996 bis 2000 die theologische und religionspädagogische Ausbildung am Seminar für Theologie-, Jugend- und Gemeindepädagogik in Unterweissach.

Seit 2000 ist er im Gemeindeaufbau in Parchim/ Mecklenburg für den Mecklenburgischen Gemeinschaftsverband im Einsatz. Innerhalb der vergangenen Jahre gelang es ihm, dort zunächst ein kleines Team und dann eine lebendige Gemeinde mit engagierten Mitarbeitern aufzubauen. Mit seiner Frau und den zwei Söhnen lebt er in Parchim.

Starke Mitarbeiter - Starke Gemeinden: 111 Jahre BORN-VERLAG

Seit 111 Jahren ist es der Auftrag des BORN-VERLAGs, Mitarbeiter zu stärken, zu prägen und persönlich zu fördern, damit sie selbst Menschen zu Jüngern machen können. Als Fachverlag für Medien für die christliche Gemeindearbeit bringen wir Handbücher, Kurse und Themen sowie Software, Filme und Zeitschriften heraus – „Medien für Mitarbeiter". In unserem Jubiläumsjahr war es uns ein besonderes Anliegen, ein Buch herauszubringen, das ganz im Zeichen unseres Auftrages „Starke Mitarbeiter – starke Gemeinden" steht: Wir wollen Mitarbeiter und Gemeinden fördern, damit sie im Glauben lebendig sind und fröhlich zum Glauben einladen. Mehr Informationen über uns gibt es unter www.bornverlag.de.

Impressum

© 2009 **BORN-VERLAG**, Kassel

Printed in Germany – All rights reserved.

Lektorat: Christa Wachsmuth, Martinhagen
Umschlaggestaltung: Dieter Betz Design-Kommunikation, Friolzheim
Satz: **BORN-VERLAG** / Claudia Siebert, Kassel
Druck und Gesamtherstellung: AALEXX Buchproduktion GmbH, Großburgwedel

Gedruckt auf FSC-zertifiziertes Papier.

ISBN 978-3-87092-485-0
Bestellnr. 182.485

Was brauchen Gemeinden von heute, damit sie morgen stark genug sind, um Menschen zu bewegen, zu prägen und zum Glauben einzuladen?

„Unsere Gemeinden brauchen eine Erweckung, sodass sie für den Auftrag Jesu wach werden, und dafür, wie dieser heute umgesetzt werden kann: Menschen für Jesus zu gewinnen, sodass sie - Kinder, Jugendliche und Erwachsene gemeinsam - bei Jesus ein Zuhause finden. Dazu brauchen wir „intakte Gemeinden", die geistliche Gemeinschaft leben, Kontakte zu Menschen pflegen und missionarische Aufbauarbeit betreiben: einladender Gottesdienst, vertiefende Kleingruppenarbeit, attraktive Kleingruppenarbeit und geistliche Leiterschaft sind entscheidende Bausteine. So werden sich Mitarbeiter mit ihren Gaben entfalten und Gemeinden unter Gottes Segen wachsen können. Oliver Ahlfeld, wie er in der Gemeindearbeit Parchim leibt und lebt, ist dafür ein modellhaftes Beispiel."
Michael Stahl, Inspektor
des Westfälischen Gemeinschaftsverbandes e.V., Bochum

„Ich hatte immer wieder von Oliver Ahlfeld und der Landeskirchlichen Gemeinschaft in Parchim gehört. Was ich hörte, machte mich neugierig. Deshalb habe ich ihn besucht - und ihn und seine Familie und manche der Mitarbeitenden kennen gelernt. Ich merkte, sie haben keine besondere Methode; da gibt es auch kein Programm, das man abkupfern könnte. Vieles ist ganz normal und gewöhnlich. Da gibt es auch Niederlagen und Konflikte. Aber sie leben im Vertrauen, dass der lebendige Christus - wo und wann er will - Türen auftut, Menschen verändert, neues Leben schenkt. Sie versuchen, hinter ihm herzugehen. Staunend Christus zu folgen - darauf kommt es an."
Theo Schneider, Generalsekretär
des Ev. Gnadauer Gemeinschaftsverbandes e.V., Kassel

„Gemeinden von morgen leben schon heute ihre Bestimmung als Salz und Licht der Welt: Sie kommen aus ihren ‚Salzstreuern' heraus - anstatt ‚Klümpchen zu bilden' und von anderen zu erwarten, dass sie durch die ‚engen Löcher' hineinkommen. Sie leuchten unübersehbar, aber sie ‚blenden' nicht. Sie delegieren das Dienen nicht an diejenigen, die man dafür bezahlt. Sie pflegen echte Beziehungen mit den Men-

schen ihrer Stadt, drücken sich verständlich aus und bieten denen, die sich nicht mehr auskennen, mit Herz und Hand die Wahrheit an."
Dorothée Schmöckel, Referentin für Freiwillige Soziale Dienste im Deutschen EC-Verband, Kassel

„Ich beneide Oliver Ahlfeld. Manchmal bemitleide ich ihn auch. Das liegt daran, dass er in einem Umfeld Gemeinde bauen darf, in dem die Menschen Jesus nicht kennen. Stellenweise kennen sie noch nicht einmal seinen Namen. Ein Traumjob, der mitunter beinhart ist. Wer so einer Aufgabe gerecht werden will, braucht gewisse Eigenschaften: Liebe, Widerstandsfähigkeit, Zähigkeit, Fleiß, Experimentierfreude, Kreativität. Oliver hat all das. Und: Er kann andere damit anstecken. Wie das geht, verrät er in diesem Buch."
Gottfried (Gofi) Müller, Jugendevangelist, Marburg

„Gemeinden, die morgen stark sein wollen, müssen heute stark werden. Die Gemeinde von gestern sagt uns, was stark macht: *Sie blieben aber beständig in der* **Lehre der Apostel** *und in der* **Gemeinschaft** *und im* **Brotbrechen** *und im* **Gebet (**Apg 2,42). Auch die Väter des EC helfen uns: *Ich will jeden Tag Gottes Wort lesen und beten, von der Teilnahme am Gottesdienst/Gemeinschaftsstunde sollen mich nur solche Gründe abhalten, die ich vor meinem Herrn verantworten kann.* Bekehrung zu Jesus sowie treues, tägliches Hören und Beten machen Christen stark. Ich freue mich, dass Oliver Ahlfeld das praktiziert und lehrt."
Uwe Holmer, Landespfarrer i.R., Serrahn

„Gemeinden, die heute bereits für morgen fit sind, brauchen ein klares Profil nach innen und ein weites Herz nach außen. Sie müssen eine Bedeutung bekommen für ihren Ort und für die Menschen in ihrem Umfeld. Deshalb brauchen sie eine gesunde Mischung der vier Grundpfeiler einer lebendigen Gemeinde: „diakonia" (Einsatz für die Menschen), „leiturgia" (bedeutsame Gottesdienste), „martyria" (ein evangelistisches Herz) und „koinonia" (eine attraktive Gemeinschaft). Diese Gemeinden werden eine enorme Prägekraft entwickeln und vielen Menschen zum Segen werden."
Klaus Göttler, Praxisdozent an der Evangelistenschule Johanneum in Wuppertal

Vorbemerkungen

Dies ist ein Buch aus der Praxis für die Praxis. Obwohl nicht alle Erfahrungen und Schritte aus meiner eigenen Gemeinde stammen, habe ich die meisten davon mit unserem Gemeindeteam erlebt oder wir sind darin unterwegs. Das will sagen, dass fast alle Überschriften, vom ersten bis zum letzten Kapitel, in den vergangenen Jahren so oder so ähnlich als Herausforderungen im Raum standen. Wie ich damit, insbesondere mit der Herausforderung eines wachsenden Mitarbeiterteams, umgegangen bin, ist subjektive Erfahrung und darum sehr persönlich beurteilt und notiert. Das bitte ich den Leser zu berücksichtigen, gerade um einem ungesunden Subjektivismus vorzubeugen. Es sind hier im Wesentlichen „nur" meine Erfahrungen und die unseres Mitarbeiterteams geschildert, keine Gesetze, wie man möglichst schnell viele Mitarbeiter gewinnt und eine „starke" Gemeinde herbeizaubert.

Vieles von dem, was in meiner Gemeinde dann angewandt werden konnte, geht an anderem Ort, zu anderer Zeit und mit anderen Menschen möglicherweise nicht. Vielleicht „geht" es überhaupt nicht. Trotzdem habe ich versucht, so objektiv wie möglich zu erläutern und zu beschreiben. Den Eindruck eines Imperativs möchte ich dabei vermeiden. Trotz vieler Dinge, die in einer Gemeinde dringend „dran" sein können, darf die Freude nicht verlorengehen. Vielmehr soll gerade sie eine Quelle der Motivation sein. Darum will dieses Buch auch ein wenig unterhalten und zum Schmunzeln bringen.

Das Geschriebene mag außerdem bei manchem Leser den Eindruck erwecken, es müsse möglichst viel *getan* werden, damit die angesprochenen Fragen geklärt oder Probleme behoben werden können. Dazu verweise ich auf die Einleitung und möchte anfügen: Manche Dinge *müssen* überhaupt nicht geändert werden. Vielleicht ändern sie sich ganz von selbst. Oder sie ändern sich plötzlich, während wir in einer anderen Sache eine ganz andere Kleinigkeit getan haben. Wie auch immer, wichtig bleibt die Erkenntnis, dass es nicht durch pures „Machen" weitergeht, sondern durch gemeinsames Leben. Daraus wächst dynamisches Gestalten. Darin wird kreative Begabung tätig. Und immer und immer wieder ändern sich Dinge durch offene Kommunikation.

Ich weiß, es gibt Ausnahmen: die perfekten Gemeinden, in denen schon alles klappt. Ich kenne zwar keine solche und vor allem meine eigene ist nicht so. Meine und die meisten mir bekannten Gemeinden sind an der Arbeit, sind nicht fertig, sondern unterwegs. Aber gerade dieses „Darin-Unterwegssein" macht es aus. Es bedeutet, nicht alles Vorhandene als statisch und zementiert hinzunehmen. Wenn das so ist, entwickelt sich nach meiner Erfahrung immer ein lebendiges Gemeindeleben.

Jedes Kapitel dieses Buches würde ein eigenes Buch rechtfertigen. Und viele davon gibt es ja auch. In der hier vorliegenden Weise soll kompakt in handlich-praktischer Form ein doppelter Versuch unternommen werden: zum einen gehen wir einigen Phänomenen auf den Grund; zum anderen entdecken wir konkrete, einfache Schritte (deren Reihenfolge nicht der vorgegebenen entsprechen muss!), wie wir mit den Phänomenen umgehen können.

Für alle Artikel wurde der einfacheren Umsetzung halber die maskuline Form verwendet. Dies stellt keine Abwertung dar. Jeder maskulin gewählten Form ist die mögliche feminine im Geist hinzuzufügen.

Oliver Ahlfeld

Ergänzende Literatur
Thorsten Riewesell: „Edition Endeavour Basics: Mentoring", **BORN**-VERLAG
Thorsten Riewesell: „Edition Endeavour Basics: miteinander - voneinander",
   BORN-VERLAG
Klaus Göttler, Thorsten Riewesell, Andreas Donath, Michaela Kast:
   „Explore! Entdecke deine Berufung" (Band 1 und 2), **BORN**-VERLAG
Klaus Göttler: „Für Jesus begeistern", Handbuch Jugendevangelisation,
   SCM Hänssler und **BORN**-VERLAG

Inhaltsverzeichnis

Einleitung

Der große dänische Denker Sören Kierkegaard hat gesagt: „Der Glaube sieht immer das Gute." Grundsätzlich stimme ich Kierkegaard zu. Deshalb kann der Anfang dieses Buches – bezogen auf das Inhaltsverzeichnis – vordergründig unpassend erscheinen. Markante Aussagen, die Ungutes benennen und eher Sorgen machen, als Anlass zur Freude sind? Probleme über Probleme? Keine Sorge, das ist nur ein Trick! Denn es geht gar nicht um die Probleme, sondern um ihre Lösung. Überfliegen wir also die Liste der dort genannten, oft gehörten Schwierigkeiten. Die Absicht dahinter ist, ganz bewusst bei genau *dem* Problem hängen zu bleiben, das den Leser oder die Gemeinde belastet. Oder sogar quält, vielleicht lähmt, nervt, bremst. Mit dem *Bewusstsein* des Problems aber - und nur damit - kann der Weg beginnen, die Dinge anzupacken.

Die angesprochenen Probleme sind grundsätzlich lösbar. Vielleicht nicht immer sofort und auch nicht immer einfach. Es kann sich sogar herausstellen, dass ein Problem durch uns oder unser Team überhaupt nicht gelöst wird, ja, nicht einmal gelöst werden muss. Das bedeutet nicht, dass es auch von Gott nicht gelöst werden kann. Bei aller Aktivität und Handlungsfreiheit, und auch, wenn die Palette der Ansätze groß ist – Gott selbst bleibt der letztgültig Handelnde. Das macht Mut, und das vertreibt Sorgen. Zuerst und zuletzt gilt: „Alle eure Sorge werft auf ihn, denn er sorgt für euch" (1. Petr 5,7).

Gott ist Arzt und Hirte, Helfer, Hüter und Herrscher von Zeit, Universum und Ewigkeit. Der Vater Jesu Christi ist genau die richtige Adresse, um Probleme (zu seiner Zeit) zu lösen – oder um das nötige Potential zu schenken, das Problem zu ertragen. Mit diesem entspannten und entkrampften Denken wird es uns leichter fallen, uns konzentriert, aber gelassen an die Arbeit zu machen. Und es wird uns leichter fallen, die Stille zu suchen und zu finden. Ich führe mir das immer wieder vor Augen: Gott, der in der Stille wirkt, ist nicht auf uns angewiesen. Aber aus purer Liebe sind wir da, aus seiner herrlichen Liebe in diese Welt gesandt. Diese Liebe in der Tiefe der Stille auszuloten ist keine beliebig einzulegende „Sonderschicht", die wir auch noch irgendwann erledigen, sondern genuiner Teil unserer täglichen Existenz im Glauben.[1]

Was zu definieren ist:
„Starke Mitarbeiter – starke Gemeinden"

Ein theologisches Unding, mein Buchtitel. Ausgerechnet der christliche Glaube, der sich nicht über „Stärke" im Sinne von Macht oder Körperkraft definiert, steht groß vorne drauf. Das muss erklärt werden. Denn wenn klar ist, wo die wahre Stärke von Mitarbeitern und Gemeinden liegt, dann trägt dieses Buch seinen Titel zu Recht.

Was sind „starke Mitarbeiter"?

Starke Mitarbeiter sind Menschen, die sich von Herzen in ihre Gemeinde einbringen. Sie erleben sie als Zuhause. Sie geben sich hinein und investieren ihre Liebe und ihre Zeit überwiegend gerne und leidenschaftlich. Der Gemeinde spüren sie den lebendigen, dynamischen Körper nicht nur ab, sondern sie wissen, dass sie selbst diesen Körper bilden. Ihr Wahlspruch ist nicht „Ich *habe* eine Gemeinde", sondern auch „Ich *bin* Gemeinde". Dieser Gemeindekörper bleibt wie ein „richtiger" Körper nur selten lange Zeit so, wie er im Moment grade ist. Als dynamischer Organismus ist er naturbedingt[2] Veränderungen unterworfen. „Stärke" bedeutet dann, dass die Gemeindeglieder diese Dynamik nicht angstvoll und beklemmend erleben, sondern erwartungsvoll und als echte Herausforderung. Denn sie bewegt die Frage: Was ist heute dran und was morgen, damit der Körper wachsen oder sich entwickeln kann?

Starke Mitarbeiter sind stark darin, Menschen zu lieben, die zu ihnen in eine Gruppe oder zu einer Veranstaltung kommen, die von ihnen durchgeführt wird. Sie nehmen diese Menschen wahr und entdecken sie, gehen auf sie zu und fühlen sich ihnen tief verbunden.

Starke Mitarbeiter sind aber auch aufmerksam in ihrer Selbstwahrnehmung, vor allem bezogen darauf, wie sie täglich als Christen leben. Sie sind bereit, im Glauben zu wachsen, und sie wissen, dass sie dafür kritikfähig und gesprächsbereit sein müssen. Ihre Lieblingssätze fangen aber trotzdem nicht mit „Ich …" an, denn sie wissen: Wer sich zu viel um sich selbst dreht, ist auf dem Weg des Egoismus. Diesen Weg bekommen sie von klein auf intensiv vorgelebt und er wird täglich auf allen Kanälen serviert. Dennoch glauben sie nicht an seine Versprechungen und distanzieren sich aktiv davon. Sie erleben, dass Gott einen geheimnisvollen, immer wiederkehrenden Segen ausgießt, wenn sie sich ihm ganz zur Verfügung stellen und dabei in gesundem Maß von sich selbst wegsehen. Aus diesem Erleben lernen sie zu dienen.

Für starke Mitarbeiter ist Dienst ein Lebensstil, der bei dem anfängt, was Gott möchte: dass Menschen durch Jesus den himmlischen Vater kennen lernen; dass sie seine wohltuende Nähe und gnädige Vergebung erfahren; dass sie eine liebevolle Beziehung zu ihm aufbauen und vertrauensvoll an ihn glauben. Sie kennen die Veränderung, die dieses „Zum-Glauben-Kommen" bewirkt, und sind immer wieder erstaunt, überrascht und begeistert davon. Aber sie wissen auch, dass diese Veränderung, die sie sich letztlich für die ganze Welt wünschen, täglich bei ihnen selbst anfängt. Darum geht's: Ihre beste „Methode", um eine Veränderung in der Welt zu bewirken (die andere zum Glauben motiviert), ist eigentlich gar keine Methode, sondern ihr Lebensstil. Sie greifen also nicht in die methodische Klamottenkiste, um „Allheilmittel" gegen den Unglauben zu finden, sondern leben ganz einfach erkennbar als Christen. Sie verlieren nicht aus den Augen, dass eine schier endlose Reihe von Menschen Gott noch nicht kennt, und genau das entfacht ihre Liebe, die gespeist wird aus der Liebe Gottes, der das Verlorene liebt. Das ist etwas, wovon sie sich aufrütteln lassen, worin sie sich gegenseitig anfeuern. An der Liebe orientiert sich ihr Lebensstil. Gerade dadurch sind starke Mitarbeiter so liebevoll kreativ in ihren Methoden. Die liebevoll kreierte Methode folgt der Liebe, die Gott ihnen erwiesen hat.

Starke Mitarbeiter haben einen fast unstillbaren Hunger danach, dass Menschen zu Gott finden, zum Glauben kommen. Sie selbst leben diesen Glauben vor, sie üben ihn als Lebensstil ein, der buchstabiert wird. Aber dass sie darin fröhlich und unverkrampft auftreten, ist ein Kennzeichen ihrer Stärke, auch wenn sie das nicht immer durchgängig hinkriegen.

Auch starke Mitarbeiter haben Probleme, ja, sind Leidende. Bei all dem, was sie persönlich als Menschen zu tragen haben (denn sie leben wie alle anderen Lebewesen in einer gefallenen Welt), sind sie doch immer wieder Träger von Hoffnung und intensiver Freude auf das, was Gott denen verspricht, die überwinden. Man spürt ihnen etwas vom Himmel ab, der Herrlichkeit, die Gott vorbereitet hat. Man ahnt bei ihnen etwas von der Ewigkeit, in der es keine Tränen mehr gibt. Und auch, wenn man ihnen das nicht *immer* abspürt (weil sie keine Masken mehr aufsetzen wollen, die ein schnörkelloses Dasein vorgaukeln), so ahnt man doch, dass sie tief in dieser Zusage Gottes zuhause sind.

Diese Art „starke Mitarbeiter" ist in keiner Weise perfekt, nicht makellos, nicht fehlerfrei, nicht porentief rein, nicht ohne Krankheiten und nicht einmal ohne Macken. Aber: Sie wissen das! Sie sind sich bewusst, dass sie all dies nicht sind. Gerade deshalb bleiben sie auf dem Weg mit Jesus. Sie brauchen ihn. Ihr Selbstbewusstsein wurzelt in dem Wissen, dass er genau solche Leute um sich geschart hat und sie liebt – was sich bis heute nicht geändert hat. Und *sie* lieben ihn dafür mehr als alles andere.

Die Stärke eines starken Mitarbeiters ist nicht der Mitarbeiter selbst, nicht seine Tatkraft, sein Einsatz, seine Hingabe, seine Leidenschaft, nicht einmal sein täglich gelebter Glaube. Das alles ist wichtig und nötig. Aber die Stärke eines starken Mitarbeiters ist und bleibt Jesus selbst. Er allein.

Jesus spricht: Ich bin der Weinstock, ihr seid die Reben.
Wer in mir bleibt und ich in ihm, der bringt viel Frucht;
denn ohne mich könnt ihr nichts tun.
Johannes 15,5

Seid stark in dem Herrn und in der Macht seiner Stärke.
Epheser 6,10

Was ist eine „starke Gemeinde"?

Eine starke Gemeinde ist eine Versammlung von Leuten, die das tägliche Leben so leben möchten, wie Jesus es ihnen vorgelebt hat. Jesus ist ihre Orientierung. Sein Leben, Sterben und Auferstehen ist ihre Leitlinie, mehr noch, ihr Grund und Boden (1. Kor 3,11), auch ihre Existenzberechtigung. Denn weil die Gemeinde ihn verkörpert (1. Kor 12,27), ist sie sich bewusst darüber, dass die Welt in ihr und ihrem Tun (2. Kor 5,20), quasi in ihrem „Gesicht" diesen Jesus erkennt (Joh 14,9) – oder auch nicht. Diese Erkenntnis, wer Jesus ist und auf welche Art sie seine Gemeinde sind, ist für sie keine Nebensache, denn die Erkenntnis Jesu entscheidet mit darüber, ob auch *andere* Menschen Gott erkennen.

In der starken Gemeinde wird immer wieder liebevoll, lebhaft und konstruktiv überlegt und praktisch umgesetzt, was dazu dient, damit Menschen das Gesicht Gottes in Jesus entdecken. Durch diesen Dienst sind die lebendigen Mitglieder der Gemeinde aber nicht Sklaven eines Idealbildes, sondern mit der sinnvollsten Aufgabe beschenkt, die das Leben bieten kann: Lebensbereiche zu schaffen, die die Bezeichnung „Lebens-Bereich" wirklich verdienen. Nach biblischem Verständnis also Lebensbereiche, in denen das beginnt, was Jesus das „Reich Gottes" nennt. Anders gesagt: Leben in der Gegenwart von Jesus. Das ist etwas ganz Großartiges! Auch deshalb will sie es nicht für sich behalten.

Somit wird die starke Gemeinde immer wieder von sich wegsehen auf die, die Gott noch nicht in Jesus gefunden haben. Sie wird sich kritisch hinterfragen, warum es so ist, dass trotz großartiger Zusagen Gottes (vgl. 1. Tim 2,4) nur wenige den Weg zu ihm finden. Wo es an ihr liegt, wird sie sich auf die Socken machen, Dinge zu gestalten, zu verändern und zu bewegen. Eine starke Gemeinde setzt dann all die wunderbare menschenmögliche Kreativität und Phantasie ein, die dem Zeitgenossen dazu hilft, den Weg zu Gott zu einer abenteuerlichen Entdeckungsfahrt werden zu lassen – selbst wenn diese zu einer jahrelangen Reise wird oder auch schmerzhafte Prozesse beinhaltet.

Die starke Gemeinde reibt sich nicht auf in Diskussionen über Gaben oder Aufgaben. Sie ermöglicht vielmehr den Spielraum, innerhalb dessen die von Gott überreich ausgeteilten, großartigen Begabungen praktisch angewendet werden dürfen. Sie vergisst dabei jedoch nicht, dass eine große Welt mit „großen" Aufgaben[3] wartet, die nicht immer nach Begabung fragt, sondern konstatiert, dass diese *Aufgaben* im Namen Jesu dringend getan werden müssen. Wenn dann durch die Bewältigung von *Aufgaben* plötzlich und überraschend allerlei *Gaben* entdeckt werden, dann jubelt die starke Gemeinde umso mehr, denn wieder einmal erlebt sie in diesem Prozess den Schöpfer dabei, wie er aus „Nichts" etwas machen kann. Somit sind ihr nicht Gaben das „Gold" und Aufgaben die „Last", sondern beides steht in einem gesunden Verhältnis zueinander.

Eine starke Gemeinde ist keine bevölkerungsstrukturelle Monokultur. Sie besteht nicht *nur* aus alten Menschen, *nur* aus Familienverbänden oder *nur* aus Jugendlichen[4]. Und wenn es doch so ist, bemerkt sie diesen Zustand und spricht darüber; sie geht dann auch neue Wege, um neue Altersgruppen anzusprechen. Dazu gehört, dass ihr äußeres Erscheinungsbild nicht allein von Christen geprägt ist. Es ist ganz selbstverständlich, dass in ihren Gottesdiensten mit regelmäßiger Messbarkeit die skeptische Außenwelt erscheint. Es ist ein Zeichen der Gesundheit des Gemeindekörpers, dass in den Veranstaltungen und Gruppen auch diejenigen zu Gast sind, die mit Gott und der „Kirche" eigentlich gar nichts zu tun haben wollen. Und wenn diese bei ihr irgendwann *nicht* mehr zu Gast sind, dann geht sie umso mehr *zu ihnen hin* und begegnet ihnen dort, wo diese Menschen zuhause sind, unaufdringlich, aber erkennbar. In Schule, Büro, Kneipe und Tennishalle. Wenn aber über einige Monate hinweg *kein* gemeindeferner Mensch an einem Besuch der Gemeinde Interesse gezeigt hat, dann lässt sie das nicht kalt. Dann kommt sie in Bewegung. Wenn nicht über ihre Leitung, dann über Einzelne, die mit dieser Tatsache dauerhaft nicht ruhig schlafen gehen können.

Eine starke Gemeinde verfügt über eine Leitung, in der die Leiter über Leitungsgaben verfügen. Diese Leitung zeichnet sich dadurch aus, dass sie wirklich leitet, Mitarbeiter schulende, evangelistische, seelsorgerliche, theologisch-grundlegende, konzeptionelle, strukturelle und kommunikationsfördernde Schritte geht. Die Leitung gewinnt aber auch dadurch an Profil, dass sie sich hinterfragen lässt; dass sie sich weder über die Gemeinde erhaben fühlt, noch so auftritt. Sie dient in ihr und lebt mit der Gemeinde.

Eine starke Gemeinde verehrt nicht sich selbst, betet auch nicht ihre Leiter an oder stellt sie auf einen Sockel. Sie sieht ganz auf Jesus. Das äußert sich in ihrem Wunsch, treu und regelmäßig zusammenzukommen und ihn zu feiern, sein Leben, seinen Tod am Kreuz und seine Auferstehung. Ihr Gottesdienst ist ihr deshalb keine lästige Pflicht, sondern zeigt und beinhaltet, warum sie existiert: Aus Freude und Dankbarkeit für sein Tun in Kreuz und Auferstehung trifft sie sich, um ihn als den Lebendigen unter sich zu wissen. So feiert sie seine Gegenwart und wartet letztlich auf seine Wiederkunft (2. Petr 3,14). All ihre Stärke ist in der Liebe Gottes, der sich „entäußert" (Phil 2,7), um als „Knecht" zu dienen. Ihre Stärke ist nur in Gottes Menschwerdung begründet, in Jesus Christus[5] allein.

Du bist Petrus, und auf diesen Felsen will ich meine Gemeinde bauen,
und die Pforten der Hölle sollen sie nicht überwältigen.
Matthäus 16,18

Kapitel 1

„Wir haben zu wenig Mitarbeiter!"

Wie wir ein Mitarbeiterteam bauen

Wir sitzen in meinem Arbeitszimmer. „Wir", das sind meine Frau und ich vor fast zehn Jahren. Es war erst ein knappes halbes Jahr her, dass wir diese Stelle in Mecklenburg begonnen hatten. Ein Projekt eigentlich, der Aufbau einer Gemeinde, die aus zwei kleinen Kreisen bestand: einem Seniorenkreis und einem Gottesdienst. Die Besucher der beiden Veranstaltungen waren weitgehend identisch.

Wir sitzen also in meinem Arbeitszimmer und unterhalten uns darüber, was wir bewegen wollen und vor allem mit wem. Es soll darüber eine Art kleine Konzeption entstehen, wie und wann wir „richtig" loslegen. Da bietet es sich an, mit einer Bestandsaufnahme zu beginnen. Um zu planen, müssen wir ja berücksichtigen, was da ist.

Meine Frau fragt: „Wie viele Mitarbeiter haben wir, mit denen etwas Neues beginnen kann?" Ich überlege, aber noch bevor ich antworten kann, sagt sie: „Null." Wir lachen. Aber nur kurz. Dann vergeht es uns. Wir werden uns schlagartig darüber klar, dass diese Ausgangszahl nicht ideal ist. Was wir dringender als alles andere brauchen, ist ein Team, eine Einsatztruppe. Einfacher gesagt: Mitarbeiter.

Wofür brauchen wir Mitarbeiter?

Der wichtigste Hintergrund des Mitarbeiter*teams* in der Gemeinde ist, dass nur so der Gedanke des Körpers verwirklicht wird. Wo eine Hand alles allein macht, sind Füße, Augen und Ohren nicht nötig (s. 1. Kor 12,15f.). Das aber ist nicht die Idee, wie Gott sich Gemeinde vorstellt. In Gottes Gemeindeidee ist alles auf Zusammenarbeit und Ergänzung angelegt. Genialer und einfacher als Paulus es im Korintherbrief mit dem Bild des Körpers notiert hat, kann man es kaum sagen. Jedes kleine Kind versteht diesen Bibelabschnitt und doch ist er eine große Herausforderung.

Gott ist ein Gott, der in sich Gemeinschaft hat und seine Gemeinde soll ebenso sein. Auch deshalb habe ich das Fehlen von Mitarbeitern für den Aufbau so schmerzhaft empfunden[6]. Um als Gemeinde zu funktionieren[7], ist ein Körper aus begabten und berufenen Mitarbeitern nötig. Es muss besagte „Hände, Ohren, Augen, Füße" und auch die anderen Körperteile geben.

Wir brauchen Mitarbeiter in der Gemeinde aus vielerlei Gründen. Hier sollen einige genannt sein:

Mitarbeiter bilden das Team

Sie sind die, die die Gemeindearbeit voranbringen. Sie planen die vorhandenen Gruppen, sie betreuen die zusammenkommenden Menschen, sie dienen ihnen, sich gegenseitig und darin (hoffentlich) bewusst Gott. Der Teamgedanke entspricht dem vorhin erwähnten Gedanken des Körpers, den die Gemeinde darstellt. Die Gruppen und Veranstaltungen greifen ineinander, um etwas davon abzubilden, was Jesus „das Reich Gottes" nennt. Dieses Team ist eine Fortsetzung der Jüngerschaft. Das „Team von Jesus" waren seine Jünger, und heute sind wir als Gemeinde dieses Team. Da, wo Menschen mit Jesus zusammenkommen und in Zusammenarbeit ihm nachfolgen, beginnt das Reich Gottes.

Mitarbeiter entdecken Glaube und wachsen im Glauben

Sie tun etwas, und in diesem Tun verwirklicht sich, was sie glauben. Christlicher Glaube ist keine theoretische Sache. Man hat nicht etwas „für wahr erkannt" und dann bleibt es dabei. Der Glaube wird gelebt, er wird durchbuchstabiert. Das geschieht nirgendwo so lebendig, vielfältig und gründlich wie im normalen täglichen Leben und in der Mitarbeit in der Gemeinde. Auch wenn man etwas *außerhalb* des Gemeindegebäudes tut, ist man „die Gemeinde". In der Begegnung mit dem wirklichen Leben und vor allem mit Menschen wird der Glaube des Mitarbeiters lebendig. Wenn jemand von seinen Voraussetzungen her dazu in der Lage ist, dann stellt sich gar nicht die Frage, ob er mitarbeiten sollte oder nicht. Um die Tiefe des Glaubens auszuschöpfen ist Mitarbeit absolut nötig und grundlegend. In der Mitarbeit bewährt und festigt sich der Glaube, er wird geprüft, hinterfragt und bestätigt. Er entwickelt sich weiter. Er ermöglicht es, Gott in einer Weise zu begegnen, die eine ganz intensive Dimension des Glaubens eröffnet[8]. So geschieht Wachstum und es kommt zur geistlichen Reife.

Mitarbeiter erleben Gemeinschaft

Aufgaben mit einem Team zu bewältigen macht oft viel mehr Spaß, als wenn man allein unterwegs ist. Menschen sind soziale Wesen (1. Mose 2,18). Wir lieben es im Grunde, einen gemeinsamen Weg zu gehen, Dinge zusammen umzusetzen und sogar Erfolge mit anderen zusammen zu feiern. Manchmal haben wir das verlernt. Wenn es aber eine gute Leitung gibt[9], die uns lehrt, wie schön es ist, die Gemeindeaufgaben gemeinsam zu bewegen, dann verspricht das Leben als christlicher Mitarbeiter Erfüllung.

Gelebte Aufgabenteilung
– der Hauptamtliche als Teil des Gemeindekörpers

In der Gemeinde, die aus Mitarbeitern besteht, erleben wir eine gelebte Form der Aufgabenteilung. Nicht einer macht alles, sondern viele machen das, was zu tun ist (und noch mehr?). Das schafft sozialen Spielraum untereinander und wehrt der starren Hierarchie. Denn diese Art der Aufgabenteilung bedeutet ja nichts anderes, als dass auch der Hauptamtliche sich in die Gruppe des Körpers einsortiert. Wie gesagt: Das „Auge" ist nicht wichtiger als die „Hand"! Nur anders.

Bei aller Autorität, die ein Leiter sicher auch mal braucht[10], ist hier ein gerüttelt Maß an Demut gefragt. Soll unsere Gemeinde dem *biblischen* Bild von Gemeinde entsprechen, dann sehen sich Haupt- und langjährige Ehrenamtliche nicht als „Elite", sondern als spezielle Diener der Gemeinde. Konkret: Wenn jemand predigen kann, dann wird er nicht vom „Prediger" skeptisch beäugt oder gar „abgesägt", sondern begleitet und gefördert, bis er es noch besser kann. Genau das ist nämlich eine Aufgabe des Hauptamtlichen (Eph 4,12) und der Leiter.

Die Basis „Mission" – und vier hilfreiche Voraussetzungen, um Mitarbeiter zu gewinnen

Manche Voraussetzungen, durch die es leichter wird Mitarbeiter zu gewinnen, müssen wir erst schaffen. Problematisch ist, dass sie oft erst durch bereits vorhandene Mitarbeiter geschaffen werden *können*. Schwierig, wenn noch überhaupt keine oder kaum welche da sind ...

Dadurch ergibt sich eine lebenswichtige Basis: eine stetige, bewusste, missionarische Ausrichtung der Gemeinde. Das bedeutet nicht, wilde Evangelisationsaktionen zu starten, wenn wir sie dazu missbrauchen wollen, möglichst viele Mitarbeiter ranzukriegen. Alle missionarische Ausrichtung ist niemals zuerst Mitarbeiter- oder Mitgliederwerbung[11], sondern es geht immer darum, dass Menschen zum Glauben an Jesus Christus kommen. Tun sie das, dann allerdings werden sie auch Mitarbeiter. Jeder auf seine Weise.

Klarheit sollte darüber bestehen, dass ein über die Jahre kontinuierlicher und messbarer Strom von Menschen immer wieder zur Gemeinde hinzukommen muss, denn sonst wird die Mitarbeiterzahl kaum wachsen.

„Basis Mission" bedeutet, dass das missionarische Wesen die Gemeindeexistenz durchdringt. Dem würde entgegenstehen, wenn eine Gemeinde hin und wieder etwas „Missionarisches macht". In den meisten Fällen ist das wenig sinnvoll. Die Gemeinde macht nicht etwas Missionarisches, sondern die Gemeinde ist das Missionarische.

Folgende Punkte sind vor diesem Hintergrund äußerst hilfreiche Voraussetzungen, um Mitarbeiter zu gewinnen:

Identifikation mit der Gemeinde und ihren Zielen

Es braucht Leute, die sich mit den Zielen und der Arbeit der Gemeinde identifizieren. „Identifizieren" heißt im Wortsinn, dass ein Mensch sich in etwas wiederfindet. Er entdeckt quasi sein Spiegelbild, sein Leben und seine Persönlichkeit dort. Gemeinde ist für ihn nicht mehr ein *Teil* seines Lebens, sondern sie durchdringt sein Leben. Gemeinde und Leben werden eins.

Das hört sich nach einem sehr hohen Anspruch an. Und natürlich kann man jetzt relativieren und mahnend den Finger heben, dass es doch auch „Privatbereiche" geben muss. Sicherlich braucht jeder Mensch Bereiche, in denen nicht die ganze Gemeinde dabei ist. Allerdings ist diese Interpretation von „Gemeinde = Leben" so nicht gemeint. Gemeint ist, dass die zentralen Definitionen unseres Lebens über die Gemeinde laufen, dort stattfinden, dazu einen Bezug haben.

Einige Beispiele: Ein Gemeindemitglied, das mit dem Gedanken spielt, Arbeit an einem anderen Ort anzunehmen und wegzuziehen, wird diese Frage mit Menschen aus der Gemeinde besprechen. Das geschieht nicht zwanghaft, also „weil man das muss", sondern weil die Identifikation mit der Gemeinde einen Grad erreicht hat, wo man nicht mehr nur von „Gemeinde" spricht, sondern auch von einer Art „Familie" (vgl. familia Dei: Wir sind „Kinder eines Vaters"[12]).

Diese Art offenen Gesprächs kann in allen Bereichen erfolgen: Wer sich mit seiner Partnerschaft auf dem Weg zur Ehe befindet, wird in der Gemeinde selbstverständlich Begleitung suchen und Rat holen. Wer eine seelsorgerliche Frage hat, wird in der Gemeinde fragen; wer ein besonders schönes Erlebnis hat, wird es ebenfalls dort mitteilen wollen. Es ist, kurz gesagt, nichts anderes, als was man mit Jesus im täglichen Leben auch durchbuchstabiert: ein Leben mit Gott und mit seinen Leuten. Dabei darf es selbstverständlich Dinge geben, die nicht jeder erfährt. Aber es gibt eine tiefgreifende, positive Identifikation, die sich gern in lebendiger Kommunikation und gemeinsamer Lebensgestaltung äußert.

Zusammengefasst lässt sich sicherlich sagen, dass als Basis für Identifikation mit der Gemeinde ein familiäres Kommunikationsverhältnis zwischen den Gemeindemitgliedern bestehen muss. Dass diese Basis sich nicht daran festmacht, ob in einer 300-Leute-Gemeinde nun jeder mit jedem kommuniziert, dürfte klar sein. Es geht eher um eine Art Grundstimmung, ich nenne sie „gute Kommunikationsatmosphäre" (s. nächster Abschnitt „Kommunikation"). Identifikation lässt sich allerdings schwer „verordnen". Das beste Mittel, sie in die Gemeinde einzubringen ist, sie mit einem Team oder zur Not zunächst wenigstens als einzelne Leiterpersönlichkeit schlicht und ergreifend *vorzule ben.* Wenn wir dadurch andere, und seien es einzelne, erste Mitarbeiter in eine intensive Identifikation mit der Gemeinde leiten können, haben wir viel gewonnen!

Kommunizieren lernen

Den Punkt „Kommunikation" kann man gar nicht überbetonen, so wichtig ist er. Es gibt einige Leitgedanken dazu, die in die Gemeinde immer wieder durch Leiter und Mitarbeiter – und durch alle mündigen Gemeindemitglieder - eingebracht werden sollten.

Besonders unsere Leiter und Mitarbeiter müssen diese Kommunikationsregeln „inhalieren". Warum? Weil wir alle unglaublich vergesslich sind, wenn es um Fairness, Selbstlosigkeit und das Beste für unsere Mitmenschen[13] geht.

Einige sinnvolle Kommunikationsregeln sind:
1. Wir reden möglichst viel übereinander – und zwar nur Gutes!
2. Wir eröffnen Gespräche um kritische Dinge möglichst positiv!
3. Das Ziel eines Gesprächs ist immer positiv formulierbar!
4. Wir nutzen die zeitgemäßen (Web-)Wege der Kommunikation intensiv, um damit Jesus zu dienen!

Es gibt einige Indikatoren für eine gute Kommunikationsatmosphäre. Im vorigen Abschnitt habe ich eine genannt: die Identifikation mit der Gemeinde. Woran entdecken wir noch, dass eine gute Kommunikationsbasis für die Mitarbeitergewinnung vorhanden ist?

Merkmale einer guten Kommunikationsatmosphäre
An zwei Beispielen möchte ich das verdeutlichen:
Gibt es in unserer Gemeinde einen Snack nach dem Gottesdienst? Einen Kaffee? Ein Bistro? Wenn das so ist, meinen Glückwunsch! Allerdings sagt das Angebot noch nichts über die Kommunikationsatmosphäre in der Gemeinde. Erst eine Beobachtung schafft Klarheit: Wer nimmt daran teil? Nimmt überhaupt jemand daran teil? Anders formuliert: Wollen die Leute noch etwas miteinander zu tun haben, wollen sie noch miteinander reden, wenn der Gottesdienst vorbei ist? Oder verschwindet das Gros der Leute so schnell wie möglich? Das erwünschte, lebendige und tatsächlich vorhandene Gespräch zwischen den Besuchern des Gemeindegottesdienstes ist ein Indikator für gute Kommunikationsatmosphäre[14].
Ein anderes Beispiel ist unser Umgang mit Problemen. Es existiert keine Gemeinde, in der es das nie gibt: Streitereien, Ärger, Missverständnisse. Wir bleiben Menschen, auch wenn wir zur Gemeinde Jesu gehören, also ist das durchaus normal. Anhaltspunkt für eine positive Kommunikationsatmosphäre

ist aber, wie wir damit umgehen. Werden die Schwierigkeiten *aufgedeckt*? Herrscht zwischen Leitung und einzelnen Leitern und Mitarbeitern eine so dichte Kommunikation, dass die Dinge überhaupt *bemerkt* werden? Das Aufdecken und das kommunikative Klären von Problemen ist ein enorm wichtiges und gutes Zeichen, was eine gesunde Kommunikationsatmosphäre angeht.

Gute Kommunikation braucht Zeit und Übung
Was mir oft auffällt, wenn es um das Thema Kommunikation geht ist, dass Menschen eine gewisse Zeit brauchen, bis sie mit offener Kommunikation umgehen können. Mehr und mehr scheint es üblich, unangenehme Themen und Schwierigkeiten unter den Tisch fallen zu lassen. Wenn man es gewohnt ist, dass anliegende Schwierigkeiten ausgesessen werden oder ihre Aufklärung und Lösung auf unbestimmte Zeit verschoben wird, findet man sich schwer damit ab, dass man damit auch anders umgehen kann. Ein offener Umgang ist in gewisser Weise ungemütlich, fast immer ein wenig unbequem. Darum drückt man sich lieber. Dass wir Probleme ansprechen und lösen, gehört aber zu den ganz entscheidenden Grundlagen (vgl. Mt 18,15) der christlichen Gemeinde[15]. Wir müssen es lernen. Ohne Offenheit und ohne Aufdecken von Schwierigkeiten gibt es keine Heilung. Dazu eine kleine, aber treffende Geschichte:

Zwei Kranke liegen nebeneinander im Krankenhaus. Wenn der Arzt zur Behandlung kommt, zieht er immer einen kleinen Vorhang zu, der seine Anwendungen verdeckt. Kommt der Doktor nun zu dem einen Patienten, dann schreit dieser hinter seinem Vorhang bei der schmerzhaften Behandlung. Ist aber der andere an der Reihe, hört man keinen Laut. Zwischen den Behandlungen kommen die beiden Patienten darüber ins Gespräch. Der eine wundert sich: „Macht Ihnen die schmerzhafte Therapie denn gar nichts aus? In so großer Ruhe würde ich die Behandlung auch gerne ertragen!“ Aber der andere antwortet: „Nein, das stört mich nicht. Ich halte dem Arzt ja nur meine gesunden Körperteile hin!“ „Ach so, das klingt schlau“, sagt der erste Patient darauf und denkt kurz nach, „aber eigentlich ist es doch ziemlich dämlich. Denn eins werden Sie dadurch nicht: geheilt!“

Erst wenn man die schönen Seiten gelingender Kommunikation kennengelernt hat, wird man offener damit: Wie bei einer Beichte lässt der Druck nach. Heilung wird möglich. Wie bei einer Reinigung kann „schmutzige Wäsche“ wirklich gesäubert werden, und zwar in Anwesenheit von allen Beteiligten. Zugegeben: Gute Kommunikation und ihre Wege aufzubauen, kostet Zeit und Übung, oft auch Nerven. Sie kann weh tun und unangenehm sein. Aber um Mitarbeiter zu gewinnen und als Gemeinde stark zu werden, sollten wir viel investieren. Die offene, gelingende Kommunikation wird enorm zur Heilung von Beziehungen und auch zum Wachstum der Gemeinde beitragen. Darüber hinaus macht sie das Leben schlicht und ergreifend schön (s. Ps 133,1). Und nicht zu vergessen ist: Gute Kommunikation *unter* den Menschen der Gemeinde fördert die Identifikation *mit* der Gemeinde!

Bewusstsein

Einer der größten Feinde, neue Mitarbeiter zu gewinnen, ist das mangelnde Bewusstsein, dass das überhaupt nötig ist. In rasendem Tempo gewöhnen sich nicht nur langjährige Christen an den Status quo, der im Gemeindealltag vorherrscht (s. Kapitel „Alle passen sich zu schnell an!"). Man lehnt sich innerlich zurück und denkt: „So wie es ist, so ist es eben." Diese Haltung lässt sich ganz hervorragend mit großer „Glaubensgelassenheit" tarnen und klingt dann ganz fromm: „Wenn Gott etwas bewegen will, wird er es schon irgendwie tun." Selbst bei einer latenten, allgemeinen Unzufriedenheit mit der aktuellen Lebens- und Gemeindesituation[16] kommen manche kaum auf den Gedanken, dass eine stetige Einbindung neuer, junger Mitarbeiter *unbedingt* nötig ist.

Vor allem im Jugendbereich sind die Klagen laut, dass jedes Jahr die besten Mitarbeiter gehen und so der Gemeinde quasi eine wichtige (Nachwuchs-) Basis entzogen wird (s. Kapitel „Uns fehlen Junge Erwachsene als Mitarbeiter!").

Konsequente Schritte einer kontinuierlichen Nachwuchsförderung sind aber nur wenigen wirklich bewusst. Dabei liegt es doch auf der Hand, was zu tun ist: Wenn jedes Jahr junge Leute gehen, dann müssen wir eben dafür sorgen, dass ständig Neue nachkommen!

Ich versuche mich und andere dafür „wach" zu halten, wie die Situation in unserer Gemeinde diesbezüglich ist. Und dann stellen wir fest, was geändert werden muss. Klar, manches regelt die Zeit, manches wächst sich aus. Wir können viele Ausdrücke dafür finden. Aber in Vorstandssitzungen zweimal im Jahr die Punkte „Wo stehen wir, was brauchen wir an Mitarbeitern, wie machen wir das jetzt konkret?" zu diskutieren, ist ein erster Schritt. Ohne ein Bewusstsein für die Gegenwart keine Aktion für die Zukunft!

Übrigens sind schon manche Mitarbeiter erst dadurch zu Mitarbeitern geworden, dass es im Gespräch über die Lage der Gemeinde deutlich wurde, dass jemand benötigt wird. Das Bewusstsein der Lage bedingt Berufungen.

Aufgaben delegieren – Beschäftigung bieten

Die Überschrift zu diesem Punkt hört sich vielleicht auf den ersten Blick eher negativ an. Nüchtern betrachtet ist aber „Beschäftigung" genau das, was die Menschen wollen und brauchen. Sie wollen etwas Sinnvolles tun, denn der Mensch ist ein kreatives, schöpferisches Wesen (vgl. 1. Mose 2,15.19.20).

Mir ist es angesichts dieser Tatsache lieber, dass Menschen sich *mit Gott* beschäftigen, indem sie in seiner Gemeinde etwas tun[17], als dass sie sich andere Möglichkeiten aus der überaus vielfältigen Palette des modernen Zeitvertreibs suchen. Nicht, dass sie einfach nur beschäftigt werden sollen, damit die Zeit gefüllt ist. Auch nicht, dass man sich nur mit Gott beschäftigt, weil man gerade nichts Besseres zu tun hat, ist gemeint. Wobei auch das immer noch sinnvoller ist, als sich überhaupt nicht mit Gott zu beschäftigen.

Vielmehr: Die Beschäftigung mit Gott und seinen „Anliegen" soll zu einer Begegnung mit ihm selbst werden und über kurz oder lang das ganze Leben und Glaubensleben gestalten und verändern. Im Kern geht es darum, durch den Umgang mit Gott seinen Sohn Jesus kennenzulernen, in seine Gemeinde hinein- und im Glauben zu wachsen, ein geistliches Zuhause und nicht weniger als den Sinn des Lebens zu finden[18]. Diese Reihenfolge kann durchaus variieren.

Vorsicht ist allerdings insofern geboten, dass *Menschen* nicht auf anliegende Aufgaben oder auf „Zeitvertreib" *reduziert* werden dürfen. Gott will nicht mit uns Gemeinschaft haben, damit wir *irgendetwas* für ihn oder seine Gemeinde *tun*. Er will mit uns Gemeinschaft haben, weil er uns liebt, er will mit uns schlicht *zusammen sein*.

Damit bietet dieser Abschnitt sicherlich Diskussionsstoff. Darum will ich ganz klar betonen: „Aufgaben delegieren" soll hier verstanden sein als eine Möglichkeit, damit vor allem suchende (junge) und oft orientierungslose Leute konkrete Schritte in die Nähe christlichen Glaubens machen können. Wir können es mögen oder nicht, dass eine Gemeinde ein „Programm" hat, in das Menschen hineinfinden sollten. Letztlich wird das, was wir an programmatischen Dingen *tun*, immer auch *ein Weg* sein, wie wir Gott *erleben*.

Durch das Übernehmen von Aufgaben lernen Menschen Verantwortung, entdecken Gaben und fördern ihre sozialen, mentalen, handwerklichen und alle weiteren Kräfte. Das dürfte ein Punkt sein, der von Gott beabsichtigt ist (vgl. 1. Kor 12).

Geplante und spontane Aufgaben

Wie soll das mit der „Beschäftigung" dann praktisch geschehen: geplant oder spontan? Auch in diesem Punkt empfehle ich es so zu halten, dass sie ganz offiziell auf den Plan kommt: die Überlegung, wie neue Mitarbeiter beschäftigt, wie sie eingebunden werden können.

Das kann in einem kleineren Kreis von Leitern geschehen, wir brauchen keine große Sitzung dazu. Diese Überlegung konkret einzuplanen, ist vielleicht ungewöhnlich, weil wir (hoffentlich) die *ganze Zeit über* sehen, wer sich so alles im Gemeindebecken tummelt. Wir sind im Idealfall stetig damit beschäftigt, Menschen sinnvoll in der Gemeinde zu beschäftigen, sinnvolle Aufgaben zu vergeben. Sicherlich können wir in manchen Bereichen[19] permanent immer wieder Leute einbinden und die festen Punkte ignorieren, bei denen wir über Beschäftigungsmöglichkeiten diskutieren müssen. Als solche Einsatzbereiche eignen sich hervorragend: Ton- und Lichttechnik, Dekoration, Raumpflege, evtl. auch musikalische Begleitung (z. B. mit anderen zusammen Gitarre spielen im Jugendkreis).

Dennoch setze ich ein bis zwei Fixpunkte im Jahr, in deren Kontext wir mit einem Team festmachen, wer von unseren Leuten eine feste (aber begrenzte) Aufgabe bekommen soll. Zu trennen sind vorher Bereiche, die von „Nichtchristen" oder „Suchenden", und solche, die wegen größerer geistlicher Verantwortung nur von Christen übernommen werden können.

Im zweiten Fall, dem der geistlich verantwortungsvollen Bereiche (Mitarbeiter in Gruppen, Verkündiger, Gesang usw.), führen wir diese Gespräche meist im Zeitraum unmittelbar nach dem „missionarischen Frühling" und dem „missionarischen Herbst"[20], also etwa im Mai und Dezember. Leitfrage: Was können Christen in unserer Gemeinde tun?

Im Fall ganz neuer Leute sieht das ein wenig anders aus. In Folge konzentrierter missionarischer Bemühungen[21] wurden diese neuen Leute in die Gruppen gespült. Besser noch ist, wenn sie mitgebracht[22] wurden. Ob sie aus Neugier wirklich selbst erschienen sind oder sich haben mitbringen lassen, spielt aber in der Frage ihrer Beschäftigung keine große Rolle. Wenn neue Menschen kommen, ist es gut, ihnen bald zu zeigen, dass es hier für sie wichtige, spannende, lustige und herausfordernde Aufgaben zu erledigen gibt, die sie unter Umständen übernehmen werden. Die Leitfrage ist dann: Was ist suchenden Menschen oder „auf einem beginnenden Glaubensweg befindlichen" Leuten möglich, in unserer Gemeinde zu tun? Das muss geklärt sein.

Gefährlich: elitäres Denken und Verhalten

Leider steckt besonders in den anstehenden Aufgaben und ihrer Verteilung eine besonders große Gefahr. Schrecklich schnell rutschen wir in eine Haltung, die uns einflüstert: „Deine Aufgabe ist besser als das, was *die da* machen!" Je extrovertierter und öffentlicher der Teil unserer Arbeit ist, den wir in der Gemeinde leisten, desto größer wird diese Gefahr. Ein Musiker auf der Bühne hat vordergründig betrachtet eine edlere Aufgabe als die alte Gemeindeschwester, die treu und tapfer die Toiletten putzt. Aber das ist ein Trugschluss! Allein um dieser Gefahr willen lohnt es sich immer wieder zu überprüfen, wie sich unsere Gemeindeglieder übereinander äußern, wie sie miteinander und vor allem nach außen mit ihrem Rollenverständnis bezogen auf ihr Engagement umgehen.

Die besten Möglichkeiten, mit elitärem Denken umzugehen, sind ...
... zu lernen, gerade als Leiter unscheinbare Aufgaben zu übernehmen.

... mit besonders wichtig scheinenden Mitarbeitern die Dimension des Dienens zu kommunizieren.

... etablierte Kräfte immer wieder zurückzuholen, indem sie anderen den Vortritt lassen, die deren Aufgabe ebenfalls gut ausführen können oder sich im Lernprozess befinden, z. B. jemand beim Singen, Tanzen, Dekorieren usw. diesen Vortritt zu schenken.

... immer wieder die unscheinbaren, offensichtlich niederen Arbeiten öffentlich zu würdigen.

... durch das „anderen den Vortritt zu lassen" zu erfahren, dass es erfüllt, wenn man andere stark macht.

... Aufgaben auch mal tauschen. Nicht jeder hat die Gabe des Singens auf einer Bühne, aber jeder kann Toiletten putzen. Deshalb sollte auch möglichst jeder es von Zeit zu Zeit tun.

Segnen und senden – aber (noch) nicht für die Ewigkeit
Wir halten es so, dass wir jede Aufgabe entweder gleich oder nach einer gewissen Eingewöhnungs- oder Bewährungszeit der Gemeinde bekanntgeben. In aller Regel im Gottesdienst. Die Beschäftigung wird segnend und sendend offiziell gestartet. Sie darf natürlich auch schon vorher einige Zeit laufen. Es geht ja dabei nicht um ein starres Gesetz, es geht um Segnung, Sendung, offizielle Einsetzung und auch um Würdigung[23].

Bei Aufgaben ist wichtig: Aufgaben vergeben wir üblicherweise nicht lebenslang, geschweige denn für die nächsten zwanzig Jahre, sondern für absehbare Zeiträume. So können wir leichter reflektieren, wie es lief, und überlegen, wie es weitergehen soll.

Netzwerk Gemeinde
Nicht nur das bereits erwähnte Bewusstsein ist wichtig, dass *kontinuierlich* Mitarbeiter gewonnen werden müssen. Es ist ebenso wichtig, dass dieses „Gewinnen-Wollen" nicht nur von einzelnen Leitern ausgeht, sondern eine Bewegung der Gemeinde ist[24]. Präzise ausgedrückt: Es ist möglich, dass sich viele in der Gemeinde den Blick aneignen, *wen* man in *welcher Weise* mit einbinden kann. Es ist sehr schwer für einen Hauptamtlichen oder einige wenige Leitungspersonen allein, die nachwachsenden Mitarbeiter zu entdecken und einzubinden. Da muss wirklich der ganze „Körper" aktiv sein: selbständig und mit dem Blick für die Möglichkeiten ausgestattet. Die vorhandenen Mitarbeiter werden von Beginn an durch das Verhalten der Gemeindeleitung in gewisser Weise erzogen: sie alle dürfen und sollen mit wachsender Begeisterung mit daran denken, wer sich für die Mitarbeit in der Gemeinde entdecken und gewinnen lässt. So wird jeder vorhandene Mitarbeiter zu einer Art „Scout"[25] und trägt dazu bei, dass neue Aufgaben vergeben und dadurch

auch immer wieder neue Ga-ben entdeckt werden und zum Einsatz kommen. Es bildet sich im besten Fall ein Netzwerk aus vielen Leuten, die alle mitarbeiten, neue Mitarbeiter zu gewinnen. Der Gedanke, dass alle oder mindestens viele beteiligt sind, hilft wiederum, den Gedanken des „Gemeindekörpers" zu fördern.

Grundlage für praktische Schritte

Die vorgestellten fünf Schritte sind gewissermaßen Grundlagen für weitere praktische Möglichkeiten der Mitarbeitergewinnung. Grundlegend sind sie, weil es wenig Sinn macht, in einer Gemeinde Mitarbeiter dafür zu gewinnen, an einem Strang zu ziehen, wenn die Identifikation und die Kommunikation nicht stimmen. Sicher werden wir Defizite behalten, aber zuerst muss an einer soliden Basis gearbeitet werden. Wenn wir an den grundlegenden Punkten arbeiten, dann macht es Sinn, weitere Schritte zu gehen.

Hier noch einmal die fünf Grundlagen:

Schritt 1: Identifikation schaffen

Menschen, die sich mit ihrer Gemeinde identifizieren, *wollen* dort auch mitarbeiten. Darum leben wir Identifikation vor. Denn unsere Gemeinde wird durch die Persönlichkeiten, die sich mit ihr identifizieren, an Mitarbeitern zunehmen. Vorhandene Gemeindeglieder werden sich mit wachsender Identifikation einbringen. „Neue" werden mitarbeiten wollen, wenn eine Identifikation mit der Gemeinde bei anderen und im wachsenden Umgang mit der Bibel gelernt wird. Echte, wahrhaftig vorgelebte Identifikation mit dem Körper Jesu Christi und dem lebendigen Wort Gottes wird als authentischer Glaube erlebt. Und das ist sie auch. Ich kenne nichts, was mehr zur praktischen Mitarbeit motiviert, als die Identifikation und die Liebe, aus der sie hervorgeht.

Die Basis für die Identifikation mit der Gemeinde ist eine positive Kommunikationsatmosphäre. Man redet gern und offen miteinander. Dies geschieht gerade bei Streit oder kritischen Fragen. Diese Form der Identifikation erreichen wir vor allem dadurch, dass wir sie mit allen Leitern und Mitarbeitern konsequent vorleben.

Schritt 2: Kommunikation fördern

Gemeindezugehörige, unter und mit denen viel kommuniziert wird, sind eher bereit, sich auf Mitarbeit einzulassen. Sie sind motivierter, sie erleben in vielen Bereichen ihres Lebens Hilfe und Heilung, besonders bei Problemen, die durch mangelnde Kommunikation hervorgerufen oder verschärft wurden. Sie entwickeln ein Gefühl der Identifikation mit der Gemeinde. Wir überprüfen also unsere eigene Kommunikationsfähigkeit und beginnen dann, die Kommunikationswege unter den Gemeindemitgliedern zu fördern, anzuregen und zu entwickeln.

Schritt 3: Bewusstsein schulen

Wir brauchen in der Gemeinde ein Bewusstsein über die aktuelle Lage und was daran zu ändern ist bzw. wie wir etwas ändern wollen. Wenn Mitarbeiter fehlen, dann muss das erst einmal bei uns auf dem „Plan" stehen. Was nicht bewusst ist, wird kaum als Not empfunden und auch kaum geändert. Wer sich bewusst ist, dass in einer schwierigen Mitarbeitersituation viel zu tun ist, wird eher den nächsten Schritt in Richtung Aktivität der eigenen Mitarbeit oder Mitarbeitergewinnung tun, als jemand, der diesen Zustand überhaupt nicht wahrnimmt.

Schritt 4: Beschäftigung ermöglichen

Menschen wollen sinnvolle, erfüllende und nötige Aufgaben übernehmen. Wenn wir ihnen diese in der Gemeinde ermöglichen, werden sie sie dort unter gewissen Umständen wahrnehmen.
Feste Gesprächstermine z.B. Ende Frühjahr und Ende Herbst helfen uns, damit wir bewusst überlegen, wer welche Aufgabe übernehmen kann. Wenn Aufgaben vergeben werden, wird dies bekanntgegeben und Mitarbeiter werden segnend und sendend für einen vorher gemeinsam geplanten Zeitraum von der Gemeinde berufen.

Schritt 5: Netzwerk

Mit einem Netzwerk an aufmerksamen Mitarbeitern und Gemeindemitgliedern, die alle für das Entdecken künftiger Mitarbeiter zuständig sind, erhöhen wir die Möglichkeit, neue Mitarbeiter zu gewinnen. Grundsatz ist: Alle machen mit! Zusätzlich fördern wir dadurch den Gedanken des „Gemeindekörpers".

Praktische Schritte, um Mitarbeiter zu gewinnen

Einige weitere Schritte sollen noch genannt sein, die sich aus den Grundlagen der bereits geschilderten ergeben oder ganz neue Chancen sein können:

Schritt 1: Ein Auge haben für Begabungen

Wir sollten uns immer wieder fragen: Nehmen wir wahr, was unsere Leute können? Wissen wir, welche Hobbys sie haben? Haben wir

Ahnung davon, was für Vorlieben bei unseren einzelnen Gemeindegliedern vorhanden sind bezüglich Altersgruppen, Themen und Aufgaben in unserer Gemeinde? Wir müssen darauf schauen! Ein „Auge
dafür haben" meint in diesem Zusammenhang nicht nur „sehen". Es
bedeutet vor allem – wieder einmal – viel zu kommunizieren. Wir
müssen intensiv durch Beobachtungen und Gespräche feststellen,
wo die Leute stehen und wo sie durch ihre Gaben hinkommen könnten. Dieses visionäre Betrachten unserer Menschen in der Gemeinde ist unwahrscheinlich wichtig.

In meiner Gemeinde habe ich es nicht nur im Musikteam erlebt,
aber hier besonders eindrücklich: Die Hälfte unserer Sängerinnen
und Sänger im Musikteam wurden entdeckt, weil neben ihnen jemand gesessen hat, der ihr ganz gewöhnliches Mitsingen im Gottesdienst hörte und sich vorstellte, dass diese Stimme auch als Ge-
sangsvortrag bereichernd wäre. Anschließend muss diese Person ihre
Beobachtung nur noch mitteilen und der Prozess, einen weiteren
Mitarbeiter zu gewinnen, kann beginnen. Übrigens soll diese „Beobachtung" nicht der einer observierenden Detektei ähneln. Es geht
nicht um Bespitzelung. Es geht darum, Gottes Gaben zu entdecke
und für den Einzelnen und die Gemeinde zu entwickeln.

Schritt 2: Ein Auge haben für Aufgaben und ihr Delegieren

Es ist verrückt, dass wir oft gar nicht sehen, wie viele Aufgaben
noch auf uns warten. Einerseits sind vielerorts Klagen über die Überlastung zu hören (s. Kapitel „Unsere Zeit und Kräfte reichen nicht!"),
andererseits fällt es schwer, naheliegende Aufgabengebiete zu entdecken und/oder Arbeit an Mitarbeiter zu delegieren.

Zu delegieren ist nicht so einfach, wie es sich auf dem Papier anhört.
Ich selbst kenne den Gedanken „Bis ich es jemand anderem erklärt
habe und der es in guter Qualität macht, hab ich es selbst erledigt".
Das trifft auf einzelne Aufgaben und Situationen sicher zu. Wir müssen aber die anstehenden Aufgaben unbedingt langfristig aufteilen
und die Geduld haben, Menschen anzuleiten, zu begleiten. Im Idealfall gibt es Mitarbeiter, die dieses „Anleiten" übernehmen.

Wir müssen ein Auge haben für Aufgaben, müssen sie erst einmal
entdecken. Von Zeit zu Zeit kann es darum hilfreich sein, mit einem
Leitungsteam oder einer Mitarbeitergruppe eine Liste zu erstellen,
die alle Aufgaben zusammenfasst. Dann kann man schwarz auf weiß
sehen, was man hat und was vielleicht fehlt, wo man sich noch engagieren sollte oder wo es an Mitarbeitern bzw. dem Delegieren/
Aufteilen von Arbeit mangelt. Klärung gibt Klarheit!

Schritt 3: Ein Auge haben für Lebensbereiche

Speziell *familiäre* Lebensbereiche sind genau das, was unendlich viele, besonders jugendliche Menschen in unserem Land vermissen. Sie haben unter Umständen große Defizite darin, wie ein konkretes Familienleben aussieht. Entweder gab es so etwas nicht, weil im althergebrachten Sinn[26] in ihrem Leben nie eine Familie vorhanden war, oder sie haben Probleme mit den vorhandenen Lebensformen (s. Kapitel „Irgendwie sind bei uns alle angeschlagen!"). Diese Fälle nehmen rasant zu.

Mitarbeiter gewinnen heißt auch, dass wir Leuten ein familiäres Umfeld bieten (s. familia Dei), in dem sie bei Gott ankommen können. Denn wer dort, bei Gott, seine Identifikation als „geliebtes Kind" findet, der wird sich engagieren wollen. Nicht aus Pflichtgefühl, sondern aus Liebe. Eine geeignetere Motivation kann es für einen Christen wohl kaum geben. Ohne therapeutische oder vertiefende seelsorgerliche Maßnahmen im Fall leidender Gemeindeglieder damit abzulehnen, kann eine Gemeinde eine Art Familie bieten. Immer wieder höre ich diese Aussage von den jungen Leuten in meiner Gemeinde.

Wir müssen ein Auge haben für die Lebensbereiche, in denen die Menschen von heute leben, und die Lebensbereiche, die wir für sie in der Gemeinde anbieten können. Denn wo man zuhause ist, arbeitet man mit. Selbstverständlich.

Schritt 4: Menschen ansprechen

Kaum jemand wird Mitarbeiter, wenn er nicht dazu eingeladen wird. Ohne dass wir die Leute wahrnehmen und gewissermaßen einschätzen, geht es nicht. Aber ohne ein konkretes Angebot, *welche* Aufgabe es sein könnte, schon gar nicht. Gemäß Gottes Willen, dass Menschen in der Gemeinde aktiv werden (s. 1. Kor 12), nennen wir das Berufung. Ein junger Mensch darf in der Gemeinde etwas tun, weil Gott es will. Er darf es auch zuerst ausprobieren. Dadurch erlebt er und dadurch erleben wir als Leiter und Mitarbeiter, ob sich die weitere Mitarbeit anbietet, ob Gott seine Berufung durch die Gemeinde bestätigt.

Das klingt nun sehr banal. „Logisch", wird mancher denken. Ich bin dennoch überzeugt, dass ein großer Teil Menschen keine Mitarbeiter in der Gemeinde sind, weil sie nie jemand gefragt hat, ob sie das nicht mal ausprobieren möchten[27]. Eine liebevolle Begleitung, die vor allem ermutigt und dann erst an geeigneter Stelle auch mal korrigiert, ist dabei ein absolutes Muss.

Schritt 5: Gott schickt Menschen

Wenn wir von einem Menschen angesprochen werden, der sich wünscht, eine Aufgabe in der Gemeinde zu übernehmen, dann ist es wirklich wichtig, dass wir prüfen, ob Gott diesen Menschen geschickt hat. Vordergründig kann es endlos viele Gründe dafür geben, dass jemand sagt: Ich möchte gern etwas machen. Das kann pure Lust am Singen, Basteln, Erzählen, Neugier oder die Suche nach Anerkennung sein. Die Freunde machen mit, also will man es auch. Und so weiter. Der geistliche Hintergrund kann dabei äußerst instabil sein oder völlig fehlen. Dahinter steckt immer Gott, der eine Chance anbietet, in seine Gemeinde tiefer hineinzufinden. Natürlich wissen wir nicht immer, wo die Person steht, die etwas machen möchte. Natürlich kann es genauso sein, dass aus der Mitarbeit wenig Konstruktives herauskommt. Vielleicht tut sich zunächst nichts im Glauben, wenn jemand ein Jahr lang einen Schaukasten gestaltet, der diese Aufgabe nur aus Spaß am Basteln in dem kleinen Team mit übernommen hat. Aber die Worte Gottes, die dort gehört und erlebt werden, werden immer eine Saat sein. *Ob* und *wann* sie aufgeht, liegt nicht in unserer Hand. Aber dass ein Mensch damit in Berührung kommt, durchaus! Genau das ist mit diesem Schritt gemeint. Wir lernen in Menschen, die etwas in der Gemeinde machen wollen, Menschen zu sehen, die Gott uns geschickt hat. Je nach Verantwortungsbewusstsein[28] des „Kandidaten" und Aufgabengebiet in der Gemeinde müssen sie eine Möglichkeit bekommen, in ihrem Tun und der Gemeinschaft mit Christen diesen Gott zu entdecken.

Was Mitarbeiter brauchen

Wir erleichtern den Prozess der Mitarbeitergewinnung enorm, wenn wir den schon vorhandenen Mitarbeitern mit ihrem Tun in der Gemeinde bereits erwähnte Lebensbereiche bieten. Diese Bereiche sollten sicher nicht nur von Ansprüchen, sondern auch dem Willen zu Dienst und Hingabe geprägt sein. Dennoch brauchen Mitarbeiter gewisse Grundkonstanten, um geistlich, im Dienen wie auch in ihrer Persönlichkeit zu wachsen.

Mitarbeiter brauchen Kommunikation

Das ständige Gespräch untereinander und mit der Leitung steht für mich an erster Stelle. Wo nicht geredet wird, ist etwas erkrankt, unterbrochen oder gestört. Miteinander reden zu *wollen*, ist das genuine Kennzeichen einer Gemeinschaft, die miteinander unterwegs ist. Das kann nicht verordnet werden. Es kann nur aus der Liebe zu Gott und zum Nächsten wachsen.

Auf diese Form gesunder Kommunikation kann man als Leiter nicht immer warten. Sie entwickelt sich zwar hier und da, sie braucht aber oft klare Impulse. Es muss in der Gemeinde Leiter geben, die kommunikativ sind, die gerne mit den Leuten reden. Die Teilnehmer und auch die Mitarbeiter unserer Gruppen und Kreise merken es, wenn Ansprechpartner da sind, die sich gern mit ihnen unterhalten. Durch ihre Kommunikation wird ihr Interesse an deren Leben deutlich. Das schafft wieder das dringend nötige Vertrauen und die Identifikation, die nötig sind, um neue Mitarbeiter zu gewinnen.

Mitarbeiter brauchen Zeit
Die meiste Zeit, die wir miteinander verbringen, sollte in Gespräche fließen[29]. Mir ist es dabei wichtig, dass man nicht grundsätzlich einen Termin braucht. Ich setze vor allem auf drei Kommunikationsmittel:
- Tür- und Angelgespräche, also kleine Gespräche zwischendurch
- E-Mail
- Skype / ICQ / Internetforen

Natürlich muss es Zeiten geben, in denen gerade Gemeindeleiter ungestört arbeiten können oder wirkliche Freizeit haben. Da kann es schon wichtig sein, die Gespräche zu regulieren; auch ein „Jetzt geht es grade nicht" muss drin sein. Dennoch sollten alle Leiter und Mitarbeiter Offenheit und Interesse signalisieren, sich jederzeit mit jedermann zu unterhalten. Der unerreichbare Leiter, der entweder wegen chronischem Zeitmangel und Geschäftigkeitswahn oder wegen Unlust und Unnahbarkeit kaum zur Verfügung steht, ist ein Bremsklotz in der Gewinnung und Unterstützung von Mitarbeitern.

Mitarbeiter brauchen Begleitung, Anleitung, Korrektur
Wir müssen ihnen sagen, was gut läuft, und sagen, was nicht gut läuft. Und zwar freundlich und gewinnend, aber deutlich und bestimmt. Offene, aber wertschätzende Gespräche sind durch nichts zu ersetzen.

Mitarbeiter brauchen Anerkennung
Menschen brauchen Anerkennung. Wir haben es nicht mit Maschinen zu tun, denen es egal ist, ob man mit ihnen spricht, sondern mit lebendigen Menschen. Leider gibt es weit gestreute Landstriche in unserem Land, in denen es äußerst unüblich ist, einem Menschen aufrichtige und ermutigende Anerkennung zuzusprechen. Man schweigt oder verliert sich in Floskeln. „Nicht geschimpft ist genug gelobt!", sagt man mancherorts. Für eine christliche Gemeinschaft ist das eine Katastrophe und für junge Leute, die hungrig nach Rückmeldung und Anerkennung sind sowieso.
Wir sollten unseren Mitarbeitern immer wieder sagen, was wir an ihnen schätzen. Ohne Lobhudelei und Selbstbeweihräucherung gehören dazu loben-

de Worte und aufrichtige Anerkennung. Das gilt besonders vor anderen Leuten bzw. wenn wir in Abwesenheit eines Mitarbeiters über diesen sprechen.

Mitarbeiter brauchen Motivation

Manchmal verlieren wir die Lust. Manchmal macht es einfach keinen Spaß. Das ist normal. Weil die Gemeinde wirkliches Leben ist, ist es völlig natürlich, dass nicht immer „Sonnenschein" ist. Im wirklichen Leben ist das nämlich so. Wir Christen sind oft müde, desillusioniert, kraftlos und lustlos. Wie alle Menschen. Zusätzlich sind wir manchmal im Glauben angefochten. Was wir brauchen sind ermutigende, motivierende Leute. Menschen, die gute Worte, Gesten und Taten bereithalten. Weil wir alle sie so dringend brauchen, sollten wir sie alle uns gegenseitig schenken.

Mitarbeiter brauchen Vertrauen

Ein Mitarbeiter spürt, ob wir ihm vertrauen oder nicht. Es wird ihn stärker befähigen, einen fröhlichen und auch guten Job zu machen, wenn er Vertrauen spürt. Das kann schwer sein, denn wir wissen ja nicht immer *stetig*, was für Ergebnisse ein Mitarbeiter erzielt, der zum Beispiel neu eingesetzt wurde. Natürlich macht es Sinn, wenn für eine Aufgabe vorgesehene Leute eingesetzt werden. Aber nur selten kann man vorher genau wissen, wie es nachher läuft. Auch wenn etwas schiefgelaufen ist, müssen wir immer wieder das Vertrauen „vorschießen". Und sei es in eine Person, die eine neue Aufgabe übernehmen muss. Auch Vertrauen schafft Nähe und schließlich die so wichtige Identifikation.

Mitarbeiter brauchen Freiraum

Besonders Freiraum, der selbstständige Entscheidungen ermöglicht, ist für die meisten Mitarbeiter enorm motivierend. Nichts zieht mehr runter, als wenn einem bei jeder Kleinigkeit ein Vorgesetzter auf die Pelle rückt, der es besser weiß und die Dinge ausbremst oder einem vor versammelter Mannschaft im entsprechenden Tonfall die Leviten liest. Wir sollten darauf achten, dass es Freiraum gibt: inhaltliche Freiheiten, methodische Freiheiten und auch finanzielle[30] Freiheiten. Das Geheimnis dieser Freiheiten liegt in der Kommunikation. Wo die Gemeindeleitung weiß, was bei den Mitarbeitern läuft, herrscht eine gute und offene Kommunikationsatmosphäre. In dem Fall ist es einfach, Mitarbeitern Freiräume der erwähnten Art einzuräumen. Diese Kommunikation sollten wir nicht immer von Mitarbeitern erwarten, sondern selbst einbringen. Wo ein guter, vertrauensvoller Ton herrscht, wo sich Leiter positiv für die Arbeit der Mitarbeiter interessieren, da wird der Mitarbeiter gerne und hoffentlich begeistert von seinen geplanten Aktionen erzählen. Der Kommunikation wird so jeder künstliche Anklang von Kontrolle entzogen.

Kapitel 2

„Uns fehlen Junge Erwachsene als Mitarbeiter!"

Wie wir ein FSJ ermöglichen und umsetzen

Jedes Jahr in den Sommermonaten ist es Zeit, von liebgewonnenen Jungen Erwachsenen Abschied zu nehmen. Die Rede ist nicht von denen, die deutschlandweit aus den Gemeinden hinaus in die Welt verabschiedet werden und folgerichtig auch aus meiner eigenen Gemeinde. Die Rede ist von denen, die ein FSJ absolviert haben: das „Freiwillige Soziale Jahr". Am Ende des Jahres geben wir ihnen dann einige Dank- und Segensworte mit auf den Weg. Und dann soll auch von ihnen jeder noch einmal persönlich sagen, was ihm das FSJ bedeutet, das er gerade hinter sich hat. Drei Auszüge aus diesen Abschiedsworten:

„Wir mussten Wege finden, um uns zu ermutigen, denn in dieser Stadt gibt es einfach so viel zu tun. Aber in dieser Zeit habe ich viel gelernt. Ich kann mir nun vorstellen, wie der Dienst für Gott wirklich sein soll. Es hat mir viel abverlangt, aber geholfen, eine stärkere Persönlichkeit zu werden."

„Dieses Jahr war sehr wertvoll für mich. Die ganze Zeit hatte ich Einblick in Gemeindearbeit und war selbst mittendrin. Ich habe gelernt, wie einzelne Gruppen aufgebaut sein können und dass man sich jeweils auf die Menschen einstellen muss. Wichtig sind Kontakte und Beziehungen. Im FSJ hatte ich die Möglichkeit, so vieles auszuprobieren. Ob Musik, Theater, Tanz, Technik, handwerkliche Arbeiten, Grundschule, Gymnasium, Moderation ... Ich hätte vor dem FSJ nie gedacht, dass ich tanzen würde und es mir auch noch Spaß machen könnte! Aber als ich unseren Tanzgruppenleiter habe tanzen sehen, war ich so begeistert, dass ich es auch ausprobieren wollte. Heute kann ich sogar sagen, dass es genial ist, die Freude an Gott wie einst König David im Tanz auszudrücken!"

„Ich merke immer wieder, wie mich Erlebnisse und Worte, die ich im FSJ erlebt und gehört habe, stärken und mir Kraft geben. Ich konnte unmittelbar erleben, wie Gott in und an Menschen wirkt und handelt. Ebenso intensiv war dabei die Erfahrung, wie er uns Christen dazu gebrauchen will. Es war ein Jahr, das ich niemals streichen möchte. Ich konnte so viel mitnehmen und lernen. Ich glaube, ich werde mein ganzes Leben von diesem einen Jahr einen Gewinn für Glaube und Persönlichkeit haben."

Das FSJ als Chance

Es ist richtig, dass Jugendliche, die kein FSJ machen, in die Welt hinausziehen, weil sie die Schule beendet haben und entweder ins Berufsleben oder die Studienzeit starten. Es ist aber auch schmerzhaft, weil dadurch unzählige Gemeinden Jahr für Jahr kostbare Mitarbeiter verlieren. Wie sagen wir dann so schön? „Gerade jetzt, wo sie als Mitarbeiter so richtig fit sind – da müssen sie gehen!"

Es bleibt nach jedem Sommer ein mehr oder weniger großes Mitarbeiterloch. Die Altersklasse der 18- bis 25-Jährigen kommt in vielen Gemeinden dann kaum noch vor, was zwangsläufig bedeutet, dass auch Mitarbeiter in diesem Alter nicht da sein können.

Besonders für Kinder, Teenager und Jugendliche sind Mitarbeiter in dieser Altersgruppe jedoch enorm wichtig. Sie sind einerseits noch „nah dran", aber irgendwie auch „erwachsen". Sie sind geistlich auf konkretem Weg, oft voller Energie und Tatendrang – aber vor allem sind sie ganz besonders wichtige Vorbilder. Im Rahmen ihres Engagements und ihrer Gaben sind sie als Seelsorger oder mindestens als Gesprächspartner gefragt. Als oft sehr selbstständige Mitarbeiter sind die Mitarbeiter aus der Altersklasse „Junge Erwachsene" schlicht unverzichtbar.

Mit einem lachenden und einem weinenden Auge verabschieden wir aber jedes Jahr etliche junge Leute aus genau dieser Kategorie. Wir verabschieden sie einerseits lachend, weil wir sie segnend in die Welt senden - sie werden anderswo als Mitarbeiter genauso gebraucht; und weinend, weil die Beziehungen so tief gehen, weil im Grunde „Familienmitglieder" gehen und weil jedes Familienmitglied auf seine Art unersetzbar ist.

Weil wir aber jedes Jahr ein neues Team von jungen Menschen im FSJ (Freiwilligen Sozialen Jahr) begrüßen, wissen wir, dass trotz Abschied die Arbeit gut weiterlaufen kann – ja, sogar aufgebaut wird. Diese 16 bis 27 Jahre alten Freiwilligen setzen sich ein volles Jahr mit ihrer Arbeitszeit zum Beispiel für die lokale Gemeinde ein. Dazu gehört auch die Kernaufgabe des FSJ-Teams, die vorhandenen Jugendlichen zu Mitarbeitern zu schulen, die ebenfalls „fit" sind.

Das Freiwillige Soziale Jahr ist eine der größten Chancen, mit jungen Leuten die Gemeinde „in Schwung" zu bringen. Verschiedene Vorteile werden im Folgenden genannt. Eigentlich sollte man niemand überzeugen müssen, dass Junge Erwachsene als Mitarbeiter nötig sind. Trotzdem einige positive Effekte:
- Mit einem Freiwilligen steht „Ersatz" zur Verfügung, denn nach ihrer Schulausbildung gehende Jugendliche können nicht mit eigenem Nachwuchs ersetzt werden. Der müsste ja erst ins gleiche Alter kommen.
- Er ist auf Augenhöhe mit Jugendlichen, wird aber als Junger Erwachsener auch von Älteren ernst genommen.

- Der Freiwillige hat vor allem dann Zeit, sich vorzubereiten und Dinge zu erledigen, wenn viele andere ehrenamtliche Mitarbeiter der Gemeinde nicht verfügbar sind: vormittags.
- Als Gesprächspartner für Teenager ist seine Altersklasse (vorwiegend zwischen 17 und 21) unglaublich beliebt und gesucht. Sie sind Vorbilder und Seelsorger, Begleiter und Helfer, Anleiter und vor allem Freunde auf dem Glaubensweg.
- Er hat ein „brennendes Herz"[31], also Liebe und Hingabe für Jesus und dadurch eine Menge positiver Energie, die er mit viel Kraft und Mut einbringt.

Was die Gemeinde von einem Freiwilligen hat

Die Liste geht noch weiter! Es folgt eine Zusammenstellung von Erfahrungen, die Gemeinden mit Freiwilligen gemacht haben. Sie kooperieren mit dem bereits Genannten und führen es aus. Sie sind unter dem Vorzeichen zu lesen, dass die Sache grundsätzlich gut läuft.

- Ein Freiwilliger bringt eine gewisse Entlastung. Allein zeitlich gesehen kann der Freiwillige viele Aufgaben übernehmen, die ehrenamtlichen Kräften Not machen. Es ist genial, zu erleben, wie Kräfte frei werden, wenn die Freiwilligen kleine und große Aufgaben übernehmen, die im Gemeindealltag anstehen. Vom Erstellen von Texten für den Gemeindebrief bis zum Rasenmähen kann da wirklich alles dabei sein. Nicht, dass all diese Arbeiten und Aufgaben nicht von unseren ehrenamtlichen Mitarbeitern erledigt werden können – aber manchmal ist es einfach befreiend, wenn da „noch jemand ist", der mithilft, mitträgt, mitarbeitet.
- Eine große Chance des FSJ ist, dass Jugendliche aus der Gemeinde durch die Freiwilligen als Mitarbeiter ausgebildet werden können. Dazu müssen die Freiwilligen selbstverständlich zunächst befähigt werden, Gaben zu entdecken und zu fördern, und in ihrer Arbeit begleitet werden. Sie müssen neben den Gaben aber auch Aufgaben sehen. Dann können sie Wege suchen, wie diese Aufgaben mit den vorhandenen Kräften erledigt werden können. Wann immer ein Freiwilliger in die Gemeinde kommt, gebe ich ihm klar mit auf den Weg: „Du bist nicht hier, um allen anderen die Arbeit abzunehmen, damit sie dann nichts mehr selbst machen brauchen. Du bist hier, um die vorhandenen Teilnehmer und Mitarbeiter zu begleiten und so zu befähigen, dass sie bei deinem Abschied die Arbeit (möglichst gut und zuverlässig) selbst machen können[32]."
- Ein Freiwilliger von „außerhalb" ist eine großartige Chance für die Gemeinde, sich klarzumachen, wie sie erlebt wird. Die Wahrnehmungen von Menschen, die neu in unsere Gemeinde kommen, sollten für uns ein kostbarer Beitrag dazu sein, wie wir etwas verändern, verbessern oder schlicht beibehalten können. Zu Beginn seines FSJ besitzt der Freiwillige eine gute

„Sicht von außen". Er kennt die Arbeit noch nicht so gut, weiß um viele Marotten und Probleme nicht und ist ziemlich unbefangen. Die Rückmeldung des Freiwilligen müssen wir abfragen und beherzigen. Sie kann eine Gemeinde enorm weiterbringen.

- Ein Freiwilliger in der Gemeinde weckt das Interesse bei den Teilnehmern der Gruppen. Besonders Jugendliche lieben Abwechslung. So groß die Traurigkeit beim Abschied auch sein wird[33], neue Leute von außen bieten neues Potential und neue Erfahrungen. Das spüren die Jugendlichen. Besonders interessant sind Freiwillige aus anderen Ländern. Wir haben hervorragende Erfahrungen mit einem jungen Mann aus Sambia/Südafrika gemacht[34].

- Mit den immer neu in die Gemeinde kommenden Gaben der Freiwilligen entsteht jährlich eine neue Palette an Möglichkeiten und bietet eine Chance, Außenstehende zu erreichen, die vorher nicht erreicht wurden; Mitarbeiter auf einem Gebiet zu schulen, das vorher brach lag; Bereiche zu fördern, die vorher zurückstecken mussten.

- Die finanzielle Leistung, die für ein FSJ aufgebracht werden muss, ist nicht nur eine große Herausforderung (besonders für kleine Gemeinden), sondern auch eine Chance: Dass wir zusammenlegen müssen, um einen Freiwilligen zu finanzieren, kann fest zusammenschweißen. Besonders schön ist es, wenn auch Jugendliche früh entdecken, dass man sein Geld für sinnvolle Dinge ausgeben kann: zum Beispiel für einen Freiwilligen, der die eigene Jugendgruppe unterstützt ...

Was der Freiwillige von einem FSJ hat
In ähnlicher Weise folgt eine kleine Auflistung von dem, was Freiwillige erleben können, wenn sie sich für ein FSJ in einer Gemeinde entscheiden. Auch hier ist eine positive Grundstimmung vorausgesetzt.

- Der Freiwillige kann in unendlich vielen Kompetenzen gestärkt und aufgebaut werden. Es würde den Rahmen dieses Buches sprengen, sie alle zu notieren. Nur einige der wichtigsten seien genannt: Selbstständigkeit, Teamfähigkeit, Gaben entdecken und das Verständnis von Mission. (Die Möglichkeiten variieren mit der Einsatzstelle.)

- In einem Team eingesetzt zu werden, das von anderen Menschen zusammengestellt wurde – oder als einzelner Freiwilliger in ein Gemeindeteam hineingestellt zu sein -, ist eine große Herausforderung. Wer das hinkriegt, wird als Persönlichkeit ein gutes Stück wachsen.

- Ein interessanter Punkt für alle Eltern der Freiwilligen ist das zu erwartende Wachstum der Selbstständigkeit des Freiwilligen. In aller Regel wird er ja mehr oder weniger auf eigenen Füßen stehen, auf jeden Fall mehr als im „Hotel Mama". Auch für die Freiwilligen selbst ist es in fast allen

Fällen ein gesundes Zeichen, für sich selbst sorgen zu wollen. In der Tat ist ein legitimer Grund für ein FSJ der Wunsch, sich um seine Versorgung nun stärker selbstständig kümmern zu wollen. Von der Organisation des eigenen Tagesablaufs über die Planung von Terminen bis zur persönlichen Arbeitsweise ist alles dabei. Nicht zuletzt geht es dabei auch um einen vernünftigen Umgang mit Ruhe- und Stillen Zeiten – auch sie wollen gelernt sein.

- Ein Freiwilliger wird lernen müssen, mit wenig Geld auszukommen. Das ist nicht nur eine gute Übung für angehende Studenten, sondern generell wichtig. Von einem kleinen Taschengeld (gemessen an dem, was an Arbeit zu leisten ist!) sowohl abzugeben als auch sich rundum selbst zu versorgen ist für manche „Lebemänner" der heutigen Zeit nicht leicht. Schaffen tun es nachher eigentlich alle, manche brauchen ein wenig Hilfe. Die meisten kriegen das aber schnell selbst hin.

- In den Einsatzstellen wird man mit allen möglichen Menschen konfrontiert und muss mit ihnen umgehen. Ich sage immer: ein FSJ ist kein reines Wunschkonzert. Ob man will oder nicht, gewisse Typen hat man dann ein Jahr um sich. Das kann ungeheuer heilsam sein. Wer sich ein Jahr mit schwierigen Charakteren zum Beispiel für eine Jugendgruppe tapfer engagiert hat, ist bedeutend toleranter, teamfähiger und nervenstärker geworden. Wichtiges Beiwerk der Konfrontation mit Menschen jeglicher Couleur ist die Bewältigung von Konflikten. Sie werden nicht ausbleiben und sie sind – wenn sie bewältigt wurden – kostbare Bausteine des Lebenshauses.

- Es ist spannend, wenn ein Freiwilliger aus einer weit entfernt liegenden Region anreist. Nicht nur die Einsatzstelle hat damit einen sprachlichen Farbtupfer unter sich[35]. Eine neue Umgebung bietet eine Fülle neuer Eindrücke für den Freiwilligen selbst.

- Bisher hat jeder Freiwillige in unserer Gemeinde das Jahr neben all dem Engagement für die Gemeinde und seine geistliche und charakterliche Entwicklung auch zur Berufsorientierung genutzt. Es ist mehr oder weniger viel Zeit, um sich zu orientieren, auszuprobieren und sich beraten zu lassen, was für eine Laufbahn gestartet werden soll. Eine gewisse „Auszeit" nach der Schule (oder auch ein bis Studienbeginn überbrücktes Jahr), in der das Engagement konsequent in Richtung Gemeinde geht, schenkt in fast allen Fällen neue Motivation für eine Ausbildung oder ein Studium. Manche Einsatzstellen bieten geradezu ideale Voraussetzungen, um einer Bewerbung ein FSJ-Zeugnis oder gar Empfehlungsschreiben beizufügen: Sozialpädagogik[36], Lehramt, Theologie. Immer sind Fachleute aus diesen und weiteren Feldern die Hauptamtlichen und Leiter der Gemeinde - oder zumindest in Gemeinden vorhanden.

- Das FSJ ist für junge Männer auch als Zivildienstersatz möglich.

- Vielleicht wird in den kommenden Jahren nach dem FSJ nur selten so viel Gelegenheit sein, Seminare und Workshops wahrzunehmen. Allein die Seminare beim FSJ-Träger sind ein reicher Schatz an Ausbildung für Ehrenamt und Beruf. Die Gemeinde unterstützt ihren Freiwilligen darüber hinaus nach Kräften, gezielt durch gute Seminare ausgebildet zu werden. Seelsorge, Tontechnik, Finanzplanung - egal, was es ist, die Schulung, die in dieser Zeit fast „nebenbei" geleistet wird, prägt das ganze Gemeinde- und Berufsleben!
- Das FSJ ist die Zeit, in der viel Spielraum ist, um intensiv für und mit Gott etwas zu bewirken. Das mag seltsam klingen, aber wir sind Gottes Mitarbeiter in der Gemeinde. Einen Acht- bis Zehnstundentag in reiner Hingabe an die Gemeinde – das gibt es später nur als Hauptamtlicher wieder. Viele Freiwillige habe ich sagen hören: „Jetzt möchte ich mich ein Jahr lang ganz und gar auf den Dienst in der Gemeinde einstellen, nicht ‚nur' nebenbei." Eine solche Aufgabe wahrzunehmen, sie anzupacken, das kann außerordentlich erfüllend werden.

Fördern und fordern

Ein FSJ darf keine Einbahnstraße sein. Die Freiwilligen oder FSJ-Teams (bei mehreren Freiwilligen folgend „Team") sind keine „billigen Arbeitskräfte". Es geht um junge Menschen, gegenüber denen wir hohe Verantwortung haben. Darum muss ein kleiner Abschnitt der hohen Verantwortung geschuldet sein, der sich eine Gemeinde stellt, wenn sie ein FSJ anbietet. Die Anteile an dem, was wir fordern, müssen der Gegenüberstellung dessen, was wir anbieten zu fördern, standhalten können.

Ein Ungleichgewicht wird auf Dauer ungesund – ebenfalls für beide Seiten. Wer meint, ein Team von Freiwilligen sei „nebenbei" zu etablieren, ist auf dem Holzweg. Erfahrungen sammeln wir am besten Schritt für Schritt. Ich empfehle dringend mit einem, maximal zwei Freiwilligen zu beginnen und einen (wie im Folgenden geschilderten) sorgfältigen Auswahlvorgang. Ich empfehle eine offene und unkomplizierte, aber auch liebevolle und kritische Begleitung – die vor allem das bietet, was eine der größten Stärken der christlichen Gemeinde sein sollte: eine Familie (vgl. Apg 2,42f.).

Ebenso der „Kandidat". Wer meint, in einer Gemeinde ein Jahr die „Füße hochlegen" zu können, hat sich geschnitten. Ein FSJ kann alles abverlangen, was an geistlichem und körperlichem Potential vorhanden ist. Es kann auch mal einige Wochen über die Kräfte gehen. Es kann nicht nur den Wohnraum betreffend eng und unbequem sein, wenn man zusammen mit anderen Freiwilligen in einer WG lebt. Es kann eine Grenzerfahrung werden, und vielleicht sollte es genau das auch sein.

Was noch wichtig ist

Um das FSJ in guter Weise durchführen zu können, müssen einige Dinge vorher geklärt werden. Außer dem bereits Genannten gehören die folgenden dazu:

Hohe Kommunikationsbereitschaft der Gemeindeleitung / Anleitungsperson

Wo nicht genug kommuniziert wird, gibt es schnell Missverständnisse. Bei aller Offenheit zum Gespräch, die ein Freiwilliger mitbringen muss, sollte immer wieder die Kommunikation durch die Anleitungsperson, die den Freiwilligen begleitet, und andere Gemeindeleute gesucht und aufrechterhalten werden. Es darf keine Isolation entstehen, in der ein Freiwilliger das Gefühl hat, es würde nicht mit ihm geredet. Einfacher ist es diesbezüglich immer, wenn es nicht nur einen Freiwilligen, sondern ein Team gibt.

Freiheit und Begleitung

Weil das FSJ auch ein Jahr zum Selbstständigwerden ist, empfiehlt es sich – je nach Charakter und Persönlichkeit –, dem Freiwilligen eine eher „lange Leine" zu lassen. Es handelt sich bei den meisten Kandidaten schließlich um Leute, die wir als Junge Erwachsene für voll nehmen sollten. Wenn die Begleitung sich darin erschöpft, dem Freiwilligen Anweisungen zu geben, ihm ein nettes Buch zum „Geschichtenerzählen" in die Hand zu drücken und ihn ansonsten mit Kritik zu überschütten, wird das FSJ beiden Seiten wenig Freude bereiten. Eine von gegenseitigem Vertrauen geprägte Atmosphäre, die in viel positive Kommunikation eingebettet ist, habe ich als am meisten förderlich erlebt. Das Team darf viel ausprobieren, gestalten, riskieren. Neben all den Aufgaben, die sowieso anliegen und getan werden müssen, ist diese Freiheit ein Garant für ein gelungenes FSJ.

Entscheidung: Team oder Einzelkämpfer

Es muss geklärt werden, ob die Gemeinde einen oder mehrere Freiwillige einstellt. Sicher wird diese Entscheidung zuerst vom möglichen finanziellen Spielraum bestimmt – leider. Denn wo das Geld die Entscheidung fällt, ist der Grad des missionarischen Risikos, das eingegangen wird, oft gleich null. Dann heißt es: „Wir haben kein Geld, wir können das nicht machen."
Die Modelle zur Finanzierung stimmen möglicherweise auch skeptische Leitungskreise um. Dennoch muss ein machbarer Rahmen die Grundlage bilden. Lieber klein anfangen und aufbauen, als nach zwei Jahren pleite sein.
Zum Team ist zu sagen, dass dadurch nicht nur „mehr" getan werden kann, es ist auch einfacher, die Leute untereinander bei Laune zu halten. Die Stimmung im Team ist ziemlich wichtig, weil die heutzutage in der totalen Indivi-

dualisierung großgewordenen Jungen Erwachsenen zuerst an sich selbst denken, an ihre „eigene kleine Welt" und ihr Empfinden. Das macht es nicht einfacher (siehe auch folgender Abschnitt), aber auch innerhalb ihres Teams lernen Freiwillige schnell.

Wer macht was? Gaben- oder Aufgabenorientierung?
Freiwillige werden grundsätzlich zuerst nach ihren Gaben eingesetzt, dann werden Vorlieben berücksichtigt. Aufgaben gibt es für alle. Bei der *Auswahl* der Freiwilligen spielen darum vor allem die Gaben eine sehr große Rolle.

Sorgfältige Auswahl der Kandidaten

Wie finden wir den „richtigen" Freiwilligen für unsere Gemeinde?
Kurze und wichtigste Antwort: durch die Leitung Gottes. Etwas längere Antwort: In den folgenden Punkten ist ein großer Teil davon enthalten, wie Gott mitgehen kann durch die Instanzen. Beginnen tut alles mit Gebet. Das Gebet umgreift alle Schritte. Die Bitte, dass Gott das Suchen und Finden leitet, ist die Basis. Dann geht es Schritt für Schritt betend weiter.

Einem Irrtum sollten wir nicht verfallen: voreilig denken, dass Gott uns diesen Menschen gesandt hat, der da gerade zum ersten Mal anruft, und eine Zusage geben, weil er so gläubig wirkt und fromme Sachen sagt ... Vernünftiger ist die Erkenntnis, dass Gott es liebt, seine Wege quasi durch niedrige, irdische Kriterien zu bahnen. Also gehen wir getrost einfache, konsequente und nachvollziehbare Schritte in der Auswahl des künftigen Freiwilligen für unsere Gemeinde. Am Ende des Auswahlprozesses hat es bei uns bis jetzt noch nie einen Irrtum in einer ganz speziellen Frage gegeben – nämlich darin, ob Gott den Freiwilligen geschickt hat. Wenn das Team feststand, war uns immer klar: das hat Gott getan!

Praktische Schritte

Für die Auswahl der Freiwilligen für unsere Gemeinde haben sich folgende (subjektive) Schritte bewährt. Andere Einsatzstellen haben andere Anforderungen und benötigen darum ein anderes Auswahlverfahren. Die Schritte dienen also zur Orientierung:

Schritt 1: Ausschreibung

Zunächst muss bekannt werden, dass unsere Gemeinde ein FSJ anbietet; junge, geeignete Leute müssen es erfahren. Dafür gibt es zwei hauptsächliche Wege: die Ausschreibung des FSJ-Trägers, mit dem wir für das FSJ zusammenarbeiten, und die unserer Gemeinde.

Ausschreibung durch FSJ-Träger
Je nach FSJ-Träger ist das Ausschreibungsverfahren verschieden. Bei vielen Trägern bewerben sich die Kandidaten für ein FSJ beim Träger[37] und erhalten Einsatzstellenvorschläge, werden also zur Einsatzstelle vermittelt. Darum melden wir uns als Einsatzstelle beim FSJ-Träger, dass wir quasi „zur Verfügung" stehen.

Ausschreibung durch die Einsatzstelle
Dazu nutzen wir die vorhandenen Internetplattformen und schreiben die FSJ-Stelle mit einigen Angaben zu den Tätigkeiten aus. Die meisten Plattformen sind kostenlos, bringen aber nur durchschnittliche Resonanz. Um sich als FSJ-Stelle zu etablieren, ist es darum zusätzlich nötig, sich bei einem Dachverband[38] die Adressen von regionalen und überregionalen Leitern zu organisieren – oder sogar eine Liste mit allen angeschlossenen Gemeinden. Diese werden angeschrieben mit der Bitte, einen Aushang oder eine ähnliche Info an die „Basis" weiterzuleiten. Die meisten Gemeindeverbände und ihr Leiter wissen längst, dass ein FSJ eine gute Sache für junge Leute und ihre Gemeinden ist. Darum geben sie in der Regel die Info weiter. Keine Ausschreibung kann derart einfach und direkt junge Leute erreichen, als wenn in 100 Gemeinden angesagt wird, dass es eine FSJ-Stelle in einer dem Dachverband angeschlossenen Gemeinde gibt. Sollte es schon vorher Freiwillige gegeben haben, wird die Sache umso einfacher ... jedenfalls, wenn das FSJ gelungen war.

Schritt 2: Erste Kontakte

Als Erstes wünschen wir uns einen telefonischen Kontakt mit dem Bewerber oder eine Kontaktaufnahme per E-Mail. Am Anfang steht die Kommunikation über allgemeine Dinge. Meine Standardfragen sind die nach persönlichen Daten, regionaler Herkunft und Gemeindehintergrund. Das genügt. Dann erzähle ich von dem, was wir tun, und gebe einige wenige, aber grundlegende Infos zur Stelle. Es kann sein, dass ein Freiwilliger bereits nach diesem ersten Gespräch kein Interesse mehr verspürt, sich zu bewerben; ebenso ist es möglich, dass durch unüberbrückbare konzeptionelle oder sonstige Differenzen ein FSJ für den Gesprächspartner ausgeschlossen ist – dann haben beide Seiten Zeit und Geld gespart. Sollte das nicht der Fall sein, bieten wir dem Kandidaten ein „Infopaket" per E-Mail rund um die Stelle an. Darin befinden sich ...
... eine genaue **Aufgabenbeschreibung** mit Möglichkeiten und Grenzen des FSJ.

... eine Liste der nötigen **Bewerbungsunterlagen.** (Meine Gemeinde benötigt und erwartet einen tabellarischen Lebenslauf, gesondert dazu einen ausführlichen Lebenslauf der geistlichen Entwicklung, Selbsteinschätzung von Gaben und Grenzen, seelsorgerliche Zeugnisse zur Mitarbeit und/oder mindestens zwei Referenzadressen, Lichtbild; optional können Bescheinigungen von absolvierten Seminaren wie zum Beispiel der „Juleica" o.Ä. beigefügt werden.) Hier bitte auch beachten, was der FSJ-Träger braucht.

... Informationen über die **Rahmenbedingungen des FSJ** und den **FSJ-Träger.** Der Träger hat i.d.R. Infomaterial dazu.

... ein **Anforderungsprofil,** das klärt, welche Gaben von Vorteil und welche geistlich-persönlichen Grundlagen erforderlich sind und das die Grundlagen der Finanzierung anspricht.

... einige einfache **konzeptionelle Dokumente,** die Aufschluss darüber geben, wie die Gemeinde arbeitet, vor welchen Herausforderungen sie steht und welche missionarischen, sozial-diakonischen, theologischen Grundlagen bzw. Ausrichtungen sie hat.

... mehrere **Lebens- und Glaubenszeugnisse** von Freiwilligen, die ihr FSJ bereits geleistet haben und darüber berichten, was sie mit Gott und den Menschen dabei erlebt haben. Besonders diese Berichte sind äußerst wichtig, weil sie Einblick in die Realitäten des gelebten FSJ schenken.

... optional sind weitere **Texte, Berichte und Artikel** beigefügt, die die Gemeinde und/oder ihre Arbeit näher beschreiben.

Mit diesen Unterlagen ausgerüstet, kann der Interessent sich ein genaues Bild über die Einsatzstelle machen. Zu diesem Zeitpunkt eines Kontaktes ist es äußerst sinnvoll, die Herausforderung des FSJ nicht zu niedrig anzusiedeln! Wo „alles ganz easy" ist, lässt sich der Nächstbeste einsetzen. Wo aber Herausforderungen warten und Ansprüche deutlich werden, muss jemand ein gewisses Selbstbewusstsein haben, um sich zu bewerben. Genau dieses Selbstbewusstsein ist einer der ersten (nicht der „einzige", aber ein durchaus wichtiger) „Helfer" für einen potenziell geeigneten Freiwilligen, der ein charakterfester Mitarbeiter werden soll. Außerdem sollte ein Freiwilliger wissen, worauf er sich einlässt.

Wenn das „Infopaket" abgeschickt ist, bleibt dem Interessenten eine gute Woche Zeit, die Dinge zu lesen und zu prüfen. Wenn er bleibendes Interesse hat, wird er sich wieder melden und kann sich bewerben.

Schritt 3: Die Bewerbung und das Infowochenende

Anhand der Bewerbung sind umfangreiche Unterlagen vorhanden, mit denen eingehend geprüft werden kann, ob der Bewerber zunächst geeignet erscheint. In meiner Gemeinde geben wir aufgrund einer Bewerbung aber im Normalfall noch keine Zusage. Ein Freiwilliger kann über alle bisherigen Wege sehr „attraktiv" erscheinen, durch sein unmittelbares Auftreten aber ganz neue, ungeahnte Seiten aufzeigen. In der direkten Begegnung werden Lebens- und Kleidungsstil, Vorlieben und Umgangsformen noch einmal ganz neu deutlich. Nur in einer direkten Begegnung und im Gespräch unter zukünftiger Anleitungsperson[39] und Freiwilligem werden letzte Zweifel ausgeräumt.

Eine Garantie für den „perfekten Freiwilligen" wird es aber nicht geben; nur die Chance, den für die zu besetzende Stelle am ehesten geeignet erscheinenden Menschen zu finden. Darum laden wir die Kandidaten zu einem Infowochenende ein. An einem kompletten Wochenende lässt sich nicht jede Tiefe des Charakters ausloten, aber ein aussagekräftiger Eindruck entsteht auf jeden Fall.

Eine Komponente in dieser Phase der Auswahl ist die Haltung der Familie des Bewerbers. Ohne Familie oder mindestens einen Elternteil als Rückhalt – und sei es wenigstens unter Gewähr moralischer Zustimmung – erlebe ich manche Bewerber eher als „Fliehende" oder „Protestler". Das ist beides keine gute Basis für ein FSJ. „Leichen im Keller", also irgendwelche tiefgehenden ungeklärten Erlebnisse oder sogar offene Streitigkeiten der härteren Art haben die unangenehme Angewohnheit, entweder aufzubrechen oder sich gerade dann zu verselbstständigen, wenn der Freiwillige am intensivsten in seinem Dienst in der Gemeinde gebraucht wird ...
Ein gesundes, aufgeschlossenes und durchaus in machen Punkten „erwachsen-distanziertes" Verhältnis zum Elternhaus ist gut. Vielleicht trifft es am ehesten der Begriff „geklärt". Wo geklärte Verhältnisse den Ton und den Umgang bestimmen, kann man sich miteinander unterhalten. Wenn in der Altersklasse „Junge Erwachsene" Eltern und Kinder ein gutes und liebevolles Verhältnis haben, haben wir eine hervorragende Grundlage für eine gelingende Zusammenarbeit und ein gesegnetes FSJ. Ein christliches Elternhaus ist übrigens ein Vorteil, muss aber nicht Bedingung sein.
Aber auch der Bewerber kann in dieser Phase wichtige Dinge ausloten. Innerhalb einer Woche nach Bewerbung sollte er schriftlich die Erstinformation erhalten, die folgende Infos enthält:

- Voraussetzungen zur Teilnahme (je nach Anforderungsprofil des Trägers)
- mögliche Einsatzfelder und materielle Leistungen sowie Anfangszeiten des Einsatzes
- Infos über die pädagogische Begleitung
- Ablauf des Bewerbungs- und Vermittlungsverfahrens
- andere Möglichkeiten zur weiteren Orientierung und Klärung individueller Fragen

Ein Bewerber sollte seinerseits genau prüfen, ob die Stelle passend erscheint. Indikatoren dafür sind die zügige Bearbeitung seiner Anfrage oder Bewerbung, eine umfassende Informationen über das Programm und die dazugehörige individuelle Beratung. Der Bewerber muss wirklich im Bilde sein, welche Einsatzstelle und Tätigkeit er ein Jahr lang sein Zuhause nennen wird. Dazu gehört, dass auf gewisse Wünsche, Gaben und Termine (Beginn, Länge des Einsatzes) eingegangen wird. Wieder einmal spielt die Kommunikation eine große Rolle: man sollte miteinander reden können.

Wenn der Bewerber sich über all diese Sachverhalte informieren muss, dann bedeutet das für uns als Gemeinde bzw. Einsatzstelle, dass wir gute und hilfreiche Antworten parat haben sollten.

Schritt 4: Gemeindebesuche und Finanzierung

Scheinen uns Bewerbung, Infowochenende und Referenzen für unsere Stelle geeignet, dann geht es weiter. Das Wochenende lassen wir noch eine gute Woche „sacken" und entscheiden dann über Zu- oder Absage. Wenn dem Freiwilligen dies mitgeteilt ist, kann geklärt werden, ob es weitere Besuche in der Einsatzgemeinde gibt. Vielleicht möchten Eltern, Geschwister oder Freunde sich die zukünftige Stelle des Freiwilligen auch einmal ansehen. Das ist ein gutes Zeichen und kann durchaus auch beim ersten Besuch schon der Fall sein.

Um das FSJ mit einer Gemeindepartnerschaft (s. Kapitel „Wir haben kein Geld!") zu unterstützen, es generell auf eine breitere Beter- und Spenderbasis zu stellen, kann auch ein Besuch einer Anleitungsperson oder eines Mitarbeiters in der Gemeinde des Freiwilligen gut und wichtig sein.

Finanzierungsmodelle

Ein FSJ erfordert abhängig von verschiedenen Faktoren einen Festbetrag von mindestens 600 bis 700 Euro monatlich. Damit muss die Einsatzstelle für

Taschengeld, Unterkunft, Verpflegung, Sozialversicherung mit Arbeitgeber- und Arbeitnehmeranteil sowie Bildungsentgelt an den Träger für die Pflichtseminare aufkommen. Genaue Zahlen sind den Informationen des FSJ-Trägers zu entnehmen. Im FSJ-Handbuch des Deutschen EC-Verbandes werden beispielsweise verschiedene Modelle von Taschengeld, Unterkunft und Verpflegung durchgerechnet. Der monatliche Betrag lässt sich durch folgende Finanzierungsmodelle realisieren:

Die anstellende Gemeinde

Eine Gemeinde, die einen Freiwilligen anstellen will, weil sie ihn möchte und braucht, muss bereit sein, sich finanziell zu strecken. Es muss drin sein, dass jeder gibt, was zu erübrigen ist. Das kann für einen gelungenen Start der Zehnte sein; bei einigen Familien, die sich beteiligen, ist ein beachtlicher Betrag schnell aufgebracht. Aber auch „Kleinvieh macht Mist". Beim ersten Freiwilligen wird es noch schwierig sein, Jugendliche dafür zu begeistern, ihr Geld in die FSJ-Kasse einzuzahlen.

Die Gemeinde des Freiwilligen

Je nachdem, welches Einsatzgebiet der Freiwillige unterstützt, kann seine Heimatgemeinde einen erheblichen Beitrag zum FSJ leisten. Inzwischen haben viele Gemeinden in Ländern mit höherem Anteil an Christen bemerkt, dass wir in Deutschland ein Missionsland sind. Wenn es auch wahr ist, dass das mittlerweile für die ganze Republik gilt, so sieht es im Norden und Osten dennoch ganz anders aus als im Süden und Westen. Die Entchristlichung des Nordostens hat tiefgreifende Auswirkungen. Komplette Regionen bleiben völlig ohne wirksamen geistlichen Impuls. Die Aufgabe der Unterstützung eines Freiwilligen, der sich dorthin begibt, ist eine edle Aufgabe. Wir sollten in unseren Gemeinden ehren- und hauptamtliche Mitarbeiter haben, die bereit sind, sich dafür einzusetzen. Sie müssen ein leidenschaftliches Feuer entfachen, das die Situation schildert, wie sie ist. Dann werden übrigens nicht nur Gelder frei, sondern auch das Bewusstsein wird wachsen, dass wir endlich eine missionarische Bewegung starten müssen.

Öffentliche Gelder

In einigen Bundesländern wird ein FSJ bei bestimmten Einsatzschwerpunkten gefördert. Es empfiehlt sich, bei den zuständigen Behörden (Landratsamt/ Landkreis) oder dem FSJ-Träger Rat zu holen. Förder-Anträge können meist nur vom FSJ-Träger, nicht von der Einsatzstelle, an Bund und Länder gestellt werden. Der FSJ-Träger vertritt die Einsatzstellen sowieso auf Bundes- und Landesebene. Aus Hessen und Rheinland-Pfalz ist bekannt, dass ein Freiwilliger, der seinen Dienst in der Schule versieht, aus Landesmitteln getragen wird! Für einen solchen Freiwilligen ein Konzept zur Schuljugendarbeit oder Schulsozialarbeit zu erstellen, dürfte uns in solchen gesegneten Regionen nicht schwer fallen (s. Kapitel „Wir haben keine Beziehungen nach außen!"). Intensiv sind die Zuschüsse des Bundesamts für Zivildienst bei „FSJ statt Zivildienst". Das sind derzeit bis zu 349,50 Euro monatlich für Taschengeld und Sozialversicherung! Eine Menge Geld! Und die Formalitäten erledigt der FSJ-Träger für uns.

Die Eltern des Freiwilligen

Wie bereits erwähnt, sind die Eltern eines Freiwilligen als Unterstützer im Vorfeld möglich. Manche Elternhäuser geben 50 Euro monatlich oder sogar mehr, auch ein Einmalbetrag ist hilfreich. Wenn sich Eltern mit der Stelle des Freiwilligen identifizieren, unterstützen sie ihr Kind gern. Das schönste Beispiel einer familiären Unterstützung hat eine kleine Schwester geliefert. Sie hat von ihrem eigenen Taschengeld der großen Schwester 5 Euro monatlich für das FSJ geschenkt[40].

Zusammenarbeit mit einem FSJ-Träger

In unserer Gemeinde arbeiten wir mit dem Deutschen EC-Verband in Kassel[41] und der Bewegung PAIS in Neumünster zusammen. Die Experten dort kennen sich mit allem aus, was das FSJ betrifft. Sie sind in der Lage, die Arbeit vor Ort nachzuvollziehen und bieten bedarfsgerechte, auch individuelle Lösungen an, wenn sie machbar sind. Es gibt noch andere hervorragend organisierte Verbände und Träger, die Experten für das FSJ sind.

Wir müssen wissen: Wir können nicht als Einsatzstelle selbst ein FSJ durchführen, das geht nur über einen nach dem Jugendfreiwilligendienstegesetz anerkannten FSJ-Träger.

Einige FSJ-Bewerber wenden sich auch zuerst an einen Träger, von wo ihnen Stellen vermittelt werden. Deshalb müssen wir eine FSJ-Stelle unserem FSJ-Träger unbedingt rechtzeitig melden – möglichst ist der Erstkontakt im Jahr vorher zu knüpfen, damit genug Beratungsspielraum bleibt.

Schulungsmöglichkeiten für die Freiwilligen

Die Frage ist erlaubt: Wie schaffen wir es, aus unserem Freiwilligen oder gar unserem Team eine gut geschulte Mannschaft zu formen?

Anleitungsperson

Wichtigste Person in diesem Punkt ist die Persönlichkeit der Anleiterin / des Anleiters. Die Anleitungsperson muss präsent sein, aber sie darf auch nicht nerven. Um ein gutes Verhältnis zu den Freiwilligen aufzubauen, ist Zeit und Hingabe nötig, aber es lohnt sich. Gegenseitige Sympathie ist dabei sicher nicht unwichtig, muss aber nicht ausschlaggebend für ein gelingendes FSJ sein. Wo man sich mindestens respektiert, kommt das FSJ in gute Bahnen. Außer der Anleitungsperson als erstem Ansprechpartner wird es in der Gemeinde hoffentlich viele weitere Menschen geben, die die Freiwilligen begleiten, besuchen, für sie da sind, für und mit ihnen beten. Wo man nicht bereit ist, mit den Freiwilligen das Leben zu teilen, wird das FSJ kaum gelingen.

„Learning by doing"

Ein FSJ-Team vor Ort schult sich ganz enorm an der Praxis. Im Tun kommt die Erfahrung schnell. Wenn ein Freiwilliger eine Gruppenstunde vier- bis sechsmal geplant und durchgeführt hat, sollte er sich auf dem Weg einer qualitativen Routine befinden, vor allem, wenn er dabei begleitet wird (Vorschläge zur Vorbereitung, Auswertung/Reflexion).

Wir haben die Erfahrung gemacht, dass es bei einem Team von drei Freiwilligen je nach Gabenschwerpunkten etwa zwei bis drei Monate dauert, bis eine gute bis sehr gute Gruppenarbeit geleistet wird. Ab dann können verstärkt neue Mitarbeiter einbezogen und von den Freiwilligen ausgebildet werden.

Ein zentrales Schulungsfeld sind die sogenannten „Tür- und Angelgespräche". Dieser aus der Erziehersprache entlehnte Begriff beschreibt hervorragend, wie Hauptamtliche und Gemeindeleiter den Freiwilligen zusätzlich schulen können: kurze, aber durchaus wichtige Gespräche finden zwischen dem statt, was man sowieso gerade tut. Wenn wir die alltäglichen Gelegenheiten nutzen, um uns miteinander zu unterhalten, können wir viel an Lerninhalten vermitteln (praxisorientiert, pädagogisch, theologisch ...).

Konferenzen und Seminare

Neben den FSJ-Pflichtseminaren, die vom FSJ-Träger durchgeführt werden, lohnt es sich, die ausgeschriebenen Konferenzen und Seminare der Organisationen, Verbände und FSJ-Träger zu beachten. Wer laufend informiert sein will, muss sich nur dort melden. Fast alle haben ein gedrucktes Jahres- oder Halbjahresprogramm mit allen wichtigen Terminen. Der Deutsche EC-Verband ist nicht nur anerkannter Träger des FSJ, sondern bietet auch eine ganze Palette an Seminaren und Workshops zur Mitarbeiterschulung an, die von Tontechnik über die Gestaltung von Kinderstunden bis zur Seelsorge viele Bereiche abdecken.

Die Organisation PAIS und andere Träger ermöglichen ihren Freiwilligen, die in Schulprojekten eingesetzt sind, die Teilnahme an der ganz hervorragenden Konferenz „One Heart" des Netzwerkes für christliche Schuljugendarbeit (CSJ-Netzwerk).

Rechtliche Grundlagen

Die rechtlichen Grundlagen sind für Laien vielfältig, aber nicht unüberschaubar. Wir sollten nicht vor einem FSJ zurückschrecken, nur weil wir (noch) keine Experten dafür sind. Einige wichtige Grundsätze werden nachfolgend genannt, noch detailliertere Informationen bekommt man bei den FSJ-Trägern.

Einer der Kerngrundsätze ist bereits angeklungen: dass ein FSJ eine Trägerorganisation braucht und nach dem Jugendfreiwilligendienstegesetz geregelt ist. Der Träger übernimmt die Rolle des dritten Vereinbarungspartners, als Verantwortlicher für die Durchführung des gesamten FSJ-Programms, d.h. die federführende Konzeption, Koordination, Qualitätssicherung, Beratung und pädagogische Begleitung. Er übernimmt auch die sogenannte subsidiäre Haftung zum Schutz des Freiwilligen.
Folgende Punkte sind zentral zu beachten:

Seminartage

Wesentlicher Bestandteil des FSJ sind die gesetzlich vorgeschriebenen 25 Seminartage, die über den Träger gestaltet werden. Sechs dieser Seminartage können beim Deutschen EC-Verband alternativ von der Einsatzstelle nach bestimmten Qualitätsrichtlinien durchgeführt werden. Die Seminartage werden wie Regelarbeitstage behandelt und als Arbeitszeit im Dienstplan angerechnet.

Arbeitsmarktneutralität

FSJ-Stellen müssen arbeitsmarktneutral eingerichtet werden, sie dürfen also keine regulären Arbeitsverhältnisse ersetzen, sondern sollen diese ergänzen. Sie erweitern das Angebot einer Einsatzstelle und sind nicht in erster Linie für die Aufrechterhaltung des Alltags zuständig.

Geregelte Arbeitszeit

Die Arbeitszeit der/des Freiwilligen beträgt höchstens 40 Stunden pro Woche. Eine ganztägige Arbeit muss nachweisbar sein. Die Bestimmungen der Arbeitszeitverordnung des Arbeitszeitgesetzes und bei Minderjährigen das Jugendarbeitszeitschutzgesetz sind zu beachten. Der Einsatz im Nachtdienst ist für Freiwillige grundsätzlich nicht möglich.

Was eine gute Anleitung von Freiwilligen ausmacht

Ein FSJ braucht Anleitung. Es sollte sich möglichst um eine Fachkraft handeln, also eine Person, die pädagogische Erfahrung oder mindestens eine solche Begabung hat. Sie muss eine professionelle Ahnung vom Arbeitsbereich der Freiwilligen haben, sonst wird es schwierig. Wenn es also nicht der Pastor ist, dann auf jeden Fall ein Mitarbeiter, der Bescheid weiß, was zu tun ist und wie.

Zu den Anleitungsaufgaben gehört, den FSJ-Beginn zu gestalten, den Freiwilligen einzuführen, mit ihm zusammenzuarbeiten und regelmäßige Anleitungsgespräche zu führen.

Bei Konflikten und Krisen steht sie für den Freiwilligen als „erste" Ansprechperson zur Verfügung. Die Anleitungsgespräche sind Entwicklungsgespräche, in denen der Freiwillige im Mittelpunkt steht und seine Erfahrungen ganzheitlich reflektiert und auswertet. Sie finden wöchentlich, unabhängig von Dienstbesprechungen, statt und haben einen festen Platz im praktischen Alltag des FSJ.

Ein ausführliches Anleitungsgespräch findet mindestens zu Beginn des FSJ, gegen Ablauf der Probezeit (= 6 Wochen) und zum Ende des FSJ statt.

Zu den Inhalten von Anleitungsgesprächen gehören: Arbeitsfeld, Zielgruppe und fachliche Themen, Situation im Team, Rolle als Freiwilliger, Fähigkeiten des Freiwilligen, Berufsorientierung, Soziales Umfeld (z.B. Wohnsituation), Krisenbewältigung, geistliche/seelsorgerliche Themen (wenn gewünscht).

Am Ende des FSJ wird der Freiwillige verabschiedet und es wird in Zusammenarbeit mit dem FSJ-Träger ein qualifiziertes Zeugnis ausgestellt.

Hilfen für die Anleitungsperson stellen die meisten Trägerverbände; der Deutsche EC-Verband macht dies auch durch ein umfassendes FSJ-Handbuch, hilfreiche Checklisten, individuelle Beratung und Besuche[42].

Das Freiwillige Soziale Jahr als Bildungsjahr

Der Jugendfreiwilligendienst im Rahmen eines Freiwilligen Sozialen Jahres fördert die Bildungsfähigkeit der Jugendlichen und gehört zu den besonderen Formen des bürgerschaftlichen Engagements. Das FSJ wird ganztägig als überwiegend praktische Hilfstätigkeit, die an Lernzielen orientiert ist, in gemeinwohlorientierten Einrichtungen geleistet, insbesondere in Einrichtungen der Wohlfahrtspflege, der Kinder- und Jugendhilfe, der außerschulischen Jugendbildung, der Jugendarbeit, der Gesundheitspflege und in Freizeit- und Bildungsstätten.

Das FSJ wird pädagogisch begleitet. Die pädagogische Begleitung umfasst die an Lernzielen orientierte fachliche Anleitung der Freiwilligen durch die Einsatzstelle, die individuelle Betreuung durch pädagogische Kräfte des FSJ-Trägers und durch die Einsatzstelle sowie die Seminararbeit. Sie wird vom Träger sichergestellt mit dem Ziel, persönliche, religiöse, soziale, kulturelle und interkulturelle Kompetenzen zu vermitteln und das Verantwortungsbewusstsein für das Gemeinwohl zu stärken.

Der Plan: Wie wir vorgehen

Zum Schluss noch einmal zusammengefasst die schrittweise Gliederung eines typischen FSJ in der Gemeinde in fünf ineinandergreifenden Phasen:

Schritt 1: Informationsphase

Ein Gremium, Ausschuss, idealerweise der Gemeindevorstand informiert sich umfassend, aber nicht endlos über das FSJ, die Entscheidung „pro FSJ" wird gefällt. Ein FSJ-Träger wird angefragt.

Schritt 2: Konzeptionsphase

Ein Konzept für den Einsatz und die Begleitung/Anleitung wird erstellt. Eine Anleitungsperson wird berufen. Alle auftretenden Fragen werden schriftlich fixiert und konzeptionell geklärt: Unterbringung, Finanzierung, Ziele ... Das Konzept stellt man dem FSJ-Träger vor und man wird akkreditiert.

Schritt 3: Konkretionsphase

Die Stelle wird am besten 10 Monate vor Dienstbeginn ausgeschrieben, Bewerbungen werden bearbeitet, Kandidaten eingeladen und berufen. Die Konzeption wird umgesetzt, die Finanzierung wird gesichert.

Schritt 4: Praxisphase

Das FSJ beginnt in Absprache mit Freiwilligem und FSJ-Träger (in der Regel im September oder August). Sollte nach einigen Monaten der Beschluss gefasst werden, im kommenden Jahr wieder ein FSJ anzubieten, muss man jetzt schon wieder parallel an Schritt 2 und 3 denken.

Schritt 5: Auswertungsphase

Außer den zwischenzeitlich stattfindenden Anleitungsgesprächen gibt es eine gemeinsame Auswertung mit dem Freiwilligen zum Schluss, was vom FSJ unter dem Strich bleibt. Und wenn alles zu einem guten Ende gekommen ist, dann darf gefeiert werden.

Für ausführliche Informationen zum gesamten Thema empfehle ich die Internetseite www.ec-fsj.de.

Kapitel 3

„Wir reden zu wenig miteinander!"

Wie wir Kommunikation lernen und praktizieren

Eine große Jugendveranstaltung wurde regelmäßig von einer Gemeinde außer Haus veranstaltet. Der Zulauf an Mitarbeitern war durch die Attraktivität des Events gewaltig, manchmal konnten kaum alle Freiwilligen eingesetzt werden. Die Zusammensetzung war bunt: von der protestierend-provozierenden Gestalt ganz in Schwarz mit Nietengürtel bis zum freundlich-braven Musterschüler im Polohemd war alles mit dabei. Wer Christ war und wer nicht, war im Gewühl nicht ersichtlich.

Zum Aufbau von Technik, Bühne und vor allem einer großen Dekoration waren sie alle nötig. Aber obwohl es sicher um die zwanzig verschiedene Arbeitsbereiche gab, an denen die jungen Leute eingesetzt werden mussten, gab es kaum Reibung. Die Identifikation mit der Veranstaltung schien das große Geheimnis dahinter, außerdem die gute Organisation und das motivierte Auftreten einiger „eingestreuter" Mitarbeiter.

Später, als alles gelaufen war, gab es eine Austauschrunde. Die Eindrücke wurden gesammelt und festgehalten, um beim nächsten Mal ebenfalls gut arbeiten zu können. Über das Gelingen der Veranstaltung gab es dennoch keine zwei Meinungen. Ein Mitarbeiter bemerkte: „So gut ist es noch nie vorher gelaufen. Ich glaube, das liegt daran, dass wir diesmal viel mehr miteinander geredet haben."

Das Nonplusultra: Kommunikation

Verschiedene Voraussetzungen gelingender Projekte und laufender Gemeindearbeit sind Identifikation, Organisation und Motivation, aber die wichtigste ist die alles umfassende Kommunikation. Es dürfte schwierig sein, sich nur einsilbig und mundfaul in einer intensiven Gemeindearbeit weiterzuentwickeln, wenn der *Herr* dieser Gemeinde sich mit dem Titel „das Wort" bezeichnet. Dabei muss dem ausufernden Vortragsstil der Laberfraktion gleich der Riegel vorgeschoben werden. Es geht nicht darum, möglichst viele (leere) Worte zu machen, sondern es geht um Worte, die aufbauen, die ermutigen, die organisierend ordnen, die klären. Es geht um Gespräche, die stärken, zurechtbringen, trösten. Einen Ton, der begeistert. Impulse, die motivieren, weiterbringen. Wir werden Sätze der Liebe sprechen müssen, wenn wir den Gott der Liebe reflektieren wollen.

Zur Kommunikation motivieren

Ideal ist es, wenn die eben erwähnten Worte nicht nur von Leitern gesprochen werden. Mitarbeiter und vor allem auch diejenigen, die welche werden sollen, sind das große menschliche Potential der Gemeinde. Sie werden motiviert, sich kommunikativ einzubringen, wenn sie merken, dass diverse Grundregeln vorhanden sind:

- Ich darf ausreden.
- Mir wird zugehört.
- Ich kann etwas sagen, ohne dass sich andere darüber lustig machen.

All diese Punkte haben kaum etwas mit dem Profil christlichen Daseins zu tun. Sie bilden vielmehr etwas von dem ab, was man Sozialkompetenz nennt. Was hier aufgelistet ist, kommt sicher manchem Leser so selbstverständlich wie gewöhnlich vor. Das ist es aber nicht. Wir sind mit unseren Gemeinden nicht ausgenommen davon, dass die Kommunikationskultur an genau diesen drei kleinen Stichpunkten krankt. Die Art und Weise, wie man allein darin miteinander umgeht und vor allem *wer* es tut, sagt viel über die Gemeinde und ihre Leitungs- und Machtstrukturen aus.

Über diese zuerst genannten Grundregeln des Gesprächs hinaus gibt es hilfreiche, motivierende Wege zu einer guten Kommunikation. Es motiviert Menschen zu kommunizieren, ...

... wenn die Kommunikation einen überwiegend positiven Grundton hat.
Wo ewig genörgelt und gejammert wird, mag man irgendwann nicht mehr zuhören. Man möchte auch selbst nichts mehr beitragen, denn es ist klar, worauf das Gespräch hinausläuft: den unmittelbar bevorstehenden Weltuntergang.

... wenn die Reaktion des Gesprächspartners einschätzbar ist.
Wenn ich weiß, dass ich mit offenen Ohren empfangen werde, suche ich eher das Gespräch. Es gibt kaum eine höhere Hürde, als zu wissen, dass man auf eine Frage hin garantiert eine abschlägige Antwort bekommt. Wer erstmal an einem Gesprächspartner verzweifelt ist, tut sich schwer mit diesem erneut zu reden. Wenig ist schlimmer, als wenn ich für ein Gespräch warten muss, bis die Laune entsprechend ist. Sicher gibt es bessere und schlechtere Momente für Kommunikation. Wo aber dafür nicht grundsätzliche Offenheit herrscht, gibt es kein Gespräch.

... wenn Fehler erlaubt sind.
Wer nach einem verbalen Ausrutscher vor versammelter Mannschaft abgebürstet wird, überlegt sich gut, wann er wieder etwas sagt. Wer aber eine

Idee hatte, die auf keine Gegenliebe trifft, kann dennoch für den Ideenreichtum gelobt werden, auch wenn die eigentliche Idee verworfen wird.

... wenn Vorschläge und Ideen begeistern.
Gerade junge Leute haben hervorragende Ideen. Wenn sie diese äußern, sollten ältere Mitarbeiter grundsätzlich positiv reagieren, denn das ist ein gutes Zeichen der Mündigkeit. Wir sollten Reaktionen zeigen.

... wenn geistliche Anteile in die Kommunikation einfließen oder sie bestimmen.
Wenn wir etwas planen, wodurch Menschen mit dem Thema Glaube in Berührung kommen sollen, ist es gut, das nicht allzu geschäftsmäßig zu tun. Es soll nicht alles vergeistlicht werden. Auch da hört kaum jemand gern zu. Darum verknüpfen wir das, was Jesus sagt und tut, mit unserer alltäglichen Kommunikation. Es taucht dort auf. Es ist ein Thema, es spielt hinein. Diese Präsenz des Glaubens im Alltag ist ein Kennzeichen unserer Heimat, Herkunft und Berufung[43]. Sie stellt Bezüge her zwischen Leben und Glauben.

Ein konkreter Schritt zu einer starken Gemeinde ist, die bestehende Kommunikationskultur[44] auf diese Muster hin zu überprüfen. Zuerst müssen wir feststellen, wo die Kommunikationsprobleme sitzen oder lauern. Dann gibt es zur Verbesserung der Kommunikationsatmosphäre ein gutes Mittel: *neue* Kommunikation.

Die Mündigkeit der Gemeinde
Dass Gemeindeglieder mündig werden, ist ein wunderbarer Schritt in eine gesunde geistliche Entwicklung. Mündig werden bedeutet in diesem Fall nicht, dass man einfach nur *viel* redet. Es bedeutet, eine geistliche Stimme (s. Joh 14,26) zu haben, die gehört wird - in der Gemeinde oder außerhalb[45].

Kritischer Bereich: Kritik äußern
Es bleibt auch in der besten Kommunikationsatmosphäre nicht aus, dass wir kritisieren oder Kritik erdulden müssen. Vielleicht haben wir schon den guten Rat gehört, erst zehn positive Dinge zu sagen, bevor wir *eine* negative Sache ansprechen. Das ist ein sehr gut konterkarierendes Bild für die in unserem deutschen Sprachraum verbreitete Angewohnheit, es leider allzu oft genau anders herum zu praktizieren. Eine wirklich praktikable Lösung zu einer guten Kommunikationsatmosphäre dürfte das Modell aber dennoch kaum darstellen. Es gibt einfach zu viele Situationen im Gemeindealltag, wo *schnell* eine Sache geradegerückt oder geklärt werden muss. Erst zehn Mal zu loben

und dann auf das Thema zu sprechen zu kommen, ist schlicht unpraktisch. Wir haben in unserer Gemeinde gute Erfahrungen damit gemacht, uns den Grundsatz zu geben: Wir erlauben es uns, uns gegenseitig zu kritisieren. Diese sich gegenseitig gestattete Offenheit benötigt manchmal Moderation durch gesprächsgeübte Mitarbeiter und immer verlangt sie eine gewisse Kommunikationsdisziplin. Man kann dadurch nicht einfach immer alles sagen, was man will. Aber man hat die Möglichkeit, sich offen zu sagen, was man sagen möchte und vielleicht sagen muss, damit der gemeinsame Weg ein offen-ehrlicher und vor allem konstruktiver bleibt. Sich gegenseitig Kritik zu erlauben, ist außerordentlich befreiend. Wir weisen uns gelegentlich darauf hin, dass dadurch nicht der Freibrief ausgegeben ist, sich jederzeit zu beschimpfen. Denn gerade das soll vermieden werden. Wer anderen aber erlaubt, dass sie ihn kritisieren dürfen, darf sich als davon befreit erleben, alles richtig machen zu müssen. Gerade wer sich für Kritik öffnet, gibt sich selbst die Möglichkeit zu wachsen.

Stärker abhängig davon, wie jemand sie aufnimmt, ist *wie* Kritik geäußert wird. In keinem Kommunikationsbereich ist es so wichtig, wie beim Äußern von Kritik, dass wir daran denken: Der Ton macht die Musik.

Schwierige Gespräche führen

Wir machen es so: Wenn etwas bekannt wird, was in Gruppen oder zwischen zwei Leuten an Problemen läuft, dann werden diese Leute daraufhin angesprochen. Sie werden nicht damit überfallen, sondern dafür gibt es einen guten, vertrauensfördernden Rahmen. Ein gemütliches Zimmer, ein ruhiges, entspanntes Ambiente; zwei oder drei Mitarbeiter, die die Situation kennen und einfühlsam genug sind, sich zu beteiligen.

Die Lösung von Problemen soll weder den Anstrich von Anklage haben noch von Erpressung eines Geständnisses. Es geht immer um Kommunikation, um Gespräch. Man darf sich äußern, man muss es meistens sogar. Wir erklären, besprechen, decken auf. Zentraler Faktor ist unsere Gefühlswelt. Fast alle Probleme laufen über angegriffene oder verletzte Gefühle. Wer Gefühle äußert, wird dafür nicht „abgewatscht"[46], sondern für seine Ehrlichkeit gelobt. Es ist ein gesundes Zeichen, wenn jemand sagen kann, was er fühlt oder wie er sich gefühlt hat. Und dann heben wir das Ganze auf die Ebene der Bibel. Wir stellen unser Problem in den biblischen Kontext. Wir besprechen dann zusammen: Wie hätte Jesus diese Frage beantwortet, was hätte er getan, wie hätte er gehandelt oder reagiert?

So tasten wir uns Schritt für Schritt an die Lösung von Problemen heran. Am Ende gibt es einen Ausblick, eine neue Perspektive. Konzentration auf Wesentliches. Einen Neuanfang mit Vergebung. Oder einfach nur ein erweitertes Bewusstsein.

E-Mail, SMS und Co.

Der wunderbare Fortschritt der Technik hat dazu geführt, heute auf noch vor wenigen Jahren ungeahnte Möglichkeiten zurückgreifen zu können. In meiner Kindheit drehte ich zum Telefonieren noch an einer Wählscheibe. Ein Gegenstand wie ein Handy kam nur in Science-Fiction-Filmen vor. Ein weltweites Netz zum Datenaustausch und zur Kommunikation entsprang maximal dem Wunsch der Gegenspieler von James Bond, die sich damit die Weltherrschaft erträumten. Möglicherweise ist etwas davon auch heute zu spüren. Sicher ist aber auch, dass wir diese Errungenschaften moderner Technik dafür nutzen können, den Glauben zu kommunizieren mit allem, was dazu gehört. Geschieht das in vernünftiger Weise?

Es ist eine geradezu entsetzliche Erfahrung, die sich auch ohne prophetische Begabung in vorhersehbarer Regelmäßigkeit wiederholt, dass durchaus wichtige E-Mails in den Tiefen unterirdischer Datenleitungen zu versinken scheinen. Wie auch das Phänomen, dass Jugendliche ihre Handys in den seltensten Fällen deshalb besitzen, damit sie erreichbar sind, geschweige denn, um damit das zu tun, wozu sie erfunden wurden, zu telefonieren. Und eine SMS mag ein *zuverlässig übermitteltes* Dokument sein, aber ob sie auch gelesen wird, weiß allein der Klingelton, der allzu oft ungehört in der Ferne des Universums verhallt. Oder im Gottesdienst die Predigt unterbricht.

Wir erwarten von unseren Mitarbeitern, dass sie per E-Mail und möglichst auch über Handy zügig erreichbar sind. Keine Kommunikation, außer dem Gespräch, bei dem man sich direkt gegenübersteht, ist so einfach, schnell und unmittelbar möglich wie durch diese zeitgemäßen Mittel und Wege. Das verlangt von uns wiederum Kommunikationsdisziplin. Ein schneller täglicher Check der eigenen E-Mails sollte im normalen Lebensvollzug möglich sein. Eine Antwort kann stets äußerst kurz ausfallen, aber sie muss, wenn wir die Dringlichkeit gelingender Kommunikation erkennen, innerhalb 1-2 Tagen erfolgen, nach Möglichkeit noch deutlich schneller.

Eine Alternative, wie man verschollene Handy-Inhaber oder nie antwortende E-Mail-Muffel erreichen kann, bieten die diversen Schüler- und Studentenforen. Mancher, der auf anderem Weg nicht antwortet, zeigt sich dort überraschend kommunikationsfreudig und die Antwort kommt ganz schnell. Möglicherweise, weil man den Gesprächspartner hier aktuell vorfindet. Nicht wenige verbringen Stunden in diesen Foren. Für Mitarbeiter ist das sicher ein Thema, über das man mit ihnen nachdenken sollte: Wie verbringe ich meine Zeit?

Nicht zu unterschätzen ist die hervorragende Kontaktpflegebörse aller dieser Kommunikationsmittel. Wenn schon viele Jugendliche stundenlang mit Internet, Handy und Co. beschäftigt sind, dann sollten sie darüber kommunizieren, was wirklich wichtig und spannend ist: Glaubens- und Lebensfragen, die Gemeindegestaltung und die Anfrage, wie man fröhlich und frei da hinein Menschen mitbringt.

Kommunikation am Leitervorbild lernen

Einen zügigen, unkomplizierten Umgang mit Kommunikation lernen unsere Mitarbeiter am ehesten durch das Vorbild derer, die leiten. Es muss nicht jeder Leiter ein Kommunikationsgenie sein, um die Grundlagen für gelingende Gespräche und einen guten Transport von Informationen zu gewährleisten. Aber ein bisschen Initiative und Ansprache muss schon sein. Wenn ein Leiter Mails zügig beantwortet und erreichbar ist[47], tut er damit das Beste, was er als Vorbild tun kann. Das widerspricht ein wenig dem Trend, dass der Leiter seine festen Zeiten mit Sprechstunde haben muss, damit er nicht ständig gehetzt und überlastet oder für alles zuständig ist. Das kann dann geschehen, wenn mit „der Leiter" immer der Hauptamtliche gemeint ist, also ein Pastor oder Prediger. Das ist hier aber durchaus nicht gemeint. Leiter sind all die, die ihre Bereiche haben, in denen sie kompetente Ansprechpartner sind. In einer diesbezüglich klar organisierten Gemeinde *darf* der Hauptamtliche gar nicht die Ansprechstation für alles sein. Das würde dem biblischen Bild des Leiters widersprechen[48].

Somit verteilen sich die Fragen und Wünsche, Bitten, Gespräche und Klärungen auf die ganze Gemeinde. Sie besteht im Grunde aus lauter Mitarbeitern[49], die folgerichtig im jeweiligen Bereich auch einen Leiter vorfinden, der für ihre Anliegen der erste Ansprechpartner ist.

Die Gemeinde muss kommunizieren!

Neben der Kommunikation, die zwischen Leitern und Mitarbeitern stattfindet, ist die Kommunikation in der Gemeinde generell extrem wichtig. Wo man nicht miteinander redet, stimmt etwas nicht. Der bereits erwähnte Indikator für eine gute Kommunikationsatmosphäre, nämlich die Frage, ob die Menschen in unserer Gemeinde etwas miteinander zu tun haben wollen, muss von uns immer wieder überprüft werden. Es wird ganz sicher enorm schwierig sein, neue Mitarbeiter zu gewinnen, wenn nicht in guter Weise kommuniziert wird. Andersherum erleichtert die ausgebaute vorhandene Kommunikation die Mitarbeitergewinnung. Die Kommunikationswege werden kurz gehalten, die Antworten erfolgen prompt, alle Mittel zur Verständigung werden genutzt.

Praktische Schritte

Schritt 1: Regeln durchsetzen, Regeln einhalten

Die grundlegenden *Regeln* von Kommunikation müssen wir immer wieder kommunizieren und vorleben. Als Leiter und Mitarbeiter achten wir darauf, die üblichen Grundregeln der Kommunikation einzuhalten, denn gerade wir sind die Vorbilder, an denen andere die geltenden Kommunikationsregeln lernen.

Schritt 2: Kritik mit Stil

Wir gestatten es anderen, maßvolle und konstruktive Kritik zu äußern. Der Weg zu einer umfassenden Kritikfähigkeit der einzelnen Glieder unserer Gemeinde in diesem Sinne kann lang sein. Er ist aber überaus lohnend. Gerade schwierige Gespräche werden leichter, wenn von vornherein eine offene, vertrauensvolle und gute Kommunikationsatmosphäre gegeben ist. Darum investieren wir Zeit, eine solche aufzubauen.

Schritt 3: Alle Wege nutzen, zuverlässig und gezielt

Eine gute Kommunikationsatmosphäre entsteht vor allem dadurch, dass alle Wege der modernen Technik genau wie das einfache, unmittelbare Zwiegespräch genutzt werden. Nicht jeder muss per E-Mail erreichbar sein, aber es hilft sehr, wenn möglichst viele es sind! Wir motivieren und begeistern unsere Gemeinde Stück für Stück für einen sinnvollen Gebrauch der Möglichkeiten: dem Einsatz für den Bau der Gemeinde. Wenn wir beginnen, alle Kommunikationsmöglichkeiten konsequent für die Gemeinde zu nutzen, wird viel brachliegendes Kommunikationsmaterial entdeckt. Möglicherweise wird die Gemeinde sich dadurch entwickeln oder sogar wachsen, dass wir endlich auf allen Kanälen miteinander reden.

Kapitel 4

„Das haben wir schon immer so gemacht!"

Wie wir Veränderungen umsetzen

Es gibt ein altes, aber beliebtes mecklenburgisches Sprichwort: „Blievt ahns bien Ollen!" In Hochdeutsch heißt das: „Es bleibt alles beim Alten!" Vielleicht sollte man hinzufügen: „... und zwar für immer!"

In einer Region, in der nur ein verschwindend kleiner Teil der Bevölkerung einen lebendigen Glauben zeigt, macht es diese tief sitzende Weisheit nicht unbedingt einfacher, eine Gemeinde zu verändern, damit sie zum Beispiel – wächst. Kann es sein, dass das Sprichwort sich insgeheim auf andere Gegenden ausgedehnt hat oder womöglich auch dort schon immer galt?

Viele Christen scheinen außerordentlich veränderungsresistent. Man pflegt das Vorhandene oder Schrumpfende und scheint akzeptiert zu haben, dass kaum neue Leute dazukommen, die wirklich Nichtchristen sind. Man arrangiert sich mit dem, was da ist, und wenn man z. B. mit einem Gästegottesdienst tatsächlich etwas Neues versucht, führt es nicht wirklich zu einer Veränderung. Trotzdem ist es möglich. Gemeinden können sich ändern. Auch aus wenigen Christen kann eine starke Gemeinde werden[50]. In diesem Kapitel werden einige Schritte vorgestellt, wie Veränderungen, die zu einer starken Gemeinde führen, möglich sind.

Was mit Veränderungen gemeint ist

Wie in dem kleinen Beispiel, so soll der Begriff hier verstanden werden. Um eine starke Gemeinde zu werden, ist es notwendig, manche Dinge zu *tun*, manche mindestens zu *überdenken*, manche zu *lassen*[51]. Selbst das Überdenken birgt schon eine Veränderung: es wird an konkrete Veränderung gedacht; eine Kindergruppe läuft zukünftig anders ab, ein großer Hauskreis teilt sich in zwei Hauskreise, eine Gemeinde verändert ihre missionarische Existenz usw.

Das weit verbreitete Alibi bei akuter Veränderungsresistenz, die Dinge schon immer in einer gewohnten Weise gemacht zu haben, kann widerlegt werden, wenn sich nach der Veränderung irgendwann auch eine Verbesserung, ein gewisses Wachstum oder eine wohltuende Wirkung einstellt. Fast immer ist es entweder ein Zeichen von behäbiger Überheblichkeit oder noch öfter der Angst, etwas zu verlieren, was einem wichtig oder gar heilig ist. Die Identifikation von Ritualen oder Räumen oder Sitzordnungen oder sonst etwas Gewohntem mit dem „rechten Glauben" ist äußerst tief verwurzelt. Deshalb ist es so schwer, an manchen Orten Veränderungen bewirken zu wollen.

Wenn das Gefühl da ist, aufbrechen zu sollen, dann sollten wir das auch tun!

Immer wieder treffe ich auf Gemeinden, in denen mir jemand als Einzelperson erzählt, dass er gerne etwas verändern würde, aber ziemlich allein dasteht. Das ist eine traurige Situation. Fast immer haben diese Veränderungen mit zwei Dingen zu tun: Entweder mit dem gewünschten Wachstum der Gemeinde oder mit Problemen, die nicht gelöst werden.

Da nimmt eine Person schmerzhaft wahr, dass der Gottesdienst in den letzten drei Jahren keinen neuen Besucher gesehen hat. Oder dass die Jugendarbeit jedes Jahr kleiner wird. Oder dass zwei einst befreundete Familien völlig zerstritten sind. Oder dass es kein Angebot für Kinder gibt. Es fällt also einer Person aus der Gemeinde etwas auf, was verändert werden müsste. Aber die Hilflosigkeit ist groß. Wie soll das jetzt weitergehen?

Ich bin fest davon überzeugt, dass Gott die Menschen, die so etwas in ihren Gemeinden sehen und bewusst wahrnehmen, dazu gebrauchen möchte, die Gemeinde zu verändern. Die Frage ist: Wie?

Nicht alle müssen aktiv mitmachen

Ich glaube, dass viele Veränderungen, die eine Gemeinde braucht, leider deshalb nicht auf den Weg kommen, weil man denkt, es müssten möglichst *alle* beteiligt sein. Noch einmal: Mancher, der denkt, dass der Gottesdienst oder eine Veranstaltung geändert werden müsste, möchte gern alle mit auf den Weg nehmen, um die Sache zu verändern. Dies ist von vornherein ausgeschlossen[52]. Es wird wahrscheinlich Zeit brauchen, überhaupt jemanden zu finden, der sich mit auf den Weg macht. Und es wird eine Herausfor-derung werden, Kräfte zu bündeln und gemeinsam in eine konstruktive, klar definierte Richtung zu gehen.

Grundsätzlich können und müssen nicht alle Gemeindemitglieder in einem Veränderungsprozess aktiv beteiligt sein. Ein engagiertes, kleines Team kann an einer gezielten Stelle etwas bewegen, etwas beginnen oder neu gestalten. Später können andere dazukommen, auch aus der Gemeinde.

Eine überraschende Notiz zur älteren Generation

Eine Altersgruppe, die eigentlich ausnahmslos aktiv beteiligt werden kann, sind die Senioren. Sie können als Gruppe der Beter alles untermauern, was geschehen soll. Sofern wir das Gebet also als aktives Mitwirken begreifen, sind die alten Leute immer mittendrin. Die Frage ist gar nicht, ob sie sich all das, was verändert werden soll, wünschen. Nicht einmal, ob sie es überhaupt wollen. Nicht alles muss 75-jährigen lieben Menschen haarklein erklärt werden[53]. Die Frage ist vielmehr, ob sie sich als Beter gewinnen lassen. Dazu ist wieder einmal die Kommunikation grundlegend wichtig und natürlich spielt das Verhältnis zwischen den Generationen eine Rolle (s. Kapitel „Alt und Jung sind gegeneinander!"). Was wir brauchen, sind Menschen, die zu den Alten gehen und sich für sie interessieren, mit ihnen Zeit verbringen. Sie sind es dann, die aktuelle Gebetsanliegen ans Herz der alten Generation legen. Die kleinen Gruppen mit den treuen, alten Christen, die sich in unzähligen, teilweise ganz kleinen Bibelstunden und Seniorenkreisen versammeln, sind eine stetige Quelle des Gebets. Wenn nicht, dann sollten sie es werden. Ebenso die zahlreichen Alten, die zuhause ein regelmäßiges Gebetsleben führen, die gereift sind in ihrem Gespräch mit Gott. Sie können aktive Träger einer Bewegung sein oder werden, wenn wir sie gewinnen.

**Nicht jeder muss alles gut finden –
und manches darf auch bleiben, wie es ist**
Ich habe öfter erlebt, dass eine angestrebte Veränderung von einzelnen Leuten nicht gewollt wurde. Dazu sei bemerkt: Das sind definitiv nicht immer ältere Gemeindeglieder! Aber obwohl manches Vorgeschlagene offen abgelehnt wurde, sind wir Schritte gegangen. Später wurde der Widerstand geringer, die ablehnende Haltung nahm ab, die Gegenargumente verstummten. Was war geschehen? In den meisten Fällen hatte die Veränderung einfach nur Frucht (s. Lk 8,8) gebracht. Frucht ist das überzeugendste Argument, Kritiker verstummen zu lassen. Wo Menschen neu zum Glauben kommen, wo Glaubens- und Lebensbedingungen wirklich verbessert werden, wo der Dienst für Jesus sich entfaltet, wo Liebe gelebt wird, werden Christen über kurz oder lang zusammenfinden und sich freuen. Um dahin zu kommen, müssen wir in Kauf nehmen, dass nicht jeder alles gut findet. Im schlimmsten Fall kann das bedeuten, dass jemand die Gemeinde verlässt. Das sollten wir akzeptieren.

Sehr wichtig finde ich, dass wir nicht alles abschaffen, was uns nicht passt, und dass manches bleibt, wie es ist. Eine Veranstaltung, die seit vielen Jahren überwiegend von wenigen Senioren besucht wird, ist wirklich schwer zu verändern. Wahrscheinlich muss sie bleiben, wie sie ist, oder zumindest nur ganz langsam schrittweise verändert werden. Wenn sie bleibt, wie sie ist, heißt das aber nicht, dass etwas Neues an anderer Stelle deshalb untersagt ist.

Geduld haben

Die meisten Veränderungen gehen nicht schnell. Die wohl größte Veränderung in Gottes auserwähltem Volk, der Auszug aus der Sklaverei in Ägypten, dauerte 40 Jahre! Zugegeben: Ich habe zwar wenig Lust, 40 Jahre auf Veränderungen zu warten, aber ein bisschen Spielraum muss ich Gott schon geben. Wachstum ist ja keine Sache, die schnell geht. Dadurch, dass wir an einer Pflanze reißen, geht das Wachsen nicht schneller. Paulus ist immer wieder bemüht, uns mit Bildern aus Acker- und Gartenbau die Sache anschaulich zu erklären (vgl. 1. Kor 3,6).

Liebe zeigen – praktisch

Wer sich auf den Weg macht, Dinge in der Gemeinde zu verändern, sollte nicht vergessen, dass manches von dem, was kurzerhand gestrichen werden soll, anderen über lange Zeit ans Herz gewachsen sein kann. Darum ist es hilfreich, auch wenn wir irgendwann nicht mehr auf jede kritische Stimme hören, sondern mit einer konkreten Sache beginnen, gerade denen Liebe zu zeigen, die mit der Veränderung Probleme haben.

Praktisch Liebe zu zeigen kann heißen:

Hausbesuche

Hausbesuche kosten Zeit. Aber sie sind eine geniale Gelegenheit, wirklich ins Gespräch zu kommen, Vertrauen aufzubauen. Zugegeben: Ich bin nicht der begabteste Besucher von Christen, ich beschäftige mich lieber mit denen, die Gott noch nicht mögen, und mit ihrer Lebenswelt. Aber das macht nichts. Dafür hat Gott ja den vielfältigen Leib geschaffen, der sich Gemeinde nennt. Immer wieder wird es wichtig sein, Leute zu finden, die Besuche machen: bei Alten, bei Gleichaltrigen, vor allem bei Kindern. Die fühlen sich besonders geehrt. Wo Vertrauen aufgrund von Annahme und der Intimität der „familia Dei" gewachsen ist, ist es viel leichter, Veränderungsprozesse zu starten und umzusetzen.

Kärtchen schreiben

Eine frühere Mitarbeiterin unserer Gemeinde hatte diese wunderbare Gabe: Plötzlich fand man ein selbstgebasteltes Kärtchen im Briefkasten, auf dem Schreibtisch, hinter dem Scheibenwischer des Autos. Ein liebevoll ausgewählter, ermutigender Bibelvers hat mir schon über manchen dunklen Tag hinweggeholfen.

Anrufen / kommunizieren

Dem Thema „Kommunikation" ist ein eigenes Kapitel gewidmet, weil sie so wichtig ist. Hier sei schon einmal gesagt: Wo nicht miteinander statt übereinander geredet wird, werden Veränderungsprozesse für viele zur Überraschung, und das wird sie oftmals nicht begeistern.

Ermutigungsteam
In einer Gemeinde habe ich das „Ermutigungsteam" kennengelernt, eine äußerst segensreiche Erfindung. Eine kleine Gruppe von Gemeindemitgliedern achtet mit wachen Augen immer wieder einmal darauf, wer Ermutigung braucht. Und dann passiert es: Plötzlich bekommt man ein Päckchen mit leckerem Inhalt, einen Kartengruß oder irgendein anderes kleines, ermutigendes Geschenk. Aus dem scheinbaren Nichts fällt mir etwas Gutes zu. Wieder einmal ein Abbild dessen, was Gott in der Schöpfung tut. Gut, der Vergleich hinkt, aber es ist herrlich, wenn man in einer unangenehmen Situation eine Ermutigung bekommt, und es ist auch schön, einfach mal so ein wenig Liebe und Zuwendung zu bekommen.

Spaziergang machen
Es gibt Menschen, die haben die Gabe des Spazierengehens. Ich gehöre nicht dazu, sehe aber die Chancen. Jemand zu einem Spaziergang einzuladen, kann eine gute Gelegenheit sein, über Veränderungsprozesse ins Gespräch zu kommen. Vielleicht finden sich Menschen, die regelmäßig zusammen spazieren gehen. Dann ist es noch deutlich einfacher, über alles zu reden.

Gebetsbesuch
Bei manchen der alten Christen lohnt es sich sehr, einen Besuch zu machen. Sie sind möglicherweise offen für Gespräche, vor allem aber für Gebete. Es kann sehr schön sein, einem Menschen einfach beim Beten zuzuhören[54]. Unfassbar ist für mich der Glaube mancher alter Menschen, die mutig für Erweckung beten. Mit Gebetsbesuchen kann sehr gut die vorher erwähnte ältere Generation dafür gewonnen werden, für eine Veränderung zu beten.

Kaffeekränzchen
Viele Menschen lieben es zusammenzusitzen und Kaffee zu trinken. Nicht nur Senioren genießen ein Stückchen Kuchen und eine heiße Tasse miteinander. Vielleicht müssen wir in manchen Gemeinden die Kultur des gemeinsamen Genießens neu entdecken. Möglicherweise sind Kaffeekränzchen ein guter Weg dahin. Wie einfach lässt sich beim Kaffee über die wirklich wichtigen Fragen des Glaubens und des Lebens miteinander reden. Selten ist man so entspannt als nach einem guten Mittagsschläfchen, wenn der Kuchen duftet und die Tasse auf dem Tisch dampft. Variationen bieten Grillabende, gesellige Mahlzeiten wie Fondue oder Raclette und selbstverständlich ausgiebige Frühstückszeiten.

Lied vorsingen
Fast alle Menschen sind zugänglich für Musik – wenn sie in etwa ihrem Geschmack entspricht. Es macht eher wenig Sinn, einem Senior im Altersheim mit E-Gitarre und Schlagzeug etwas vorzurocken[55]. Aber ansonsten sollten wir den Wert vorgesungener oder gespielter Lieder nicht unterschätzen: Musik verbindet, weckt Gefühle, schafft Atmosphäre, tut gut.
Viele Tränen von Freude und Rührung sind in unserer Gemeinde schon vergossen worden, weil ein Lied bei einem Menschen den „richtigen Ton" getroffen hat. Ein kleiner Besuch zur Adventszeit, am Krankenbett oder einfach mal so, der von drei bis fünf sangesfreudigen Leuten mit einem Lied untermalt wird, kann Balsam für die Seele sein.

Alle diese und noch viel mehr Dinge tun wir hoffentlich nicht, nur um eine Veränderung abgenickt zu bekommen. Wenn Liebe-Zeigen zum Mittel zum Zweck verkommt, dann sollten wir das lieber alles lassen. Nein, Liebe zu zeigen ist das genuine Kennzeichen der Christenheit (s. Joh 13,35). Nach innen und außen. Was mir wichtig ist: Eine Veränderung nur durchzudrücken, ohne Rücksicht auf Verluste, das wird wenn überhaupt nur in Ausnahmen gut gehen. Eine kleine Lobby wird es schon brauchen. Aber selbst, wenn manche Veränderungen nur mit großem Gegenwind anzupacken sind, niemals darf deshalb die Liebe zu den Glaubensgeschwistern aufhören. Und wenn diese sie im Handeln eines veränderungswilligen Teams nicht mehr erkennen, dann werden sie sie in kleinen und großen Taten der Liebe entdecken. Auch das wird etwas verändern.

Einfach loslegen und weitermachen
Es ist ein Jammer, dass viele Bewegungen im Keim ersticken. Noch schlimmer, dass sie gar nicht erst beginnen. Die Widerstände scheinen zu groß, die vielen negativen Voraussetzungen im gesamten Kontext von Gemeinde zu vielfältig. Darum: Manchmal wünschte ich, dass jemand mit einer Sache, die er sich in der Gemeinde wünscht, einfach anfängt. Einfach loslegen, einfach beginnen, einfach etwas tun! Sich einen oder zwei Mitstreiter sucht. Und dann nicht zu früh aufhört. Wirklich geduldig ist. Weitermacht, eine Weile durchhält.
Das Motto „beten und arbeiten" darf nicht gegeneinander ausgespielt werden. Mancher will lieber nur beten, das kann ja auch so herrlich theoretisch sein. Da kann man sich drauf ausruhen. Mancher denkt, nur arbeiten, handeln, aktiv sein hat Wert. Darüber definiert man sich verkehrt.
Ein guter Mittelweg scheint mir gesund und ideal vielleicht, dass es gar keine klare Trennung mehr gibt zwischen Gebet und Leben. Auch während des Arbeitens kann ich beten und während des Betens arbeiten[56].

Veränderungen üben

Damit wir Veränderung lernen können, wende ich gerne einige unbequeme Methoden an. Mit ihrer Hilfe gibt es zumindest in der äußeren Wahrnehmung immer wieder kleine Aha-Effekte. Diese Dinge allein machen noch nicht die eigentliche Veränderung aus, aber sie helfen, mit kleinen Veränderungen zu leben. Vielleicht ist mancher dann nicht ganz so überrascht, wenn wirklich mal eine größere Veränderung ansteht. Zum Ausprobieren eine kleine Liste mit Möglichkeiten:

Sitzordnung

Ich liebe es, Sitzordnungen durcheinanderzuwürfeln. Allein der erstaunte Anblick regelmäßiger Besucher einer Veranstaltung macht mir schon Freude. Es ist sehr erfrischend, von Zeit zu Zeit beim Gottesdienst in eine andere Richtung zu schauen oder eine andere Perspektive wahrzunehmen. Gerade in einem Gottesdienstraum! Dabei gibt es unzählbare Möglichkeiten: ein Sitzblock, zwei, drei oder vier ... Nur die Größe des Raumes und die Zahl der vorhandenen Stühle setzen Grenzen.

Unsere Gottesdienstbesucher kamen auch schon in den Saal und schauten plötzlich komplett auf eine andere Wand. Geradezu genial, dass in unserem Saal auch an der Seite ein Kreuz hängt. Plötzlich fiel der Blick dort hin.

In allen Gruppen und Veranstaltungen können wir einen kleinen Schritt hin zu einer größeren Offenheit für Veränderungen schaffen, wenn wir die Sitzordnungen öfter durchbrechen. Für die Mentalität der Stammplatzinhaber gilt das ebenso. Wie schön ist es, wenn neben einer alten Frau, die meistens allein sitzt, plötzlich links und rechts zwei fröhliche Jugendliche Platz nehmen! Allerdings werden wir es sie lehren müssen, denn von selbst kommt kaum jemand drauf.

Einrichtung

Hier bevorzuge ich die Politik der kleinen Schritte. Von Jahr zu Jahr sollten wir Einrichtungsgegenstände ersetzen oder schlicht entfernen. Kleine Verschönerungen durch Blumen und Bilder gehören ebenso dazu wie größere Angelegenheiten wie neue Stühle. Zugegeben, das kann auch Geld kosten, mitunter ziemlich teuer sein.

Dekoration und Licht

Unterschätzen wir nicht den Wert guter Dekoration! Kaum ein Festtag ist denkbar ohne ein wenig Dekoration. Aber ist nicht jeder Sonntag ein Festtag mit Gott? Natürlich muss Dekoration nicht immer endlos aufwändig sein. Mit farbigen, geschmackvoll aufeinander abgestimmten Tüchern lassen sich wahre Wunder vollbringen. Eine abgehängte und von oben oder unten farbig beleuchtete Decke schafft auch in einem hohen Raum große Gemütlichkeit, und mit warmen Farbtönen lässt sich Wärme in einen Raum bringen. Licht ist wahrhaft unendlich vielfältig einsetzbar und gar nicht teuer! Ein kleines Strahlersystem[57] mit modernen LED-Scheinwerfern bietet alle nötigen Farben und erzeugt stimmig eingesetzt gute Ergebnisse. Nicht zu vergessen den großen Vorteil verzehrbarer Dekoration: Nach der Predigt zum Thema „Ich bin der Weinstock" kann es einen Berg Trauben geben, die während der Verkündigung vorne aufgetürmt waren.

Überraschungen und kleine Geschenke
Schöne Überraschungen sollten zwar nicht an der Tagesordnung sein, denn sonst sind sie keine Überraschungen mehr. Aber sie sind kleine Lichter im Alltag (s. Kapitel „Jede Woche Langeweile: Gruppen in der Gemeinde!"). Gemeint ist ein lieber Gast in Gruppe oder Gottesdienst, etwas zum Auspacken für jeden Besucher unserer Gruppe, ein kleines Geschenk zum Mitnehmen. Ich liebe es, die Inhalte einer Veranstaltung mit kleinen Überraschungen zu unterstreichen. In einer großen Gemeinde kann das äußerst aufwändig werden, aber der Effekt bleibt: man fühlt sich beschenkt. Unter Umständen fühlt man sich beschenkt von Gott. Und: Kleine Geschenke erhalten die Freundschaft. Dabei geht es natürlich nicht um hohe Geldwerte.

Praktische Schritte

Schritt 1: Prüfen und fragen

Wenn uns auffällt, dass etwas verändert werden sollte, dann ist zuerst nötig, sich selbst zu hinterfragen:
Ist mir/uns die Sache einmal oder öfter aufgefallen?
Gibt es Leute, die meine/unsere Beobachtung teilen?
Wie steht die Gemeindeleitung dazu?
Gibt es eine gute Erklärung dafür, dass es in dem betreffenden Punkt keine Veränderung gibt?

Schritt 2: Analysieren und konzipieren

Nachdem wir uns mit diesen und vielleicht einigen weiteren Fragen beschäftigt haben, sollte es eine Spur geben, welche konkreten Schritte für eine Veränderung nötig wären. Es bringt ja nichts, wenn wir eine Kindergruppe starten wollen, weil die Gemeinde so etwas nicht hat - aber genau diese wohlmeinende Gemeinde ist völlig ohne jeden Bezug zu Kindern als auch ohne jeglichen Mitarbeiter! Wer etwas verändern will, muss zuerst darüber nachdenken, wie das theoretisch gehen könnte. Hilfreich ist eine Art Analyse, auch ein Konzept. Das muss nichts Großes sein. Ein paar notierte Sätze davon, was auffällt. Ein paar Sätze zur Situation und einige Ideen, wie die Veränderung bewirkt werden könnte. Dazu gehört eine Infophase, die Chancen und Grenzen klärt.

Schritt 3: Konkret praktisch werden

Ein Konzept ist letztlich nur ein Stück Papier. Es ist zwar wichtig, sich Gedanken zu machen, diese festzuhalten und sie auf die Veränderung hin zu formulieren, aber was nicht in die Praxis kommt, bewirkt letztlich auch kaum sichtbare Veränderung.

Mit diesem dritten Schritt ist angesagt, eine wirkliche Veränderung zu bewirken. Das heißt, etwas zu *tun*. Selbst wenn wir gut darin sind, Bereiche zu entdecken, die Veränderung brauchen, und sogar wenn wir ein hervorragendes Konzept erstellt haben, heißt das noch nicht, dass sich in der Gemeinde etwas verändern wird.

Hier gilt es für uns abzuwägen, wann eine Aktion zu zweit oder mit einem größeren Team gestartet werden muss (z. B. eine Kinderstunde), ganz praktisch und ohne jedermann sonst aus der Gemeinde aktiv dabeizuhaben.

Nicht vergessen: Immer wieder darüber kommunizieren, wie es läuft und was sich bewegt!

Kapitel 5

„Es gibt bei uns keine Jugendlichen!"

Wie Jugendliche in die Gemeinde finden

Schön ist das, wenn junge Leute in einer Gemeinde vorhanden sind. Wichtig auch. Meist versucht man sie durch zeitgemäße Methoden zu erreichen, in die man dieselbe, ewig aktuelle Botschaft von Jesus sozusagen neu hineinpackt. Das wiederum kann überraschende Auswirkungen haben ...

Ein Freund aus einer Gemeinde, die durch einen missionarischen Aufbruch quasi aus dem Nichts entstand, erzählte mir, dass heute ein großer Teil der Gemeinde aus Jugendlichen und Jungen Erwachsenen besteht. Sie gehören zur Hauptzielgruppe. Aber auffällig oft sitzt in den Veranstaltungen eine alte Frau, eine sehr alte Frau. Sie scheint alles geduldig zu ertragen: lustige Anspielszenen und lockeren Ton, sogar die laute Musik. Immer sitzt sie mittendrin. Irgendwann habe er sie gefragt, ob ihr die zeitgemäßen Formen nicht zu anstrengend sind und ob es ihr nicht zu laut wäre. Aber sie antwortete nur: „Nehmen Sie mir das bloß nicht weg. Da ist so viel Leben drin!"

Ein echtes Problem

Möglicherweise erreicht die zielgerichtete Jugendevangelisation im Konzept einer Gemeinde[58] plötzlich ganz andere Menschen als die, die vorher eingeplant waren. Das finde ich ganz besonders schön und es sollte uns dankbar machen. Dennoch ist es richtig, mit Jugendlichen und für Jugendliche Gemeinde zu leben und zu bauen[59], auch ganz gezielt. Denn ohne Jugend in der Gemeinde stehen wir vor einer riesigen Menge an Problemen.

Der alte Witz, dass man die Fledermäuse auf dem Dachboden der Kirche konfirmiert habe und sie damit schlagartig losgeworden sei, bringt mich kaum noch zum Schmunzeln. Dazu ist er viel zu realistisch. Für etliche Gemeinden ist die Tatsache schlimm, dass nicht nur nach Konfirmationen gleich ein ganzer Haufen Jugendlicher nie mehr auftaucht. Noch schlimmer scheint, wenn sie zwar bleiben und mitarbeiten, aber spätestens mit 18 gehen müssen. Denn dann verlieren wir jedes Jahr Mitarbeiter und es bleiben Löcher, die kaum zu stopfen sind.

Dieses Problem überschreitet mit gnadenloser Konsequenz die Grenzen von Ost nach West und Nord nach Süd. Immer wieder bluten lebendige Jugendkreise aus. Wo vor drei Jahren noch ein großer Kreis blühte, ist heute nicht mal eine Handvoll trauriger Gestalten übrig[60] – wenn überhaupt. Natürlich sind besonders die Gebiete betroffen, in denen die Arbeitslosigkeit hoch ist. Dort bleibt ja kaum einmal ein Schulabgänger mit Haupt- oder Realschulabschluss, weil es im Zuge fehlender Jobs auch keine Lehrstellen gibt. Und die Gymnasiasten sind nach dem Abi sowieso alle weg, jedenfalls wenn keine Uni in der Nähe ist[61].

Es ist ein echtes Problem mit den Jugendlichen. Denn wenn keine Jugendlichen in der Gemeinde sind, wenn es keine jugendlichen Mitarbeiter gibt, dann ist es auch extrem schwer, dass *neue* Jugendliche hineinfinden. Ein äußerst unangenehmer Kreislauf schließt sich.

Wie wir dem jährlichen Schwund begegnen

Jugendarbeit wird gern so umschrieben: „Die Jugend ist die Zukunft." Das ist sicher nicht ganz falsch, aber viel zu einseitig gedacht. Denn die Jugend ist vor allem die *Gegenwart*! Das beste Rezept gegen die wiederkehrende Fluktuation der Mitarbeiter ist nüchtern betrachtet ganz einfach: Die gegenwärtige Praxis unserer Jugendarbeit muss darauf *eingestellt* sein, dass die jungen Leute gehen. Darauf eingestellt sein bedeutet, dass wir nicht klagend und jammernd das Handtuch werfen und aufgeben, weil die besten Leute gehen, sondern *kontinuierlich* neue Teenager in die Jugendarbeit und Mitarbeit einpflanzen.

Wir haben ja einen gewaltigen Vorteil: Wir wissen doch, wie es läuft, oder? Es ist keine unangenehme Überraschung, sondern vorhersehbarer Turnus! Ich wundere mich immer, wenn ein Gemeindeleiter konsterniert feststellt, dass wieder die wichtigsten Mitarbeiter gehen mussten, weil ihre Schulzeit endete. Wusste er das nicht vorher? Im Grunde ist es eine einfache Rechenaufgabe mit wenigen Variablen, wie viele junge Leute jedes Jahr gehen werden.

Ein Programm für kontinuierlichen Nachschub an Mitarbeitern in der Jugendarbeit ist nicht kompliziert[62], muss aber konsequent umgesetzt werden. Mit einem vorhandenen Grundstock an Mitarbeitern wird es einfacher, aber auch ohne sie ist es auf lange Sicht umsetzbar. Wir müssen jedoch dazu bereit sein, Beziehung, Zeit und Geld in den Jugendbereich zu investieren. Jugendarbeit muss ein Schwerpunkt in jeder Gemeinde sein.

Praktische Schritte

Schritt 1: Vorbereitet sein

Wir klären jedes Jahr rechtzeitig, welche Jugendlichen die Gemeinde verlassen werden. Wer darauf vorbereitet ist, kann reagieren. Die Jugendleitung hat im Blick, wer was macht und wer wann voraussichtlich gehen muss. Nur so kann im letzten Jahr des Mitarbeiters bereits ein Nachfolger angeleitet werden, der die Aufgabe nahtlos übernimmt und weiterführt[63].

Schritt 2: Die Gemeinde auf Jugendliche ausrichten

Wir rücken Jugendgruppen und Veranstaltungen in den Fokus unserer Gemeindearbeit. Nur wo sich Jugendliche zuhause fühlen, werden neue Mitarbeiter aus der Jugend gewonnen. Nur wo neue Jugendliche hinzugewonnen werden, ist der Grundstock für nachwachsende Mitarbeiter gelegt. Zu einer kontinuierlichen, evangelistischen Jugendarbeit gibt es keine Alternative. Jugendliche realisieren wir als Gruppe und Mitarbeiterpotential, die Gemeinde *heute in der Gegenwart* aktiv mitgestaltet und lebt.

Schritt 3: Dort sein, wo Jugendliche sind

Wir begeben uns konsequent dort hin, wo Jugendliche sind. Der Ort, wo nicht ein paar Jugendliche zu finden sind, sondern *alle*, ist die Schule. Wenn wir an der Schule nicht mit Angeboten engagiert sind, dann lassen wir die größte Chance von allen aus, überhaupt Jugendlichen zu begegnen. In den letzten 20 Jahren hätte *jede* Gemeinde aufbrechen sollen, an den Schulen präsent zu sein. Nicht als Missionare[64], sondern als Helfer, Unterstützer, Partner, Freunde. Wir gieren nicht nach Beziehungen, um dann junge Leute irgendwo hin zu manipulieren, sondern wir leben mit den Menschen an der Schule unverkrampft zusammen und kommen im Kontext als diejenigen vor, die sich für Personen und Umfeld fröhlich, liebe- und hingebungsvoll engagieren[65]. Dieses Engagement wird sogar von den gesetzlichen Grundlagen unseres Staates ausdrücklich gefordert[66].

Schritt 4: Auf Kontinuität achten

Kontinuität fängt in den Kindergruppen an. Entdecken wir Kinder, die schon erste, einfache Aufgaben übernehmen können? Es soll von Anfang an Spaß machen, etwas zum Gelingen beizutragen: Getränke bereitstellen, dekorieren, begrüßen. Kinder können früh lernen, sich einzubringen[67].

Wo ein stetiger Strom an Teenagern die Gemeinde bereichert, ist es nur noch nötig, ihre Gaben zu entdecken und ihnen zu erlauben, sie einzubringen. Es ist ja nicht so, dass sie dem Hauptamtlichen oder anderen Leitern einen Gefallen tun, wenn sie mitarbeiten. Vielmehr werden sie Gott begegnen, und das ist außerordentlich spannend! Also ist der Ruf in die Mitarbeit etwas besonders Schönes. Das sollte unter unseren Jugendlichen immer wieder deutlich werden. Wenn es uns gelingt, in diesem Punkt kontinuierlich erfahrenen Mitarbeitern einen oder zwei jüngere Leute an die Seite zu stellen, dann ist viel gewonnen. Durch kontinuierliches Einbinden junger Mitarbeiter wird außerdem rechtzeitig deutlich, wer sich auf seinem Gebiet für die Aufgabe eignet. Eine Einschätzung von Gaben und Grenzen geht durchaus mal schief. Kein Beinbruch, wenn das rechtzeitig bemerkt wird und gemeinsam eine neue Aufgabe gefunden werden kann.

Schritt 5: Beziehungen pflegen und weiterpflegen

Wir behandeln Jugendliche vor, während und nach ihrer Mitarbeit mit Respekt und Achtung. Sie werden im Gottesdienst berufen und eingesetzt, gesegnet und auch offiziell entlastet und verabschiedet. Wo es möglich ist, werden Beziehungen locker weitergepflegt, was zum Beispiel durch gelegentliche, beiderseitige Rundbriefe möglich ist.

Zum Abschied gute Rituale

Wenn es so ist, dass wir jedes Jahr Jugendliche verabschieden, dann heißt das trotzdem nicht, dass sie zwangsläufig für immer weg sind. Nun gut, zumindest eine Weile. Und als Mitarbeiter stehen sie definitiv nicht mehr zur Verfügung. Deshalb müssen wir sie aber nicht fallen lassen wie heiße Kartoffeln.

Zunächst legen wir großen Wert darauf, dass Menschen, die sich zu einer Gemeindefamilie zusammengefunden haben, auch von dort aus würdig in die Welt gesandt werden. Auch darum segnen und senden wir unsere Jugendlichen, wenn sie gehen. Noch einmal zeigen wir ihnen, dass ihre Anwesenheit kostbar war und es auch bei jedem künftigen Besuch wieder sein wird. Es ist an der Zeit, spätestens jetzt wirklich dankbar zu sein, dass ein junger Mensch sich in die Gemeinde eingebracht hat. Eine unausgesprochene Dankbarkeit hilft aber niemandem etwas. Deshalb nehmen wir uns die Zeit, z. B. im Gottesdienst einen kleinen Rückblick und einen Ausblick zu halten. Segnung und

Sendung schließen sich an, ein kleines Geschenk vielleicht, der aufrichtige Wunsch, immer wieder einmal von sich hören zu lassen. Dieses „Von-sich-Hören-Lassen" gilt auch für die Gemeinde, jeden einzelnen. Und noch mehr ist möglich: ein Gemeindebrief, der auch künftig zugestellt wird, eine Mailgruppe mit den aktuellen Infos, ein Gemeindeblog. Was es auch ist, es gibt viele Möglichkeiten, ein klein wenig in Verbindung zu bleiben.

Was immer wir in unseren Gemeinden für Rituale zum Abschied durchführen, sie sind wichtig. Eine tragende Säule der Gemeinde sind Wertschätzung und Dank. Sie müssen zum Ausdruck kommen, wenn ein junger Mensch geht, der bei uns zuhause war. Sogar Versäumtes und letzte Unstimmigkeiten können manchmal noch durch so eine Zeremonie ausgeräumt werden, das habe ich schon sehr wohltuend erlebt.

Das Abschiedsritual schafft außer der Möglichkeit, den Dank auszudrücken, noch mehr. Die Verbundenheit zur Gemeinde sollte die Offenheit signalisieren, dass man wiederkommen darf. Das soll nicht dem entgegenwirken, dass ein junger Mensch, der unsere Gemeinde verlässt, nicht *unbedingt eine neue Gemeinde* vor Ort braucht. Eine solche zu finden, ist wirklich ein Muss. Die *Ver*-bundenheit zur alten Gemeinde darf nicht zur „*Ge*-bundenheit" werden. Ich kenne viele Jugendliche, die aus ihrer „ersten Liebe" nie wirklich herausgewachsen sind. Das hindert ihre geistliche Entwicklung, so schön die wiederkehrende Nähe zum „Alten" auch sein mag.

Es kann nötig sein und es wird oft in der Praxis geschehen, dass die Gemeindeheimat wechselt und damit ein Kapitel gewissermaßen endgültig abgeschlossen ist. Das widerspricht aber nicht der Tatsache, dass es schön und wohltuend sein *kann*, manche Beziehungen aufrechtzuerhalten.

Kapitel 6

„Unsere Zeit und Kräfte reichen nicht!"

Wie wir besser organisieren und konzipieren

Trotz unglaublicher Fortschritte in der Technik haben wir offensichtlich weniger Zeit als früher. Meine Oma hat mir einmal davon erzählt, wie vor 70 Jahren gewaschen wurde. Klopfen, schlagen, wringen, aufhängen, plätten, fast alles Handarbeit. Es war eine stunden- und tagelange Tortur! Heute: Klamotten in die Maschine, anschließend in den Trockner. Zusammenlegen machen die Kinder - schon fertig! Meistens bekomme ich gar nicht mit, dass schon wieder alles sauber und frisch im Schrank liegt, so selbstverständlich ist das geworden und so schnell ging es.

Trotzdem verschlingt ein ganz gewöhnlicher Haushalt eine Unmenge an Kraft und Zeit zu seiner Pflege und Erhaltung. Es kommt ja noch so viel mehr dazu, was immer schneller und in immer kürzerer Zeitspanne erledigt werden sollte. Der Aufwand an Kraft und Zeit scheint kontinuierlich zu steigen! Auch auf der Ebene der Gemeinde, oder gerade dort, ist die Kraft eigentlich immer zu klein und die Zeit zu knapp. Trotz blitzschneller Kommunikationsmittel, in Fülle vorhandener Recherche- und Arbeitsmöglichkeiten sowie einem gigantischen, über 2000 Jahre alten „Methodenköfferchen".

Haben wir weniger Zeit?

Natürlich haben wir heute nicht weniger Kraft und Zeit als vor 70 Jahren. Sie sind nur anders verteilt. Das führt zu gewissen Engpässen. Die äußern sich in einem Satz, den ich in den letzten Jahren sehr oft gehört habe: „Das schaffen wir nicht!" Diese Aussage geht einher mit: „So geht das nicht!" und ist befreundet mit: „Das haben wir noch nie so gemacht."

Für Menschen, die ein ausgeprägtes Gefühl dafür haben, was von Gott her dran ist, sind diese Sätze Wasser auf ihre Mühlen. „Jetzt erst recht!", denken sie dann. Zeit und Kraft rücken in den Hintergrund, unser Auftrag und auch manche Probleme drängen sich nach vorne. Wenn es nämlich darum geht, dass Menschen zu Gott finden und bei ihm bleiben sollen, dann kommen diese Sätze im Vokabular weniger vor. Wir haben ja auch ein gutes Vorbild. Ständig hat Jesus gehört: „Wir sind so wenige!" und „Wir haben nur fünf Brote!" oder „So geht das aber nicht!". Er hat nicht wirklich darauf geachtet. Seltsamerweise gehören diese Sätze trotzdem auch heute noch zum Standardvokabular vieler Leute, ... speziell solcher, die sich Christen nennen. Vermutlich werde auch ich selbst weiter mit erhöhter Aktivität reagieren, wenn diese Aussagen zu hören sind: zu klein, zu schwach, zu kraftlos und vor allem keine Zeit. Es reizt mich ungemein, von Jesus her das Gegenteil zu glauben, so lange, bis der erklärte Ruf meiner Gemeinde ist: Die Leute dort, das sind die, die ihr *Leben* für die Verlorenen einsetzen. Es sind die, welche die sicheren Ordnungen verlassen[68], weil sie so viel Liebe haben, um die Nöte der Welt zu begrenzen; die ihre Zeit und Zuwendung den Menschen schenken, die Gott noch nicht kennen. So lange, bis es wahr wird, was Jesus sagt und Paulus schreibt (s. Joh 13,35 und 2. Kor 5,20).

Wir haben oberflächlich betrachtet nicht *mehr* Kraft und Stärke als das, was die weite Welt so vorgibt davon zu haben. Aber es ist eine *andere* Kraft. Und wir setzen sie anders ein. Vor allem: Es ist die Kraft Gottes, die uns stark macht, nicht unsere eigene! Dies soll bewusst dieser erste Abschnitt feststellen, der sich mit dem Thema „Zeit und Kraft" befasst. Ohne die Gefahren zu übersehen, die durch konzentriert-kontinuierlichen Einsatz warten, möchte ich das nie vergessen: Jesus hat nicht gesagt, dass es bequem und gemütlich wird, eine starke Gemeinde aufzubauen. Er versprach nicht Reichtum, Schönheit und Erfolg. Stärke meint bei ihm nicht Macht. Er sprach weder von gemütlicher Glückseligkeit auf Erden, wenn wir ihm nachfolgen, noch von behäbiger Betulichkeit. Jesus sprach von Schafen unter Wölfen, vom auf sich zu nehmenden Kreuz und von völliger Hingabe (s. Mt 16,24f.). Kirchenvater Augustin hat es auf den Punkt gebracht: „Wer zum Dienst Gottes kommt, der wisse, dass er zur Kelter gekommen ist. Er wird bedrängt, niedergetreten, zerstampft, aber nicht, um in dieser Welt zugrunde zu gehen, sondern um hinüberzufließen in die Weinkammern Gottes."
Bei allem Verständnis für Ruhezeiten und Erholung, für die wichtige und richtige Diskussion um Burn-out und Überlastung: Wir sind mit der Gemeinde noch nicht im Himmel. Wenn es auch schön ist, ein Stück davon auf die Erde zu holen und eine Ahnung davon zu bekommen, so sind wir doch noch nicht dort angekommen. Also wird es unsere Aufgabe sein, Gott mit ganzem Herzen und aller Kraft zu lieben, unsere Mitmenschen wie uns selbst. Wenn das nicht in hingebungsvoller Praxis deutlich wird, macht es keinen Sinn.
Die Entscheidung, die Verlorenen zu lieben, wird uns Nerven kosten und eine Menge Kraft. Wir müssen bereit sein, uns dafür mit *ganzer* Kraft einzusetzen. Nichts anderes hat Jesus getan. Und er hat gemäß den mir bekannten Bibelübersetzungen nicht permanent gejammert, wie erschöpft er doch schon wieder ist, sondern geschlafen, wenn schlafen dran war. Er hat wunderbar

verstanden, Zeiten sinnvoll einzuteilen und Stille, Gebet und Ruhezeit einzuplanen, wenn es nötig war.

Der überwiegende Teil der biblischen Überlieferung zeigt mir aber einen Jesus, der sehr aktiv[69] damit beschäftigt ist, dass diejenigen Menschen Gnade, Vergebung und Gottes Liebe finden, die das alles nicht kennen oder nur ein Zerrbild davon. Sie kommen neu oder überhaupt erst zum Glauben. Genauso, wie die anderen dranbleiben sollen.

Die ganz große Freude der Gemeinde und ihrer zeit- und kraftlosen Mitarbeiter ist doch, wenn Menschen neu zum Glauben kommen und dabei bleiben. Ist es nicht so? Ich kenne nichts, was mich mehr aufbaut und kräftigt. Nichts segnet und stärkt meinen Glauben mehr.

Das Hauptproblem: „Etwas obendrauf packen"

Auch wenn in diesem Kapitel sehr stark die Sicht des Hauptamtlichen geschildert wird, ist es für ehrenamtliche Mitarbeiter ebenso grundlegend wichtig. Gerade sie sind diejenigen, die ihren Dienst in der Gemeinde nebenbei unterbringen müssen. Neue Mitarbeiter werden sich kaum begeistern lassen, in unserer Gemeinde etwas zu tun, wenn sie von vornherein merken, dass es die vorhandenen kaum schaffen, ständig gehetzt, abgekämpft sind und sich offensichtlich im Gemeindeumfeld im Dauerstress befinden. Darum sind die hier genannten Schritte gerade für die Stärkung der Mitarbeiter so wichtig!

Erste Maxime: Was nicht passieren darf, ist, dass wir immer noch etwas obendrauflegen. Eine Gemeinde wird nicht dadurch stärker, dass sie sich und jedem Einzelnen immer noch mehr zumutet. Wenn sie das zusätzlich zu dem, das sie sowieso schon alles tut, praktiziert, ist sie mit ihren Kräften schnell am Ende. Es darf nicht sein, dass die wenigen Aktiven immer noch mehr zu tun bekommen, während ein großer Teil unbeteiligt ist.

Zu den Berufsgruppen, die am häufigsten von Burn-out betroffen sind, gehören unfassbarer Weise die im geistlichen Bereich. Ausgerechnet die Menschen, die sich hauptamtlich Gott unterstellen, der sagt: „Kommt zu mir, die ihr mühselig und beladen seid, ich will euch erfrischen!" (Mt 11,28), sind Kandidaten in der ersten Reihe, wenn es um die totale Erschöpfung geht. So verrückt es sich anhört, es ist nachvollziehbar. Denn beim Ausbrennen geht es ja nicht nur um körperliche, sondern auch um die seelische und geistige Dimension. Die einschlägige Literatur zum Thema Burn-out kann das fachmännischer klären. Man dreht sich möglicherweise zu sehr um ungelöste Probleme. Zugegeben: Auch ich höre mich sehr viel über „Gemeinde" und „Dienst" reden. Die Frage stellt sich ernsthaft, ob es bei einer authentischen Identifikation mit unserem Gemeindeleben überhaupt möglich ist, daraus komplett auszusteigen. Aber es gehört in diesen Abschnitt, dass wir uns klarmachen, dass ein stetiges seelisches „Draufpacken" äußerst schädlich ist. Weder unser Denkvermögen noch unser Glaube sind endlos belastbar. Immer wieder weist Jesus darauf hin, dass es bei der Nachfolge um eine gesunde *Ausgewogenheit* von Aktion und Aktivität, Begegnung und Besinnung, Stille und Stimmung geht.

Wenn unser Leben als Christen wirklich ein von der Nachfolge geprägter Alltag ist, dann müssen Stille und Besinnung eben genauso selbstverständlich zum Alltag dazugehören und ihren täglichen Platz haben wie Begegnung und Aktion. Sonst gehen wir über kurz oder lang kaputt. Es ist nicht in Gottes Sinn, etliche Wochen durchzuarbeiten, ohne sich daran zu erinnern, dass Gott einen festen Ruhetag vorgesehen hat. Es ist ja nicht so, dass Gott diesen Tag braucht. Wir brauchen ihn. Und deshalb sollten wir seiner Weisheit vertrauen und danach handeln.

Kräfte erweitern durch Prioritäten setzen

Wenn wir unsere Kräfte vergrößern wollen, ist Prioritäten zu setzen das ideale Mittel. Sicher gibt es einen gewissen Katalog von Dingen, die getan werden müssen. Da kann man keine Prioritäten setzen, da muss man ran. Aber danach folgt eine ganze Reihe von Aufgaben, die schlicht mehr oder weniger wichtig sind. Wir können von Jesus lernen, was wirklich wichtig ist: dass die Verlorenen gerettet werden zum Beispiel, dass manche Knoten sich nur durch Gebet lösen lassen (s. Mk 9,29) und dass nicht wir die Macher sind, sondern der Heilige Geist (vgl. Joh 14,26). Nach diesen Kriterien geordnet, fliegt sicher ein ganzer Teil an scheinbar wichtiger Arbeit raus.

Alles zu seiner Zeit

Es gibt Veranstaltungen, die kosten uns enorm viel Zeit, selbst wenn die meiste Zeit dabei gar nicht in den rein organisatorischen Teil geht, weil der Umgang mit Menschen viel wichtiger ist. Aber alles, was in der Öffentlichkeit mit einer gewissen Qualität geschehen soll, muss gut vorbereitet und intensiv geprobt werden[70]. Warum muss aber vieles in einem Rutsch unmittelbar vor Toresschluss geschehen? Nicht immer ist es die viele Arbeit, die uns die Kraft raubt, sondern unsere Unfähigkeit, die anstehenden Dinge vorausschauend zu organisieren.

Wo es eine Theatergruppe gibt, die sowieso regelmäßige Treffen zur Probenarbeit abhält, ist es einfach. Aber wo das nicht der Fall ist, muss man eben etwas längere Zeiträume einplanen. Wir werden mehr organisieren und konzipieren müssen, wenn wir mehr Zeit haben wollen. Aber es ist wirklich möglich, Freiräume zu schaffen und trotzdem eine ganze Menge zu tun und darüber hinaus gute Arbeit abzuliefern.

Seit vielen Monaten schwebte mir eine besondere Veranstaltung vor. Ich wollte gerne in unserer großen Stadthalle eine Veranstaltung anbieten, die ein „Schaufenster" des Glaubens sein sollte. Nicht gerade eine kleine Aufgabe für eine Gemeinde, die zum damaligen Zeitpunkt knapp drei Mitarbeiter hatte. So saß unser kleiner „Vorbereitungskreis" zusammen und wir kamen schnell auf das Hauptproblem zu sprechen: „Für so eine große Sache haben wir nicht genug Zeit und unsere Kräfte reichen nicht." Also hätten wir die Sache beenden müssen, bevor sie begann.

Es stimmte ja auch. Eigentlich war es nicht zu schaffen. Trotzdem wollten wir die Veranstaltung gern durchführen. Wir beschlossen: „Wenn wenig Zeit ist, müssen wir eben langfristiger planen. Wir buchen die Stadthalle erst, wenn unsere Planungen fertig sind, auch wenn das in einem halben Jahr ist." So haben wir es dann auch gemacht[71]. Durch die längere Planungs- und Konzeptionsphase blieb viel Spielraum für eine qualitativ gewissenhafte Probenarbeit und für Öffentlichkeitsarbeit im unmittelbaren Vorfeld. Die Belohnung waren über 300 Besucher.

Hilfen für Zeitplanung und Kräfte

Hier nun einige weitere konkrete Stichworte und Gedanken, wie wir Zeit und Kräfte gut einteilen können:

Kirchenjahr

Gibt es nicht wunderbare Einrichtungen, die in der Geschichte der Kirche gewachsen sind? Das Kirchenjahr gehört dazu! Es kann in vielerlei Hinsicht helfen, sich gezielt und zeitsparend vorzubereiten. Wir müssen ganz bewusst all die Dinge sammeln, die wir zu Verkündigung und Dienst brauchen. Und zwar das ganze Jahr über. So vieles begegnet mir im Lauf des Kirchenjahres, aber es passt leider nicht in die Zeit. Das Einzige, was ich dann noch zu tun habe, ist, es aufzubewahren.

Ganz einfach gesagt: Wenn mir im Februar „zufällig" ein großartiger Weihnachtstext in die Hände gerät und ich ihn in den Weihnachtsordner verpacke, gewinne ich im kommenden Winter eine Menge Zeit. Die Freude im Dezember wird riesig sein, weil schon etwas da ist. Dieses Prinzip ist denkbar einfach und funktioniert in allen Gruppen und Kreisen. Fast täglich begegnen uns gute Materialien. Augen auf und wach durch die Landschaft laufen! Und dann müssen wir nur noch all die Schätze horten für den richtigen Zeitpunkt. Es ist doch kein Geheimnis, was bald dran ist. Das Kirchenjahr verrät es uns.

Ferien

An dieser Stelle genieße ich ein unglaubliches Privileg, denn Lehrer haben zugegebenermaßen lange Ferien[72]. Die Ferienzeiten stellen aber nicht nur pures Erholungspotential dar, sie sind auch hervorragend geeignet, mich konzeptionell zu sortieren. In drei bis vier Wochen Ferien ist genug Zeit, konsequent zu streichen, was nicht nötig ist. Oder etwas zu beenden, was dauerhaft keine Frucht gebracht hat. In diesen gesegneten Zeiten bekommt der Dienst eine „Röntgenaufnahme". Die zeigt dann, was weg muss, wo die Prioritäten neu gesetzt werden müssen.

Gerade Jugendliche genießen als Schüler dieselben Ferienzeiten. Auch sie können sich in gewissen Punkten neu organisieren. Vielleicht brauchen sie etwas mehr Hilfe.

Letztlich muss jeder Mitarbeiter seine Ferienzeiten nutzen, um sich zurückzulehnen und eine gewisse Bilanz zu ziehen. Wie wohltuend ist es, wenn Gott uns in zwei ruhigeren[73] Wochen klarmacht, dass wir eine Aufgabe abgeben oder ruhen lassen dürfen. Er liebt es, solche Botschaften still (vgl. 1. Kön 19,12f.) zu überbringen. In Zeiten, in denen er uns Ruhe verordnet hat, liebt er es, uns neu zu stärken (vgl. 1. Kön 17,5), damit wir erfrischt aufbrechen.

Missionarische Jahreszeiten

In meiner Gemeinde gibt es „missionarische Jahreszeiten". Sie machen viel Sinn und strukturieren das Jahr mit. Solche Zeiten intensiver missionarischer Aktivität wechseln sich ab mit der Pflege der Gruppen und Kreise. Das widerspricht nicht der Tatsache, dass die Gemeinde durchgehend missionarisch aktiv lebt. Denn gerade in der Zeit, in der weniger Veranstaltung außer Haus geschieht, sollen die neuen Kontakte über kurz oder lang in die Gemeinde mitgebracht werden. Gerade dann, wenn also interne Pflege angesagt scheint, ist im Klartext gemeint, dass man sich intensiv um die neuen Menschen kümmert. Wo keine missionarische Spur das ganze Jahr durchzieht und die Gemeinde durch und durch zu einem einladenden Ort macht, machen die missionarischen Jahreszeiten keinen Sinn. Sie sollen nämlich nicht nur ein weiteres Alibi dafür liefern, wie schön man „Mission gemacht hat", weil man sich bei einem Event beteiligt hat. Sie sollen vielmehr Kräfte bündeln und zeitliche Abschnitte vorgeben, damit das Gemeindeteam sich konzentriert darauf einstellen kann.

Als hilfreich haben sich zwei Modelle erwiesen:

Weihnachten und Ostern

Die Feste bilden den Rahmen. Etwa von November bis Januar und von März bis Mai reichen diese missionarischen Jahreszeiten. Zu diesen Zeiten sind viele Menschen offener als sonst für die biblische Botschaft. Es lassen sich Rahmenprogramme oder Veranstaltungen organisieren, die zur Festzeit hinführen. Beispiele sind Aktionen mit Hauskreisen, die an den Adventssonntagen

Freunde in ihren Kreis mitbringen, um etwas Weihnachtliches zu machen oder (FSJ-)Teams, die in den Schulen im Religionsunterricht eine Themenreihe zu Ostern anbieten[74]. Selbstverständlich wird an den Festen dann noch einmal ganz besonders darauf geachtet, dass die Feierlichkeiten einen Rahmen haben, in dem sich die Gäste wohlfühlen[75].

Bei der Ausrichtung nach den Festen sollten wir berücksichtigen, dass viele Menschen zwar wie erwähnt offener für Glaubensfragen sein könnten, aber dafür sind viele auch deutlich beschäftigter. Ferien und Stress beim Geschenkekauf tun ein Übriges. Dazwischen noch einen Termin zu packen, könnte dann für manchen Zeitgenossen bedeuten, dass er und wir in Zeitnot kommen.

Herbst und Frühjahr

Die realen Jahreszeiten eignen sich von September bis November und von Februar bis April ganz hervorragend, um sich missionarisch richtig weit aus dem Fenster zu lehnen. Ich bevorzuge dieses Modell, denn es bietet große Vorteile. In Herbst und Frühjahr ist die Dichte an Veranstaltungen nicht so groß und wir haben meist ein wenig Luft für Termine. In diesen Monaten gehen wir massiv an die Öffentlichkeit, außer Haus und bieten gleichzeitig ein breites Repertoire im Haus an. Bei uns wechseln sich große Jugendveranstaltungen in Tennishalle oder Schule mit der ganzen Palette der kreativen Verkündigung wie Tanz, Theater, Musik mit Lobpreisabenden und größer angelegten Fahrten zu Jugend- und Mitarbeiterkongressen ab.

In den Zwischenzeiten, selbstverständlich auch während der missionarischen Jahreszeiten, achten wir ganz besonders auf eine zuverlässige und lebendige Gestaltung unserer Gruppen und Kreise und darauf, dass neue Menschen dort ankommen können.

Einer der ganz großen Vorteile von Herbst und Frühling ist, dass man so planen kann, dass die großen Festzeiten eher unberührt bleiben. So ist es möglich, sie quasi automatisch für die eigenen Mitarbeiter und Leiter als geistliche Höhepunkte zum Genießen zu erleben.

Zwei starke Argumente

Die beste Methode, wie wir mit Zeit und Kraft klarkommen, hat Gott selbst gezeigt. Wie bei allen seinen Ideen, mit denen er uns Leben und Dienst erst ermöglicht, macht er selbst es vor: abgeben, delegieren, teilen. Die Bibel ist prallvoll mit Beispielen, wie Gott die Arbeit verteilt. Das schönste und reichhaltigste Modell ist seine Dreifaltigkeit. Wenn Gott sich nicht zu schade dafür ist, Mensch zu werden, dann sollte auch der engagierteste Leiter sich dazu durchringen können, von seinem Status abgeben zu können. Der Adel Gottes liegt unter anderem in seiner Fähigkeit, sich klein zu machen. Übertragen bedeutet das: „große" Mitarbeiter bestechen gerade dadurch, dass sie sich selbst zurücknehmen. Sie lassen andere nicht nur Aufgaben erledigen, sondern sie fördern sie, indem sie ihnen Aufgaben übertragen. Das geschieht durch die Delegation ihrer ureigensten Bereiche und die Weitergabe ihrer Fähigkeiten.

Eine weitere Perle des aufgeräumten Kräftehaushalts ist es, auf den Punkt fit zu sein. Es geht unglaublich viel Zeit und Kraft durch zwei Dinge verloren: dass wir entweder zu spät vorbereitet sind oder dass wir uns zu sehr in eine Sache hineinsteigern[76]. Wenn ich auf eine Aktion, sei es Evangelisation, Gottesdienst oder Kinder-stunde auf den Punkt vorbereitet bin, kann ich sie konzentriert durchführen und hinterher getrost mal die Beine hochlegen. Wer nicht gewissenhaft und rechtzeitig fertig ist, wird zunehmend unter Druck geraten. Dieser Druck kann in Ausnahmefällen konstruktiv wirken, sich aber schnell ins Unermessliche potenzieren. Irgendwann hilft es nur noch, die knallharte Reißleine zu ziehen. Die ist allemal besser als ein Burn-out, aber soweit muss es nicht kommen. Wir müssen lernen, den wohltemperierten Wechsel zwischen An-spannung und Entspannung zu beherzigen.

Aufgefallen ist mir oft, dass wir uns im falschen Moment zu sehr um uns selbst drehen, anstatt für andere da zu sein (s. Kapitel „Neue Gesichter fallen uns einfach nicht auf!"), uns aber dann nicht ausruhen, wenn es dran ist. Wie wir das erkennen? Indem wir es Jesus nachmachen! Auch ohne seine göttliche Weisheit zu besitzen ist es kein Kunststück, aus der Bibel zu lernen, dass es Zeiten von Ruhe und Aktion gibt. Ich wiederhole mich gerne an dieser Stelle. Es bringt nichts, immer von Jesus zu lesen und zu reden, irgendwann müssen Leiter auch an diesem Punkt beginnen, das zu tun, was Jesus tut: arbeiten, genießen, Beziehungen pflegen, feiern, planen und vorbereiten, ausruhen. All das ist durchzogen vom ständigen Gespräch mit dem Vater. Das ist alles.

Praktische Schritte

Schritt 1: Nichts mehr „draufpacken"

Wir beherzigen den Grundsatz, dass nichts auf die nötigen Aufgaben draufgepackt wird, bevor nicht eine andere Sache abgegeben wird.

Schritt 2: Prioritäten setzen

Wir sortieren nach sorgfältiger Prüfung aller unserer Aufgaben ohne Rücksicht aus, was nicht von uns erledigt werden muss, was beendet werden kann, was schlicht zu viel ist. Wenn wir dazu Beratung brauchen, ist sie an dieser Stelle genau richtig investiert!

Schritt 3: Strukturieren, delegieren und genießen

Wir achten auf Zeiten, in die unsere Arbeit aufgeteilt ist. Feste Ruhe- und Erholungszeiten in den Ferien gehören ebenso dazu wie tägliche Auszeiten mit oder ohne Bibel. Je klarer die Arbeit strukturiert ist, desto einfacher wird es, Aufgaben zu delegieren und die Kommunikationswege zu fördern. Entlastung erfolgt ganz immens dadurch, dass wir die Wohltaten Gottes genießen und überhaupt mit der Umsetzung des Lebens beginnen, wie Jesus es uns vormacht: Das ist das größte Geschenk, gleich nach der Vergebung unserer Schuld, dass der Meister persönlich uns wahrhaftig zu leben lehrt.

Kapitel 7

„Wir haben kein Geld!"

Wie wir unsere finanzielle Situation verbessern können

In einer kleinen Gemeinde sollte ein Jugendabend durchgeführt werden. Der Jugendkreis war stattlich, man wollte etwas wagen. Jugendliche wollten ihre Freunde mitbringen, man wollte essen, spielen, etwas aufführen, die Zeit zusammen gestalten. Biblische Impulse sollten in diese Gemeinschaftsaktion hineingewoben sein. Alles sollte ein wenig größer angelegt sein als der regelmäßige Jugendkreis. Die Jugendlichen waren hoch motiviert, voller Freude und Begeisterung. Man wollte sich endlich „aus dem Fenster lehnen". Dekorationen, Getränke, Ton und Ambiente in guter Qualität, eine Veranstaltung ohne „Mief und Muff". Nichts Überwältigendes, aber auch nichts Gewöhnliches. Kurz: Ein Jugendkreis, der ausbrechen wollte aus dem bisherigen, gleichförmigen Trott, um etwas Besonderes zu wagen, damit neue Menschen in die Gemeinde finden.

Die Kosten für ihren Jugendabend hielten die jungen Leute gering. Das meiste konnte von Eltern unterstützt werden, für die ganze Aktion brauchten sie lediglich noch einen Betrag von ca. 80,- Euro. Sicher nicht wenig Geld, aber auch keine Unsumme für den „außenmissionarischen Aufbruch". Leider hatten sie die Rechnung ohne die Gemeindekasse gemacht. Die Information an sie war schlicht: „Wir haben kein Geld!" Inwiefern diese Aussage ausdrücken wollte, dass man „für so etwas" kein Geld ausgeben wollte oder ob tatsächlich 0,- Euro vorhanden waren, ist mir unbekannt. Schwierig sind auf jeden Fall beide Möglichkeiten.

Die Gemeinde und ihr Geld

Es geht *nicht* darum, ob im erwähnten Beispiel nicht allerlei Möglichkeiten vorhanden gewesen wären, den Jugendabend zu finanzieren. Es geht auch *nicht* darum, ob ein Jugendabend nicht sogar ganz ohne finanzielle Mittel durchgeführt werden kann. Am wenigsten geht es darum, dass die wirksamste Form des außenmissionarischen Aufbruchs, das einfach gelebte, aber als solches erkennbare Leben mit Jesus etwas ist, was man gegen die beschriebene Veranstaltung ausspielen könnte. All das ist richtig und erwähnenswert. Aber darum geht es *nicht*!

Worum geht es dann? Es geht darum, dass es ein Unding ist, dass viel Initiative und Freude, Motivation und missionarischer Pioniergeist schlicht platt gewalzt werden, weil es an 20, 80 oder 150 Euro fehlt! Für viele Aktionen sind kleinere oder größere Beträge nötig. Jede Gemeinde sollte die Möglichkeit haben, diese Summen bereitzustellen. Wo ein gutes Mikrofon benötigt wird, damit der verkündete Ton auch ankommt, sind schon mal 100,- Euro fällig, dazu natürlich das dazugehörige System.

Deutlich entscheidender wird die ganze Argumentation, wenn wir Mitarbeiter gewinnen, unterstützen und ihnen einen gewissen finanziellen Freiraum gewähren wollen. Ganz klar, es geht in manchen Bereichen auch ohne Geld. Leichter fällt es aber, wenn Mitarbeiter wissen: In meiner Gemeinde ist für wichtige Initiativen, die wir Mitarbeiter bewegen wollen, das nötige Kleingeld vorhanden. Man sitzt nicht wie die Glucke auf den Eiern, wenn es um 20,- Euro geht, man wirft das Geld aber auch nicht für unnötigen Zierrat aus dem Fenster[77].

In jeder Gemeinde wird Geld benötigt. Es gibt bei den meisten feste Etats. Ist trotzdem der Spielraum vorhanden für gute, knackige Aktionen, die mal einen Hunderter extra brauchen? In diesem Kapitel geht es darum, wie man Geld „generieren" kann, das für wichtige Anliegen langfristig geplant oder spontan eingesetzt werden kann. John Wesley wird zugeschrieben, die Aussage getätigt zu haben: „Wir sollten so viel Geld wie möglich auftreiben, um so viel Geld wie möglich für das Reich Gottes einsetzen zu können."

Missionarische Arbeitsbedingungen

Es ist interessant, sich ganz *ohne* finanzielle Mittel missionarisch zu engagieren. *Möglich* ist es, und zwar so: Wir Christen beginnen ab morgen einfach alle wirklich konsequent so zu leben, wie Jesus es vorgemacht hat. Wir lassen den Früchten des Geistes (Gal 5,22f.), der uns erfüllt, freie Wachstumsbahn. Wir lieben unsere Nächsten von ganzem Herzen. Wir leben Gottes Wort in jeder Minute des Tages. Das reicht schon. Und es ist nicht nur verlockend, es ist dringend angesagt.

Aber es ist mir ein großes Anliegen, dass die missionarischen Arbeitsbedingungen oft äußerst bescheiden sind. Je weiter man in nordöstliche Regionen der Republik vordringt, umso schwieriger wird es, gerade auch finanziell. Das wissen viele Christen in anderen Landesteilen oft nur vom Hörensagen, dabei gibt es für sie in den geistlichen und materiellen „Armenhäusern" der Republik viel zu lernen und auch zu investieren[78]. Denn genauso überzeugt wie vom täglich praktizierten Lebensstil bin ich davon, dass die missionarische Existenz der Gemeinde sich *auch* darin ausdrücken darf, dass sie darüber hinaus in der Öffentlichkeit mit Veranstaltungen und Programmen (fast) aller Art präsent ist, die den Namen Jesu zeitgemäß groß machen. Mit einer guten Tontechnik. Mit gutem Flyermaterial. Mit guten Medien und Präsentationen. Ich rede von *qualitativ* guten Dingen. Und die – richtig! – *kosten Geld*. Sie kosten oft *richtig* Geld.

Stadt – Kreis – Land – Bund – Europa: „Fördergelder"!

Auf Stadtebene habe ich von Zeit zu Zeit mit den freundlichen Menschen vom Kulturamt zu tun. Denn wenn ein Konzert mit einem christlichen Künstler von unserer Gemeinde organisiert wird, dann ist das Kultur und dafür gibt es unter Umständen Zuschüsse. Da hilft nur Nachfragen. Für den Einsatz der inzwischen deutschlandweit bekannten Tanz-, Theater- und Verkündigungsgruppen „iThemba"[79] beispielsweise haben wir schon größere Zuschüsse bekommen. Auch sie bieten, gewissermaßen kulturell verpackt, die beste Botschaft der Welt. Wunderbare kulturelle Impulse und noch dazu ein ganzes Kaleidoskop von erwünschten Nebeneffekten: Antirassismus, Kreativität, Jugendschutz. Das alles tut dem Evangelium keinen Abbruch, im Gegenteil. So wird deutlich, dass christliche Evangelisation und kulturelles Engagement keine Trennung brauchen.

Oft hängt die Möglichkeit, dass unsere gemeindlichen Aktivitäten gefördert werden, leider nur an Formulierungen. Kürzlich habe ich den Anstoß erhalten, unsere „Mutter-Kind-Gruppe" anders zu nennen und einen Förderantrag zu stellen. Wenn die Gruppe nämlich „Eltern-Kind-Kreis" hieße, wäre sie nach irgendeiner Richtlinie förderwürdig. Natürlich wird die *inhaltliche* Arbeit der Gruppe davon kaum berührt. Es macht also Sinn und kann Geld in die Kasse bringen, wenn wir prüfen, durch welche Kleinigkeiten sich Aktionen, die wir sowieso durchführen, förderwillig umbenennen lassen.

Auch der Landkreis bietet allerlei wunderbare Fördertöpfe. Es macht wenig Sinn, hier die Möglichkeiten in Mecklenburg-Vorpommern aufzuschreiben. Sie reichen von der Bezuschussung unserer Jugendtage und Kongresse (auch wenn wir außerhalb des Bundeslandes an etwas teilnehmen) bis hin zu 80- oder gar 100-%-Finanzierungen von Mitarbeiterstellen. Wir müssen uns einfach nur informieren, ein Anruf beim Landratsamt kann sehr aufschlussreich sein. Dennoch bevorzuge ich den Weg über Menschen, die ich dort kenne. Warum sollten wir die Experten nicht befragen?

Für Bundes- und Europaprogramme gilt das ebenso. Gerade der europäische Rahmen bietet größere Programme[80] an. Um an diese Gelder zu gelangen, brauchen wir sehr gezielte Konzeptionen mit einer klaren Zielrichtung. Es reicht nicht, eine „lebendige Gemeindearbeit" anzugeben[81].

Informationen, wie wir an Fördergelder gelangen, können wir vor allem aus direkter Nachfrage auf den entsprechenden Ämtern, in manchen Fällen auch aus dem Internet beziehen. Allerdings scheitert dort mancher an den ausführlichen Förderbedingungen, die seitenlang erklärt werden. Ich empfehle deshalb, einen Fachmann zu Rate zu ziehen. Die Fördermöglichkeiten sind so vielfältig und ändern sich so schnell, dass man als Laie meist nur staunend daneben steht[82]. Aber es gibt sie, die Mittel, die wir brauchen. Ich bin der Meinung, dass Geld aus Fördermitteln nirgendwo so gut aufgehoben ist wie bei Kirchen und Gemeinden, um „für Jesus" eingesetzt zu werden. Grundsätzlich kann man festhalten: Je größer die benötigte Summe, desto höher der Bedarf an Information und Beratung. Selbst wenn eine Beratung eine Investition nötig macht, kann sie äußerst wertvoll sein und sich lohnen. Ich plädiere bei größeren Projekten immer für professionelle Beratung. Diese *kann* wiederum Investitionen verlangen, die sich lohnen. Muss sie aber nicht.

Für ein großes Projekt brauchen wir sehr viel Geld. Ein solches Projekt planen wir in meiner Gemeinde. Nachdem wir einige Tausend Euro zusammenhatten, wurde klar, dass die ganze Summe nur mit professioneller Hilfe aufzubringen ist. Mit großen Fördergeldern und den dazugehörigen Anträgen muss man sich jedoch auskennen. Wir haben darum beschlossen, die vorhandenen Gelder für ein professionelles Projektmanagement einzusetzen. Als der Kontakt zu einem solchen hergestellt war, stellte sich heraus, dass es gerade eine Förderperiode aus dem Europäischen Sozialfonds gab, durch die in drei Landkreisen unseres Bundeslandes das Projektmanagement zu hundert Prozent finanziert wurde. Unser Landkreis gehörte dazu. Die für eine kleine Gemeinde verhältnismäßig kostspielige Beratung und Projekthilfe wurde uns dadurch kostenfrei zuteil. Hätten wir uns nicht dazu durchgerungen, den professionellen Weg zu gehen, hätten wir davon wahrscheinlich nicht einmal erfahren.

Ein kleiner Einschub in eigener Sache

Meine Berufung ist die eines Gemeindeleiters. Das bedeutet Verkündigung, Seelsorge, Menschenkontakt. Allerdings verbringe ich einen großen Teil nicht mit Menschen, sondern am Schreibtisch.

Wenn wir anfangen, uns mit Fördergeldern zu befassen und, wie ich, nicht vom Fach sind, dann sollten wir vorher bedenken, dass das Zeit kostet. Wir werden viele Stunden am Schreibtisch und am Telefon verbringen. Wie fast immer, wenn der Hauptamtliche im Büro aktiv ist, wird niemand merken, wie zeitaufwändig es sein kann, Geld zu beschaffen, das wir für Jesus einsetzen wollen. Ganz zu schweigen davon, dass der Umgang mit den kompetenten Experten vom Amt manchmal gewöhnungsbedürftig sein kann.

Ich kann an dieser Stelle nur immer wieder raten, dass wir uns seriöse Fachleute suchen, die sich damit auseinandersetzen. Optimal ist, wenn der Experte ein zuverlässiger Christ ist. Wohl dem, der einen Finanzexperten in seiner Gemeinde hat oder sogar ein ganzes Team von solchen. Traumhaft!

Ausgeschriebene Preise

Jede Gemeinde sollte aufmerksame Freunde, Förderer und Mitglieder haben, die immer wieder nach Wettbewerben und ausgeschriebenen Preisen Ausschau halten. Eine missionarische Aktion wird mit einer einmaligen Fördersumme unterstützt? Ein Modellprojekt für Kinder, Jugend oder Senioren bekommt einen Geldpreis? Die Arbeitsgemeinschaft Missionarischer Dienste (AMD) schreibt wieder einen Preis aus? Wir sollten mitmachen!

Ein Mitarbeiter oder Leiter der Gemeinde erstellt die benötigten Unterlagen[83], alles wird professionell aufgemacht und dann betend auf den Weg gebracht. Wir werden nicht jeden Preis abräumen, aber manchen. Und ein Betrag von 200,- oder 300,- Euro kann in vielen Bereichen der Gemeinde schon sehr gezielt helfen, die Arbeit beizubehalten, zu verbessern oder sogar zu intensivieren. Nicht selten gibt es richtig viel Geld, ich habe Preisgelder bis zu 5.000,- Euro gesehen.

An Wettbewerben und ausgeschriebenen Preisen teilzunehmen kostet zugegeben ein wenig Zeit. Deshalb versuche ich einzelne Mitarbeiter darin zu fördern, dass sie befähigt werden, die nötigen Unterlagen in möglichst professioneller Weise zu erstellen. Leider reicht es meist nicht, eine Art Vorlage zu haben, die man immer wieder ins Land schickt, denn die Wettbewerbe haben ja unterschiedliche Anforderungen. Ein konzeptionelles Grundgerüst zu allen Gruppen, Veranstaltungen und Aktionen ist aber eine wichtige Ausgangsbasis und kann eine Menge Arbeit ersparen.

Gemeinden unterstützen Gemeinden

Die Art Unterstützung, die aus Gemeinden kommt, ist denkbar einfach. Es fällt mir aber sehr schwer, dabei von einer funktionierenden Methode zu sprechen, denn das Modell ist sehr intensiv beziehungsorientiert. Es bedeutet, dass Menschen aus einer anderen Gemeinde unsere eigene, vor allem missionarische Arbeit finanziell unterstützen. Diese Zuwendungen erfolgen durch gelegentliche Kollekten und Beträge, die von Einzelpersonen gespendet werden, oder durch regelmäßige Gelder zum Beispiel in Form von Daueraufträgen. Wie das geht?

Grundsätzlich geht es dabei um Partnerschaft. Es ist also kein maschinell ablaufender Prozess. Es ist eher ein gemeinsamer Weg, auf dem wir mit Partnern unterwegs sind[84]. Was diese Partnerschaft bedeutet, wird in einem nächsten Abschnitt beschrieben. Aber soviel sei hier schon gesagt: Der gemeinsame Weg bedeutet auf jeden Fall, dass es zunächst einen ersten Kontakt gibt, der später weiterführt. Es entstehen nur über längere Zeiträume intensive Begegnungen mit Menschen, bilden sich lockere und tiefere Kontakte, manchmal wachsen sogar Freundschaften. So ist es möglich, finanzielle Anliegen ganz natürlich zu thematisieren. Meistens werde ich darauf angesprochen und brauche selbst gar nichts sagen. Aus vielen Gründen weigere ich mich, diese guten Beziehungen als Methode zum Geldeintreiben zu missbrauchen. Das bedeutet, dass ich von meinen Partnern und Freunden weder Kollekten noch Einzelspenden *verlange*. Entweder die Partner haben den tiefen Wunsch, unsere Arbeit zu unterstützen, dann werden sie wie gesagt von selbst darauf zu sprechen kommen, vielleicht ohne Umschweife etwas geben oder eine Unterstützung erfolgt nicht finanziell. Auch dann kann eine Menge gewonnen werden. Am Ende können echte, gewachsene Freundschaften viel mehr wert sein als eine überwiesene Spende.

Die dritte Möglichkeit ist, dass aus Kontakten zu anderen Gemeinden überhaupt nichts wird. Selbst dann ist wenig verloren. Mit anderen Gemeinden zu tun zu haben, ist für mich jedes Mal eine kostbare Erfahrung. Ich lerne *immer* dabei. Es gibt, wenn man so will, immer einen Gewinn.

Ein Zwischenschritt: Alle sind Gewinner!

Kontakt mit Gemeinden ist schwer künstlich herzustellen. Die Ausgangsbasis dafür ist eine offene Kommunikation mit einzelnen Menschen, die wir kennenlernen. Wo wir einzelne Menschen kennenlernen, die zu einer Gemeinde gehören, ist die Möglichkeit gegeben, mehr zu erfahren. Wo wir mehr erfahren, spüren wir, was wir einer Gemeinde oder einzelnen ihrer Mitglieder geben und ob wir möglicherweise etwas empfangen können. Der Aufbau von Beziehungen verlangt ein äußerst feines, sensibles Gespür für Situationen und Menschen. Wo das biblische Prinzip von Ehrlichkeit und Liebe hineinkommt, sind Partnerschaften unter Gemeinden ein großer Segen. Es lässt sich gar nicht formulieren, wie viel Gutes und Segensreiches sich aus Gemeindepartnerschaften gewinnen lässt: Gebetsunterstützung, Ermutigung, Freude und Freunde. Und unter gewissen Umständen auch Geld. Ich nenne es bewusst an letzter Stelle.

Partnerschaft mit Gemeinden

Die schönsten Partnerschaften unter Gemeinden entstehen durch ein gemeinsames *Anliegen*. Ein wenig poetisch ausgedrückt: Man entdeckt seine Seelenverwandtschaft.

Zwei Ausgangspunkte dafür beschreibe ich hier: Erstens den Wunsch eines missionarischen Aufbruchs und zweitens auch die praktische Unterstützung eines missionarischen Projekts. Es gibt weitere Möglichkeiten, aber diese beiden sind besonders intensiv.

Der Wunsch eines missionarischen Aufbruchs

Es ist ein bleibender Eindruck, dass viele Gemeinden um ihre eigene unzureichende missionarische Lage wissen. Das bedeutet nicht, dass man dort keine Mission will. Im Gegenteil! Man weiß nur oft nicht so richtig, wie man das machen soll. Die Fragen sind zu drückend und in der Praxis ungelöst: Wie holt man Leute in die Gemeinde, die keine Christen sind? Wie kann man unverkrampfte Beziehungen zu Nichtchristen knüpfen? Wie wird man als Gemeinde wirklich einladend? Oder: Welche Impulse fehlen, damit Nichtchristen in einer Gemeinde zu Christen werden können?

Diese Fragen bewegen zahllose Gemeinden. Das ist ganz hervorragend! Denn in so eine Situation hinein können sich die Gemeinden investieren, die viel *praktische* Erfahrung gesammelt haben. Wir können uns gegenseitig helfen! Ich sage es mal so: Mit meiner winzigen Mecklenburger Gemeinde kann ich kaum einer Gemeinde im Südwesten finanziell das Wasser reichen, aber ich kann dort missionarische Impulse setzen. Wer aus einer intensiven missionarischen Arbeit kommt, der hat auch etwas zu geben, der ist nicht nur Bittsteller. Ich bin überzeugt, dass zahllose Pastoren, Prediger, Gemeindeleiter und sogar ehrenamtliche Mitarbeiter in kleinen, aber aktiven Gemeinden in Nord und Ost eine Menge davon zu erzählen haben[85], wie eine Gemeinde auch bei heftigem Gegenwind missionarisch auf die Sprünge kommt. Wenn wir eine Gemeinde finden[86], der wir etwas geben können[87], dann haben wir eine optimale Basis, wie Partnerschaft wachsen kann. Betteln kommen heutzutage viele. Und es sind extrem gute und wichtige Anliegen dabei. Aber Partnerschaft ist etwas anderes.

Die Unterstützung eines missionarischen Projekts

Kaum eine Gemeinde hat noch nicht den Wert erkannt, der für sie selbst darin liegt, missionarische Projekte zu unterstützen. Aber es gibt welche, die es noch nicht wissen. Ich kenne Gemeinden, die ungeheuer viel Geld gebunkert haben, aber es nicht gleich, sondern „irgendwann" einsetzen wollen. Unfassbar! Dahinter steckt nicht immer nur gute Haushalterschaft. Gern pflegt man den Gedanken der finanziellen Sicherheit auf unabsehbare Zeit, wenn es geht, so lange wie möglich ... am besten für immer! An dieser Stelle bekommt der Begriff Ewigkeit eine ganz neue Komponente.

Zugegeben: Vernünftiges Haushalten ist eine wichtige Sache, aber realistische und mutige Risikobereitschaft für Jesus eine andere. Beides sind untrennbare Seiten einer Münze.

Wenn wir als missionarische Gemeinde für andere Gemeinden unterstützungswürdig sind, dann werden sie uns auch unterstützen. Deshalb sollten wir außer unserem täglichen Lebensstil als „missionarische Nr. 1" einen guten Reigen knackiger missionarischer Aktionen mit zugehörigem Konzept in der Schublade und im Leben der Gemeinde haben. Potentielle Unterstützer wollen nämlich wissen, *was* sie unterstützen.

Partnerschaften brauchen Pflege

Einige Eckpfeiler einer gelebten Gemeindepartnerschaft folgen. Weil diese Partnerschaftstipps hier im Finanzkapitel stehen, will ich aber nochmals betonen, dass wir keine Partnerschaften pflegen, um dadurch Geld zu verdienen oder zu erbetteln. Vielmehr ist es einfach möglich, dass es durch gute und aufrichtige Partnerschaften frei werden *kann*. Vereinfacht möchte ich es im Konjunktiv so ausdrücken: Meine Gemeinde hat so gute *Freunde*, dass wir jederzeit die Anfrage auch nach einem höheren Betrag sachlich und vertrauensvoll ansprechen *könnten*, wenn wir ein finanzielles Problem *hätten*.
Für echte Partner ist dies vielleicht der nächste Schritt nach Partnerschaft: *Freundschaft.*

Zeit und Engagement

Für die Gemeinde die nötigen Mittel aufzutreiben, wird ebenfalls etwas kosten: Zeit und Engagement. Selten ist Geld mal eben schell zu organisieren. Auch hier brauchen wir die ganze Fülle an Gaben, die in der Gemeinde vorkommen (s. Kapitel „Gaben oder Aufgaben, ist das hier die Frage?").

Honorare

In vielen Gemeinden gibt es kompetente Experten, Redner und Referenten. Sie können sich zur Verfügung stellen, um der Gemeinde finanzielle Mittel zukommen zu lassen. An erster Stelle steht hier ein Hauptamtlicher, der etwas zu bestimmten Themen zu sagen hat. Viele geistliche Leiter sind als hervorragende Theologen gefragt, ihr Fachwissen weiterzugeben. Gerade habe ich z.B. ein äußerst lehrreiches Manuskript eines Seminartages bekommen.

Jedes Jahr werden zu wiederkehrenden Festen in den Gemeinden und Tagungen Referenten benötigt und fast immer gibt es dafür Kollekten, Honorare oder mindestens Fahrgeld. Es müssen keine Tausender sein, aber alle diese Beträge können eingesetzt werden, um die Gemeindekasse mit Mitteln zu füllen, die kurzfristig bereitgestellt werden, wenn es nötig ist.

Praktische Schritte

Schritt 1: Fördergelder

Wir informieren uns über Möglichkeiten und Grenzen von Fördergeldern. Es empfiehlt sich, *seriöse* Experten zu befragen.

Schritt 2: Wettbewerbe und Preise

Wir nehmen an jeder Ausschreibung teil, die unserem Profil und Angebot entspricht. Es ist Aufgabe von Freiwilligen oder ehrenamtlichen Mitarbeitern, die Unterlagen dafür zu erstellen.

Schritt 3: Gemeindepartnerschaften

Wir bauen Beziehungen zu anderen Gemeinden auf, um uns gegenseitig zu beschenken. Im Fall einer echten, partnerschaftlichen Freundschaft durchaus auch mit Geld.

Schritt 4: Honorare

Wir stellen Honorare und Fahrtkosteneinnahmen der Gemeinde zur Verfügung, damit jederzeit ein gewisser Betrag vorhanden ist, der vor allem für missionarische Zwecke eingesetzt werden kann.

Kalkuliertes Risiko

Es ist gut und wichtig, dass Menschen, die vernünftig mit Geld umgehen können, die Gemeindefinanzen mit kontrollieren. Ohne einen verantwortungsbewussten Umgang mit Geld kann die Gemeinde auf Jahrzehnte in Schwierigkeiten kommen. Und von da an wird sich erst recht vieles nur noch ums Geld drehen. Das wäre eine Katastrophe, denn unsere Aufgaben liegen an anderer Stelle. Dennoch bin ich für einen Einsatz *aller* Kräfte, damit Menschen zu Gott finden. Dazu gehört auch der Einsatz von Geld. Wichtige Hilfsmittel in der zeitgemäßen Missionsarbeit sind nur mit Geld zu bekommen. Was eine kleine Hürde darstellt. Eine viel größere Hürde ist aber, wenn selbst ernannte „Gemeindefinanzverwalter" schwer auf Geldern hocken, die dringend für den missionarischen Bau der Gemeinde eingesetzt werden müssten. Sollte das der Fall sein, muss unbedingt eine Möglichkeit geschaffen werden, von diesen Personen unabhängige Beträge hereinzubekommen, die unkompliziert eingesetzt werden dürfen.

Die Erfahrung eines „kalkulierten Risikos" hat sich vielerorts bewährt. Das bedeutet, dass wir so viel Geld wie möglich einsetzen, um mutig den missionarischen Gemeindebau voranzubringen. Wir investieren also bis auf wenige Rücklagen das *vorhandene* Geld in Mitarbeiter und Gemeinde.

Kapitel 8

„Alt und Jung sind gegeneinander!"

Wie wir Generationen miteinander verbinden

Wahrscheinlich hatte sie all ihren Mut zusammengenommen und nun stand sie vor dem Gemeindepastor: Eine ältere Frau, durchaus wohlmeinend, aber persönliche geistliche Einsichten dennoch konsequent vollstreckend äußernd. Sie stand also vor ihm, um ihm etwas mitzuteilen. Diese Mitteilung bestand aus einer Frage. Dazu muss man wissen, dass in der Gemeinde verschiedene nötige Veränderungsprozesse ebenfalls ziemlich konsequent eingeleitet worden waren, ohne auf die alles ausbremsende Meinung dieser und weniger anderer älterer Gemeindemitglieder zu hören. Da diese Frau zu den eher kommunikativen Charakteren zählte, dachte der Pastor, sie wolle sich nur über eine allgemeine Sache unterhalten. Da er schon einige Jahre in der Gemeinde war, kannte er seine Leute ja ein wenig. Aber das war eine Täuschung, denn ihre Frage machte ihn sprachlos.
Sie fragte: „Sagen Sie, sind Sie eigentlich ein Christ?"

Dauerfehde?

Dass Auseinandersetzungen der Generationen dazu führen, dass man sich gegenseitig den Glauben abspricht, ist sicher kein Regelfall. Aber sie werden immer noch hartnäckig geschlagen: die Schlachten zwischen „Alt und Jung"! Eine Art Dauerfehde tobt vielerorts zwischen den Generationen und sie hat immer wieder die gleichen Auslöser: Das altdeutsche oder englische Liedgut, Gottesdienst- und Kleidungsstil, Lautstärke und Unordnung. Die Liste lässt sich beliebig weiterführen.

Mit dem Evangelium gleichgesetzt

Eine große Gefahr liegt darin, dass liebgewordene Gewohnheiten eine Art Substitut für „richtigen" Glauben bilden. Wir gewöhnen uns so unglaublich schnell an aktuelle Zustände, an Abläufe, Sitzordnungen und Wortlaute. Das ist ja auch gar nicht *nur* schlecht. Im Gegenteil.
Aber wo Sitzordnungen und Liedtexte *allein* darüber entscheiden, wie sich Glaube artikulieren darf, ist man auf dem Holzweg. Viele älter werdende Menschen setzen das, was sie an Glaubensinhalten in bestimmten „Gefäßen" jahrzehntelang zu sich genommen haben, mit der freimachenden Botschaft

des Evangeliums gleich. Vielleicht müssen wir erst einmal verstehen, dass es meist gar nicht böse gemeint ist, wenn dann Kritik an neuen Formen und Wegen geäußert wird: Man will ja bewahren, was man selbst Gutes aus dem Glauben gezogen hat. Schmerzhaft wird es erst, wenn das Festhalten am eigenen Verständnis zur Grundlage für alle wird. Dann mischt sich schnell ein unguter Berater in die Sache ein: die Angst. Angst, das zu verlieren, was man doch für den rechten, wahren Glauben hält. Wer 60 Jahre lang einen Gottesdienst in einer bestimmten Weise gefeiert hat, kann schon Angstgefühle bekommen, wenn die Dinge sich verändern.

Einerseits möchte ich um Verständnis werben, was diese nachvollziehbare Haltung angeht. Andererseits darf sich die Veränderung, die Entwicklung, vor allem das Wachstum der Gemeinde nicht von Angst bestimmen lassen (siehe 2. Tim 1,7). Fernab davon, ob jede Veränderung oder neuere Methode Sinn macht und/oder hilfreich ist, muss eine Gemeinde grundsätzlich bereit sein, sich den aktuellen Herausforderungen zu stellen. Sie kann nicht orthodox an allem festhalten, was sie einst befürwortet hat, die Dinge verändern sich. Ganz klar: Ängste müssen Raum bekommen, indem sie ausgesprochen werden. Es muss Menschen geben, die sich denen seelsorgerlich zuwenden, die in Sorgen und Angst sind. Bedenken müssen geäußert und gehört werden. Aber: Allein deshalb kann eine Gemeindeleitung nicht auf jeden „guten Rat" hin die verschiedenen nötigen Veränderungsprozesse beenden bzw. auf diverse zeitgemäße Formen und Veranstaltungen verzichten. Es mag abgedroschen klingen, aber Ältere sollten die Methodenvielfalt der jungen Generation akzeptieren und wertschätzen. Wenn damit nicht des Evangeliums gespottet oder widersprochen wird, müssen wir alles einsetzen, damit Menschen zu Jesus finden. Wann eine Methode nicht machbar ist, klärt die Gemeindeleitung. Es bleibt zu hoffen, dass hier junge Leute angemessen vertreten sind!

Den Schatz heben

Ein Kernproblem der Generationenfrage ist die doppelt mangelnde Bereitschaft jüngerer Leute, die alten Formen der älteren Generation zu akzeptieren und ihnen wirklich liebevoll zu begegnen. Wenn speziell Jugendliche nicht entdecken können oder wollen, welcher große Schatz in einem langen und intensiven Glaubensleben verborgen sein kann, dann werden sie ganz großartige und wichtige Elemente des Glaubens verpassen.
Dabei denke ich immer wieder an die vielen alten Leute, die Texte und Rituale verinnerlicht haben. Wie wunderbar muss das sein, wenn man von einem großen Schatz zehren kann, den man in seinem Leben angesammelt hat (vgl. 2. Kor 4,7). Es muss allen Jüngeren völlig klar sein, dass so ein Schatz nur durch Wiederholung, Treue und Tiefgang zustande kommt. Dieser Tiefgang

ist unüberbietbar in der Bibel, aber auch in altem Liedgut und manchen Traditionen versteckt.

Ohne Respekt vor den Menschen und vor dem, was eine alte Generation geleistet hat, werden keine Schritte aufeinander zu möglich sein. Die pure Rechthaberei entspringt dem Egoismus. Und der ist kein guter Berater. Was wir brauchen ist Klarheit, *welche* Formen, Methoden und Elemente in *welcher* Veranstaltung zu finden sind. Manches muss und kann ganz unaufgeregt und klar voneinander getrennt werden.

Trennen, was man trennen kann

Es gibt immer die Möglichkeit, Neues und Altes formal und methodisch gesehen zu mischen. Man wechselt sich ab in der Liedauswahl, in Gebetsformen und anderen Elementen des Gottesdienstes. Manche Gemeinde bekommt das einigermaßen hin. Leider entsteht nach meiner Erfahrung daraus gern eine Mischung, mit der dann *keiner* richtig glücklich oder zufrieden ist[88]. Die Lösung können wir als einen großen Kompromiss sehen: Jeder gibt ein wenig was her oder auf, damit man sich begegnet. Es bleibt zu hinterfragen, inwiefern dies wirklich zu einer Atmosphäre führt, in der Gemeindewachstum und Mitarbeitergewinnung einfacher werden oder wenigstens möglich sind. Es mag, wie gesagt, örtlich gelingen.

Meine Strategie ist anders. Ich bevorzuge die Dinge, die von mehreren Alten geschätzt werden, im Wesentlichen so zu lassen, wie sie sind. Was von einem größeren Teil der Jüngeren anders gestaltet werden will, wird dagegen konsequent anders umgesetzt. Das bedeutet natürlich nicht, dass nicht Elemente enthalten sein dürfen, die früher gut waren.
Es geht um den Freiraum, es geht um kreative Entfaltungsmöglichkeiten junger Christen, nicht nur im Jugendkreis. Ich bin der Ansicht, dass sie diesen Freiraum unbedingt bekommen müssen. Gerade den Gottesdienst erkennen junge Leute sehr schnell als einen zentralen Ausdruck ihres Glaubenslebens. Hier *brauchen* wir zeitgemäße Erneuerung. Eine junge Generation muss abstimmen dürfen, wie zentrale Gemeindeveranstaltungen gestaltet werden. Natürlich: Wird ein Gottesdienst zunehmend runderneuert, müssen auch die Alten etwas haben, wo sie sich in ähnlicher Weise wohlfühlen[89]. Ihnen darf gerade an äußerer Form nicht einfach das weggenommen werden, wo sie bisher zuhause waren.

Wie kann das aussehen? Ganz einfach! Eine Gebets- oder Bibelstunde, in der junge Leute durch pure Äußerlichkeiten kaum ankommen können, wird einfach beibehalten wie sie ist. Trotzdem kann eine neue Bibelstunde entstehen, wenn sich genügend junge Leute finden. Sie kann dann als Hauskreis völlig anders gestaltet werden und inhaltlich doch fast das Gleiche bieten. Ich sehe nicht, an welcher Stelle es da Streit und Diskussionen geben sollte. Jeder kann seine Lieder singen, seine Sozialisation des Glaubens pflegen. Wir müssen den Alten nichts wegnehmen und wir müssen auch den Jungen nichts aufzwingen, es ist einfach unnötig und verursacht vor allem Widerstand und Streit.

Und jetzt kommt's: Wenn wir uns die größtmöglichen Freiräume gegenseitig gewähren und gönnen, dann ist die Freiheit gegeben, Schritte aufeinander zuzugehen. Ohne diese *Schritte aufeinander zu* werden sonst neue Fronten entstehen, ohne sie werden „Alt und Jung" nur nach Interessen getrennt, aber wachsen nicht mehr zusammen.

Schritte aufeinander zu

Ich halte es für einfacher, junge Menschen dazu zu bewegen, auf die ältere Generation zuzugehen, als umgekehrt. Aber in jedem Fall gibt es nur ein Mittel, das sie dazu befähigt: Liebe. Junge Leute müssen lernen, den Alten mit einer Liebe zu begegnen, die sich nicht unterkriegen lässt. Es ist genau die Liebe, die Gott ihnen schenkt, die sie weitergeben sollen. Diese Liebe gipfelt in der Entscheidung, für den anderen da zu sein. In diesem Fall besonders für die Alten. Zusammengefasst: Junge Leute kriegen Freiraum in der Gemeinde, sie dürfen sich entfalten und Glaube mit ihren zeitgemäßen Methoden entdecken. Aber sie werden nicht darum herumkommen, sich für eine aufrichtige Liebe zu den Alten zu entscheiden. Diese Liebe wird auf Dauer Einheit stiften. Sie wird helfen, die Schätze zu heben, die den Jungen sonst verborgen bleiben könnten, und sie wird letztlich alle stärken.

Wo die Streitfragen zwischen den Generationen immer wieder in den Vordergrund drängen und sich keine Lösungen finden, haben wir ein Liebesproblem. Ohne Liebe wird die „klingende Schelle" (1. Kor 13,1) der Lieblosigkeit den Ton angeben. Liebe soll, auch wenn das seltsam klingt, von den Jungen ausgehen. Das liegt daran, dass die Jungen flexibler sein *müssen*. Denn genau das ist es ja, was sie eigentlich von den Alten erwarten.

Wie sehen die konkreten Schritte dazu aus?

Schritt 1: Junge Leute zur Liebe und Begegnung motivieren

Die Schritte aufeinander zu beginnen wir ganz konkret mit einigen jungen Leuten, die sich dafür gewinnen lassen, den Älteren zu begegnen. Das passiert dann bei Hausbesuchen oder den für Ältere typischen Veranstaltungen. Die Älteren werden sich außerordentlich freuen, wenn ihre Bibelstunde regelmäßig von Jugendlichen und Jungen Erwachsenen wahrgenommen wird.

Schritt 2: Die Alten zuhause besuchen

Die Jüngeren zeigen sich allein, zu zweit oder wenn möglich in einer kleinen Gruppe immer wieder bereit, unsere alten Gemeindeleute zuhause zu besuchen. Ideal für diese Begegnungen sind Advents- und Osterzeit sowie andere Ferienzeiten. Wenn eine gewisse Nähe erst einmal zueinander aufgebaut ist, können kleine Besuche sehr unkompliziert und einfach stattfinden und das immer wieder[90]. Diese Form des Gemeindelebens wird junge und alte Gemeindeglieder enorm beschenken, auch wenn sie ein wenig Überredungskunst und Anlaufzeit braucht.

Schritt 3: Einfach nur freundlich sein

Es klingt banal, aber eine der stärksten Möglichkeiten, den alten Menschen entgegenzukommen, ist zugleich auch die einfachste von allen: Einfach nur freundlich sein, ganz nach Gottes Vorbild (vgl. Ps 34,9). Jeden alten Menschen, dem wir in der Gemeinde begegnen, begrüßen wir besonders aufmerksam mit Handschlag. Junge gehen dabei *immer* auf Alte zu[91]! Diese Art der Freundlichkeit müssen die meisten jungen Leute heutzutage sicher erst lernen, wir müssen es ihnen zeigen und vormachen.

Die Kraft der Freundlichkeit ist nicht zu unterschätzen. Sie kann Herzen und harte Fronten erweichen und Menschen verändern. Es kann lange dauern, bis Senioren neue Formen und Methoden akzeptieren, aber es ist letztlich auch nur eine Frage der Gewöhnung. Selbst wenn darüber einige Jahre ins Land gehen, auch alte Menschen können es. Das kann sehr anstrengend werden, denn wenn sich etwas nicht schnell ändert, sind junge Leute zügig entmutigt. Gerade dann gilt: Weiter aufrichtig von Herzen freundlich sein. Immer wieder neu ist hier unsere Entscheidung gefragt.

Ein Abschnitt noch für Ältere: Ermutigung

Es gibt in jeder Gemeinde Menschen, die eine überaus wunderbare Gabe haben: Die Gabe der Ermutigung. Sie können mit einem einzigen Satz so viel Kraft und Hoffnung verschenken, dass man nur staunen kann. Seltsam ist, dass diese Begabten fast immer ältere Leute sind. Es scheint, als müsse die Gabe der Ermutigung gewissermaßen reifen.

Wo wir unsere alten Leute darauf ansprechen, dass sie in dieser oder ähnlicher Weise begabt und wichtig sind, können sich ganz neue Wege eröffnen. Aus nörgelnden Bremsern werden vielleicht genau die Ermutiger, die uns fehlen. Sicher wird das kaum schnell gehen, aber ich habe es tatsächlich erlebt.

Gleichzeitig ist es eine wichtige Aufgabe von Leitern, die Jüngeren ebenfalls zu ermutigen. Vor allem auch *dafür* zu beten, dass ihnen diese besondere Gabe der Ermutigung geschenkt wird. Denn sie werden hoffentlich auch mal alt.

Schritt 1: Ängste aussprechen

Dafür schaffen wir Foren: Es muss erlaubt sein und bleiben, dass Junge und Alte ihre Ängste und Bedenken laut äußern. Was vor den Beteiligten offen ausgesprochen wird, ist meist nur noch halb so gefährlich.

Schritt 2: Möglichkeiten anbieten und umsetzen

Wir sammeln Möglichkeiten und Material[92], um einen Prozess zu starten, wie Jung und Alt ineinandergreifen und sich gegenseitig stark machen.

Schritt 3: Aufeinander zugehen

Wir gehen Schritte aufeinander zu. Diese gehen, wenn es nicht anders geht, immer wieder von den Jungen aus. Sie werden darin von Leitern der Gemeinde begleitet, angeleitet und unterstützt.

Kapitel 9

„Gaben oder Aufgaben, ist das hier die Frage?"

Wie wir Gaben und Aufgaben kombinieren

Wenn junge Leute dazu bereit sind, nach gelungenem Schulabschluss ein Jahr zu investieren, in dem sie sich für eine soziale Sache engagieren, dann ist das etwas wirklich Schönes! Wir begrüßen unser Team von drei bis fünf Freiwilligen darum immer sehr herzlich. Eine in punkto Freiwilligen-Team ganz entscheidende Arbeit aber läuft lange schon, bevor der erste dieser fleißigen Mitarbeiter seinen Dienst antritt: die Auswahl, denn im Team ist Ausgewogenheit wichtig!

Gaben müssen von Bewerbern angegeben werden, denn sie müssen ausgewogen innerhalb des Teams vorhanden sein und dann auf die Dienstbereiche verteilt werden. Wunderbar, wenn man Pianisten und Gitarristen, Kinderfreunde und Bastelexpertinnen, Extrovertierte und Introvertierte in guter Ausgeglichenheit gezielt einsetzen kann!

Was übrig bleibt, sind die Aufgaben, die schlicht erledigt werden müssen. Aber zum Trost, weil jeder Freiwillige sie bewältigen muss, gibt es den Wahlspruch der Parchimer Gabenliga: „Die Gabe des Staubsaugens hat jeder!"

Vorlieben ernst nehmen, Gaben entfalten

Wir nehmen die Vorlieben[93] unserer Mitarbeiter, gleich ob es ein Freiwilliger oder ein gewachsener Mitarbeiter der Gemeinde ist, sehr ernst. Es spielt eine große Rolle, ob jemand etwas gern macht, weil eine Vorliebe dazu vorhanden ist.

Vielleicht ist das Klagen und Jammern vieler Leute über ihren Beruf darauf zurückzuführen: die Arbeit entspricht schlicht und ergreifend nicht dem, was sie gerne tun, wohin sie sich gezogen fühlen[94].

Das Potential, das durch ein Engagement frei wird, dem man sich überwiegend *gern* und aus Neigung zuwendet, dürfen wir keinesfalls unterschätzen. Ja, manche Aufgaben sind notwendig, sie müssen getan werden. Aber unsere Gemeinden sind immer das Feld, in dem wir Leiter uns wünschen, dass Menschen einen Großteil ihrer Freizeit verbringen. Darum muss es möglich sein, dass sie dort ihren Vorlieben nachgehen können. Denn aus Vorlieben entdecken wir Gaben. Es ist ein Segensstrom, all die Kraft zu gewinnen und genießen zu dürfen, die frei wird, wenn wir unsere Gaben entfalten[95]. Es liegt ein riesiges Potential an Lebensqualität brach, das durch den Einsatz und das Erleben eigener Gaben ins (Glaubens-)Leben hineinkommt.

Viele Menschen würden in ihrer Gemeinde sehr gern eine Gabe einbringen. Es geht aber aus verschiedenen Gründen nicht. Man hat Angst um die teure Technik, man traut sich einfach nicht zu fragen oder jemandem mit Liebe für diese Menschen ist es vielleicht nicht gestattet[96], seine behinderten Freunde mitzubringen. Wieder mal wird gelingende oder zu wenig vorhandene Kommunikation entscheiden, ob überaus wichtige, schöne und seltene Gaben die Gemeinde bereichern dürfen oder eben nicht. Wir müssen die positive Kommunikationsatmosphäre schaffen, um darüber reden zu können (s. Kapitel „Wir haben zu wenig Mitarbeiter!").

Es ist unerlässlich für die Mitarbeitergewinnung, dass wir entweder unsere Jugendlichen kennen und auf ihre Gaben hin einschätzen können oder dass wir Mitarbeiter haben, die das tun. Besonders Jugendliche wollen etwas *tun*, wenn sie sich mit ihrer Gemeinde zu identifizieren beginnen. Es ist ihnen ein Anliegen. Im Klartext: Jugendliche schreien danach, in die Gemeinde etwas einzubringen, wenn sie sich dort wohlfühlen. Die Frage ist, ob es die Leiter auch hören und eine Antwort anzubieten haben.

Durch Aufgaben wachsen

Zweifellos gibt es sehr viele Aufgaben, bei denen selten jemand „Hier!" ruft, wenn sie verteilt werden müssen. Zwei Dinge helfen, unbeliebte Jobs leichter vergeben zu können: wenn sich die Menschen in der Gemeinde mit ihrer Gemeinde intensiv identifizieren und wenn diese Aufgaben fair verteilt bzw. organisiert werden. Für Putzaufgaben im Saal gibt es dann eben einen Putzplan und für den Spüldienst eine Liste. Jeder kommt mal dran. Von Zeit zu Zeit schauen wir bzw. ein zuständiger Mitarbeiter, ob noch alles klappt. Fertig. In den meisten Gemeinden dürfte das soweit funktionieren.

Was interessanter ist, sind die Aufgaben, aus denen Gaben wachsen können. Da haben wir schon große Überraschungen erlebt.

Ein junges Mädchen, mit Tontechnik hat sie keine Erfahrung, setzt sich immer wieder mal ans Mischpult, weil eben grad niemand da ist. Einige Musiker spielen aber schon an den Instrumenten herum. Sie lässt sich einige einführende Elemente sagen. Laut, leise, an, aus. Den Rest lernt sie einfach so nebenbei und durch Zuschauen. Wenige Monate später ist eine weitere Mitarbeiterin mit der Tontechnik vertraut. Und sie entdeckt ihr gutes Gehör für die Musik. Vielleicht wird sie diesen Weg später beruflich einschlagen, denn das Gehör und die Begeisterung bilden dafür eine gute Grundlage.

Oder ein Jugendlicher wird gebeten, ob er nicht die kommenden vier Mittwochnachmittage in der Kinderstunde aushelfen kann. Es wird schlicht ein männlicher Mitarbeiter gebraucht. Eher wenig davon überzeugt kommt er trotzdem und entdeckt seine Liebe zu den Kindern. Er entwickelt die in ihm angelegte Gabe, Kindern in spannend erzählten Geschichten Jesus nahezubringen. Nach einigen Monaten ist er mit großer Begeisterung dabei und freut sich schon jede Woche auf die Zeit mit den Kids.

Das sind nur zwei Beispiele für Gaben, die ohne anliegende Aufgaben oder unmittelbares Beauftragen vielleicht nie entdeckt worden wären. Wir sollten nicht zugunsten einer rein oberflächlich gabenorientierten Mitarbeiterpolitik vergessen, dass durch Aufgaben, die für einen begrenzten Zeitraum eher widerwillig übernommen wurden, schon viele Gaben entdeckt und gefördert wurden.

Nicht gegeneinander ausspielen

Es macht keinen Sinn, Menschen nur mit Aufgaben zu überschütten oder zu nerven. Es macht ebenso wenig Sinn, einer Art Gaben-Absolutismus zu verfallen. Zwei so wunderbare Dinge wie Gaben und Aufgaben dürfen nicht gegeneinander ausgespielt werden. Vielmehr bilden sie als Symbiose eine hervorragende und stetig sprudelnde Quelle der Mitarbeitergewinnung.

Erklärtes Ziel einer diesbezüglich ausgewogenen Gemeinde sollte es sein, dass viele Leute aus der Gemeinde eine gute „Beobachtungsgabe" entwickeln. Ein Hauptamtlicher und/oder zwei Leiter können nicht alles sehen. *Alle* sollen an dem Abenteuer beteiligt sein, was Gott uns für unglaublich befähigte Menschen geschickt hat, die noch in unseren Reihen schlummern.

Schauen wir uns unsere Leute an! Betrachten und erleben wir die, die neu in unsere Gemeinde kommen. Schärfen wir unsere Sinne und die unserer Mitarbeiter. Dann entdecken wir gemeinsam die vorhandenen und zu entwickelnden Gaben. Bringen wir sie zur Entfaltung! Für ein Weilchen. Zur Erledigung. Und zum Ausprobieren. Und entdecken neue Gaben!

Praktische Schritte

Schritt 1: Vorlieben und Gaben berücksichtigen

Was Menschen tun möchten und was sie bereits gern tun, berücksichtigen wir und bieten ihnen Möglichkeiten, es *in der* Gemeinde zu tun. Idealerweise schaffen sie, wenn sie mit kreativer Ader ausgestattet sind, sogar *selbst* Bereiche, in denen sie ihre Vorlieben für bestimmte Gemeindebereiche oder Altersgruppen usw. leben können. Über vorhandene Gaben wird nicht hinweggegangen, sondern sie werden entdeckt und eingesetzt.

Schritt 2: Aufgaben verteilen

Weil wir Aufgaben erledigen müssen, weil Menschen an Aufgaben wachsen können und weil durch Aufgaben neue Gaben entdeckt werden, laden wir sie dazu ein und berufen sie, für einen begrenzten, überschaubaren Zeitraum eine Aufgabe zu übernehmen.

Schritt 3: Beobachtung schulen

Gaben zu entdecken ist eine wichtige und schöne Aufgabe für *alle* Gemeindemitglieder. Wir ermutigen uns gegenseitig, immer wieder darauf zu achten, welche Vorlieben, Fähigkeiten, Gaben und Aufgaben in der Gemeinde vorkommen. Möglichst viele sind daran beteiligt und entwickeln ein Bewusstsein dafür, dass Gaben und Aufgaben damit zusammenhängen, dass wir neue Mitarbeiter gewinnen können.

Kapitel 10

„Wir werden immer weniger!"

Wie wir mit Rückschritten umgehen

Einen in Form und Publikum überalterten Gottesdienst wollten wir verändern. Also frisch ans Werk! Mehr atmosphärische Elemente, umziehen in einen anderen Raum und überdenken der einzelnen Bausteine gehörten dazu. Nachdem wir daran einige Monate gearbeitet hatten, konnte es losgehen. Und ein erfreulicher Start schien uns Recht zu geben: Fast vom ersten Gottesdienst an kamen im Durchschnitt knapp dreimal so viele Besucher wie vorher. Diese Zahl ließ sich im zweiten Jahr sogar noch ein wenig steigern. Das motivierte unser kleines Team. Erstmals wurde sogar die Altersgruppe der 30- bis 40-Jährigen gesichtet. Es kamen wirklich Menschen dazu, die Gott nicht kannten, und sie waren bereit, in diesem Gottesdienst von ihm zu hören. Offensichtlich fühlten sie sich wohl, genossen die Gemeinschaft und machten sich Gedanken über den Glauben. Diese Zeit war voller Hoffnung und Dankbarkeit darüber, was Gott tun kann.

Aber im dritten Jahr wurden es von Monat zu Monat wieder weniger Besucher, die zu unserem Gottesdienst kamen. Ende des Jahres waren wir oft nur noch halb so viele wie zu Beginn. Trotz sorgfältiger Planung, fröhlicher Durchführung der Aktion, intensiver Begleitung der Menschen und dem sicheren Gefühl, gute Arbeit zu leisten, gab es viele Monate einen schleichenden Rückschritt und wir wurden im Gottesdienst immer weniger!

Rückschritte: Gift für die Psyche?

Es ist unglaublich anstrengend und niederschmetternd, wenn trotz guter Arbeit keine starke Gemeinde heranwächst. Oder wenigstens *eine* stabile Gruppe, in die wir investiert haben. Wenn aber anstelle von Stagnation sogar sichtbare Rückschritte das Bild bestimmen, dann wird es richtig stressig. Nicht nur empfindsame Gemüter kommen sich wie komplette Versager vor. Rückschritte sind offensichtlich Gift für die Psyche.

Man kreist um die immer gleichen, manchmal regelrecht quälenden Fragen: Wir wollen doch Menschen zum Glauben begleiten. Ist es etwa *nicht* Gottes Wille, dass aufgrund guter Arbeit von starken Mitarbeitern viel mehr Leute zum Glauben kommen (vgl. 1. Tim 2,4)? Ist es etwa nicht so, dass durch neue Christen längerfristig auch neue Mitarbeiter gewonnen werden? Wie sonst sollte das laufen?

Es tut weh, wenn Gott nicht wahrzumachen scheint, was er doch so offensichtlich als seinen Willen geäußert hat.

Als unser Gottesdienst immer leerer wurde, war ich nach einigen Monaten wirklich ernsthaft angefochten. Nachdem der Besuch auch nach längerem Weitermachen über einen Zeitraum von ca. einem Jahr nicht mehr wurde, wollte ich sogar aufgeben und gehen. Ohne gute Mentoren wäre es wohl geschehen.

Die zwei Ratschläge aber, die mir am meisten geholfen haben, möchte ich notieren:

1. Rückschritte in der laufenden Arbeit, und sei diese qualitativ und inhaltlich noch so ansprechend, sind völlig normal. So niederschmetternd sie sein können, diese Monate sind Meilensteine auf dem Weg zur starken Gemeinde. Du brauchst sie als Mitarbeiter, du brauchst sie als Leiter und deine Gemeinde braucht sie zur inneren Festigung. Es gilt diese Zeiten zu überwinden.

2. Du kannst dich aus deiner schrumpfenden Arbeit zurückziehen. Aber überprüfe, ob es nicht eine Flucht ist. Wer aufhören will, weil er nicht mehr mit der Resignation kämpfen will, der sollte sich darüber klar werden, was seine wirklichen Gründe sind. Sind es Frust, Verletzungen, Enttäuschung? Selbst wenn es möglich ist, dass ein Engagement beendet werden muss, kann „Ent-Täuschung" sehr wichtig, sogar heilsam sein. Das Wort bedeutet ja nichts anderes, als dass die Täuschung weggenommen wird. Es bringt nichts, sich noch länger etwas vorzumachen. All zu oft besteht die Täuschung nämlich darin, dass wir glaubten, die Dinge in der Hand zu haben, managen zu können. Wir erlagen dem Glauben, geistliches Wachstum nur durch gute Methoden und Atmosphäre herbeiführen zu können. Aber das geht nicht. Es ist eine Täuschung. Denn was nicht im Glauben an den Gekreuzigten wurzelt (vgl. 1. Kor 3,11 und Jes 7,9!), hat keinen Bestand.

Jesus im Mittelpunkt hat Konsequenzen

Wenn unsere Veranstaltungen sich inhaltlich im Kern mit nichts anderem beschäftigen als Jesus (vgl. 1. Kor 2,2 und 4,5), dann kann der Raum noch so schick, die Moderation noch so gut „getimt", der Verkündigungsrahmen noch so ausgefeilt sein: wer auf Dauer nicht *von Jesus hören will*, wird irgendwann wegbleiben.

Der Anspruch Jesu ist es, Herr zu sein (vgl. Phil 2,11; Röm 10,9; 2. Kor 4,5). Wenn wir das konsequent in den Mittelpunkt unserer Gemeinde rücken und uns daran orientieren, müssen wir uns nicht wundern, wenn trotz großer und bunter methodischer Vielfalt, die gegen klare Verkündigung des Evangeliums *keinesfalls* ausgespielt werden darf, die Menschen von heute mit dem absoluten Anspruch Jesu (vgl. Joh 14,6) in Konflikt geraten. Nicht jeder will sich auf Dauer mit Jesus beschäftigen, schon gar nicht von Herzen glauben. Wenn ich auf diesem Hintergrund manchen Rückschritt betrachte, stellt er sich als Bestätigung der „starken Gemeinde" heraus. Ihre Mitte ist Jesus allein. Das tröstet mich zwar nicht immer unmittelbar in dem Augenblick, in dem ich in einer größer geplanten Aktion mit nur zwei bis drei Leuten dasitze. Aber dann denke ich doch: Jesus ist dabei, das reicht (s. Mt 18,20). Und das ermutigt mich, trotz kleiner Zahlen weiterzumachen.

Wenn generell bei den Entwicklungen in der Gemeinde Jesus im Mittelpunkt steht, kann das immer die Konsequenz haben, dass wenige übrigbleiben. Wenn das eine Folge der konkreten Jesus-Verkündigung ist, ist das in Ordnung. Und nichts anderes wollen wir doch: konkrete Jesus-Verkündigung. Oder?

Missionarische Gemeinde, die schrumpft

In der missionarischen Situation ist es generell nicht ungewöhnlich, dass sich die Zahl der Gemeindemitglieder in gewisser Weise „konzentriert". Es ist tatsächlich möglich, dass nicht nur scheinbar „geistlich entflammte" Durchgangsbesucher, sondern auch langjährige Mitglieder der Gemeinde einen missionarischen Neuanfang nicht mitgehen und sich abwenden.

Auch die Tatsache, dass neue Leute dazukommen, heißt ja noch nicht, dass diese auch Christen werden, die wirklich in die Gemeinde finden und dort bleiben. So kann es zu einem zeitweiligen Rückgang kommen. Aber mit einer Gemeinde, die eine offene, fröhlich-konsequent missionarische Familie ist und anbietet, wird es nicht dabei bleiben. Auf Dauer gesehen werden Menschen dazukommen, zum Glauben finden, dabei bleiben und Mitarbeiter werden.

Stillstand ist nicht immer Rückschritt

Wenn es Zeiten gibt, in denen Besucherzahlen in Gottesdienst und Gruppen stagnieren oder zurückgehen, muss das noch nicht heißen, dass die Gemeinde in Kürze ausstirbt. Natürlich ist es wichtig, die Gründe herauszufinden. Ich glaube, wir beschäftigen uns sogar noch viel zu wenig mit den Gründen, warum unsere eigene und viele andere Gemeinden nicht wachsen. Dennoch: Weder Panik noch Depression sind gute Berater. Ruhig bleiben, besonnen analysieren und dann abwägen, was dran ist!

Wir haben es mit unserem Team so gemacht, dass wir zwar zunächst konsequent den vorher erwähnten Gottesdienst weitergeführt haben, weil wir den begonnenen Aufbruch als Gottes Weg sahen. Trotzdem haben wir weiter an der Verfeinerung der Veranstaltung gearbeitet: Die Anfangszeit wurde überdacht, das eine oder andere Element des Ablaufs und vor allem das, was bei einer missionarischen Veranstaltung am wichtigsten ist: Wir haben unsere Beziehungen nach außen überprüft. Mit der Zeit gab es wieder einen zarten, aber deutlichen Aufwärtstrend, der bis heute angehalten hat. Es war gut, nicht aufgegeben zu haben.

Dienen durch Ohnmacht?

Ein letzter Punkt ist in diesem Zusammenhang ganz wichtig. Manchmal vergessen wir, wenn wir glänzende Wachstumszahlen hören, dass Jesus nicht alles, was er tat, in Schönheit, Macht und Herrlichkeit vollbracht hat (vgl. Phil 2,7). Nicht nur sein elender Tod am Kreuz ist Zeichen dafür, wie aus scheinbarer Ohnmacht der größte Sieg der Menschheitsgeschichte wurde. Auch in seinem Leben gab es Trauer, Tränen und so etwas wie Rückschritte (vgl. Lk 19,41). Ich setze mit meinem Team in meiner kleinen Gemeinde mit Begeisterung alle ungewöhnlichen und gewöhnlich-zeitgemäßen, alle kreativen und farbenfrohen Elemente ein, die dazu helfen, dass Menschen zum Glauben kommen. Immer wieder wollen wir, dass das Wort Gottes intensiv in die Lebenswelt der heutigen Generationen hineingesprochen wird. Wir setzen alles Mögliche dafür ein. Aber dann brauche ich die Erkenntnis, wie Gott das macht. Denn letztlich kommen Menschen nicht dadurch zum Glauben, dass wir etwas methodisch ansprechend gestaltet haben, sondern allein durch Gottes Geist (vgl. Sach 4,6). Ich versuche mir in schwierigen Zeiten immer wieder klarzumachen: In Bezug auf das geistliche Tiefenwachstum der Gemeinde bin ich ohne Macht, wortwörtlich „ohn-mächtig". Aber das ist nicht so schlimm, wie es scheint, denn ich habe Gottes Versprechen, seine Verheißungen. Auch das tröstet und ermutigt sehr, dass Jesus den Zustand der Ohnmacht kennt, ihn sogar freiwillig selbst gewählt hat. Und zwar um zu siegen. Selbst wenn wir ohnmächtig sind, kann Gott Großes bewirken. Vielleicht sogar gerade dann! Er hat es bei Jesus getan und er tut es in seiner Gemeinde.

Es war Zeit für einen neuen Schritt in Richtung Öffentlichkeit. Also wollten wir ein Seminar anbieten. Das Material von „Religionsunterricht für Erwachsene" überzeugte uns: gut durchdacht, weitherzig und für skeptische Naturen geeignet.

Also wurde alles vorbereitet: ein entsprechendes Kursleiterseminar belegt, das Material zusammengestellt und, was besonders erfolgversprechend schien, eine Menge guter Gespräche geführt, in deren Verlauf persönliche Einladungen ausgesprochen wurden. Das ganze Programm wurde einmal geprobt und dann konnte es losgehen.

Der Tag des ersten Abends mit den Menschen von außen rückte näher. Und tatsächlich: außer den drei Mitarbeitern kamen drei Teilnehmer! Nach dem Abend äußerten sie sich sehr positiv. Also freuten wir uns auf das nächste Treffen. Dort erschien aber nur noch eine Person außer den Mitarbeitern. Am dritten Abend kam dann überhaupt niemand mehr.

Was Resignation hervorrufen kann, kann auch ein einfacher und klarer Hinweis sein, dass eine Aktion nicht dran ist. Wenn trotz intensiver und eifriger Bemühungen nichts zu wachsen scheint, dann macht es auf Dauer oft keinen Sinn, daran festzuhalten oder sich aufzureiben. Eine Pflanze wächst nicht schneller oder besser, wenn wir daran reißen. Um ihre Früchte zu genießen braucht es Zeit, Geduld und eine gute Portion Pflege. Unkraut aber wird entfernt. Dass wir nicht immer vorher wissen, was Frucht bringt und was Unkraut ist, spricht umso mehr für eine sorgfältige Prüfung aller Umstände.

Praktische Schritte

Schritt 1: Prüfen und analysieren

Bei einer rückläufigen Entwicklung prüfen wir sorgfältig die Gründe und analysieren, was wir getan haben und was wir noch tun können. Es müssen Entscheidungen fallen, Konzeptionen überdacht, Strukturen angepasst werden, das alles in Zeiträumen, die messbar sind. Dazu kann der folgende Fragenkatalog helfen:

Wollen wir eine Gruppe oder Veranstaltung noch ein Jahr weiterlaufen lassen oder soll sie in den nächsten Wochen enden? Gibt es Ersatz oder ist die entstehende Lücke nicht weiter schlimm?

Was müssen wir ändern, überarbeiten, ohne jedoch *ständig* etwas zu ändern? Welche Punkte in einem Programm können verbessert werden, welche sogar wegfallen?

Steht Jesus, in welcher methodisch umgesetzten Weise auch immer, im Mittelpunkt der Veranstaltung? Oder ist die Gruppe eher eine völlig berechtigte Beziehungsbörse, eine Kontaktstelle für erste Schritte in den kulturellen Dunstkreis einer Gemeinde? Je nach Antwort fallen die Konsequenzen aus, wie es weitergehen soll. Denn wenn eine Aktion oder Gruppe ihre Absicht und Ziele über lange Zeit verfehlt, müssen wir untersuchen, warum dies der Fall ist. Wie sonst sollen wir gegensteuern oder unterstützen?

Schritt 2: Sehen, was Sache ist!

Um nicht zu verzweifeln oder uns zu stark unterkriegen zu lassen, achten wir bei Stillstand oder Rückschritten nicht nur auf die Entwicklung an dieser einen Stelle. Wir beachten das Ganze.

Sehen wir, was Sache ist? Das geschieht zum Beispiel durch die Frage: Wie läuft es in anderen Bereichen? Warum tut sich dort etwas? Was können wir dort lernen?[97]

Schritt 3: Die Dimension der Ohn-macht verstehen

Fassen wir das ins Auge: Nicht alles kann Glanz und Gloria sein, das *darf* es nicht einmal. Denn Jesus diente in meist einfachen Verhältnissen in aller Verletzlichkeit und Ohnmacht. Er diente in Treue, Gehorsam und vor allem im ununterbrochenen Vertrauen auf den Vater (vgl. Joh 5,19; Lk 22,42). Gerade bei lang anhaltenden Rückschritten tröstet und ermutigt uns diese Tatsache. Denn aus dem Vertrauen Jesu zum Vater wird der Sieg, der Tod und Welt überwunden hat.

Die Dimension seiner Ohnmacht und Dienstbereitschaft ohne profit-, macht- oder ergebnisorientiertem Denken muss regelmäßig durch Verkündigung und Vorbild der Leiter in das Bewusstsein der Gemeinde gebracht werden.

Kapitel 11

„Alle passen sich zu schnell an!"

Wie Christen offen bleiben und weiter wachsen

Immer wieder gern kritisiert: die „Stammplatzwirtschaft" in der Gemeinde. Wer jemals zum ersten Mal in einer Gemeinde zu Gast war, weiß um das Problem. Gerade hat man sich niedergelassen, als eine leicht schrille Stimme im Befehlston klarstellt: „Das ist mein Platz!" Es gibt Themen, die sterben nicht aus. Bleibende Phänomene. Wie mag es zur Zeit der ersten Christen damit gewesen sein? Saß Petrus im Lobpreis immer am gleichen Platz? Oder stand er?

In einer mir bekannten kleinen Gemeinde war es auch so. Man hatte feste Plätze. Die Verhaltensweise war starr. Solange, bis einer kam, der es anders machte. Der bewusst nicht mitmachte. Heute setzte er sich hierhin, nächstes Mal an einen anderen Platz. In penetranter Nichtbeachtung der ungeschriebenen Regel „Das ist mein Platz". Dann begann er heimlich, die Sitzordnung zu ändern[98]. Er kam als Erster, veränderte Kleinigkeiten: an einem Sonntag standen die Stühle quer und man blickte auf eine Wand, die sonst seitlich lag. Am nächsten Sonntag saß man im Halbkreis und wieder eine Woche darauf in der ersten Form.

Mit der Zeit gewöhnte man sich in der Gemeinde an die wöchentliche Überraschung. Man gewöhnt sich unter Christen schnell an etwas. Aber hier war es vor allem so, dass man sich eine beginnende Flexibilität in Sachen Sitzordnung angewöhnte. Als Gast konnte man in diese Gemeinde nach einigen Monaten der Übung nun durchaus beruhigt kommen. Es konnte keine Stammplätze mehr geben, weil niemand wusste, wie die Stühle beim nächsten Mal angeordnet waren.

Der Sitzplatz ist nur der Anfang

Die einleitende Geschichte ist sicher ein wenig gewagt. Aber vielleicht wäre das wirklich mal etwas Neues, wenn wir am eigenen Leib erfahren, dass kleine Veränderungen uns und unser Verhalten herausfordern.

Das Leben als Christ kommt mir manchmal vor wie eine seltsame, blitzschnelle Gewöhnung an einen passiven Lebensstil. Es dauert kaum zwei bis drei Monate, meist nur wenige Wochen: Man sitzt, wo man immer sitzt, man redet wie alle anderen, man betet in den gleichen Ausdrücken und man nimmt das Verhalten eben so an, wie es bei allen anderen ist. Ein spürbares Wachstum im Glauben ist dabei manchmal noch einfacher erkennbar[99] als ein Wachstum im Verhalten[100].

Diesen Vorgang habe ich in den vergangenen Jahren bei vielen Jugendlichen immer und immer wieder erlebt. Wenn die Individualität nicht als eines der höchsten Güter unserer Zeit so hoch gelobt würde, man könnte es kaum glauben. Der offensichtlich angeborene Herdentrieb des Menschen rechtfertigt in diesem Punkt einen anderen Gedanken: das Bild, das Jesus von der menschlichen Schafherde entwirft. Und zwar in doppelter Weise, denn man blökt im selben Ton und trottet dem Leithammel mit dem Namen „Was-alle-Machen" hinterher.

Apropos „Leithammel". Was fehlt, scheint mir schlicht und ergreifend die Orientierung. Vor lauter Wahlmöglichkeiten weiß eine ganze Generation von Jugendlichen kaum noch, wo es langgehen soll. Aber rudern wir ein Stück zurück: Wir sollten wissen, dass Menschen immer bestrebt sind, sich durch Rituale eine gewisse Grundsicherheit zu verschaffen. Aus diesem Grund sind Rituale und feste Abläufe über Jahre hinweg für Kinder auch so überaus wichtig. Weil ein Ritual schnell geschaffen ist und Sicherheit schenkt, können wir also nicht alles auf die Orientierungslosigkeit schieben.

Aber gerade in verwirrenden Zeiten ist es gut, wenn Menschen in die Gemeinde finden. Hier bekommen sie Klarheit. Zum Beispiel Klarheit darüber, dass sie als Individuum einzigartig geschaffen und etwas ganz Besonderes sind. Traurig ist, wenn diese individuelle Persönlichkeit sich dann nach kurzem darin erschöpft, so wie alle anderen zu sein. Gruppendynamik hin, Rituale und Familiensinn her. Wir brauchen Charakterköpfe, prägend-kantige Mitarbeiter und unorthodoxe Leiterpersönlichkeiten. Und genau die sollten wir in der Gemeinde formen. Das wird beide stärken! Um also Menschen in Glaube und Glaubensleben zu stärken und Wachstum zu ermöglichen, sollten wir ein paar dem Herdentrieb gegenläufige Aktionen starten.

Aufdecken, wie es läuft

Die meisten Gemeinden sind gut darin, die geschilderten Trends in punkto Anpassung zu *entdecken*. Das zeigt das Beispiel vom berühmten „Kanaanäisch". Der Ausdruck ist mittlerweile fast so alt wie das Land Kanaan selbst. Wohl jede Gemeinde hat darüber schon gesprochen. Leider bleibt es oft beim Konstatieren des sprachlichen Phänomens. Die seltsamen Ausdrücke und verbalen Entgleisungen aber auch konkret *anzusprechen* und jemand in guter Art und in angemessenem Ton von Angesicht zu Angesicht daran zu erinnern, dass wir sie vermeiden wollen, das traut sich entweder kaum jemand (s. Kapitel „Wir reden zu wenig miteinander!") oder es geschieht nicht in ermutigender Weise. Nachher ziehen sie doch wieder ein, die wundersamen Ausdrücke. Sie etablieren sich und werden von denen, die neu dazukommen, schnell und kritiklos übernommen. Und das in immer neuen Varianten und Wortschöpfungen[101].

Zugegeben, es ist nicht immer einfach. Aber wenn wir die Dinge nicht beim Namen nennen, wird sich nichts ändern. Aus einer Gemeinde wird, ohne Bewusstsein für ihre Angewohnheiten *und* einen offenen Umgang damit, im Laufe der Jahre ein verschrobener Haufen Sonderlinge. Schließlich hört auch der Zustrom von neuen Menschen auf, wenn er denn überhaupt vorhanden ist. Die kulturelle Kluft zum Leben des gewöhnlichen Menschen ist so gewaltig geworden, dass niemand mehr etwas mit ihnen und leider auch mit ihrer Botschaft anfangen kann. Das ist das eigentlich Tragische daran.

Gegenläufige Impulse setzen

Eine Entwicklung in Gruppen und Kreisen, die nicht begleitet und pädagogisch geleitet wird, neigt zu folgenden Phänomenen, die sich in seltsamen Bräuchen verfestigen können.

Kritiklose Anpassung

An Abläufe und Rituale passt man sich kritiklos an. Diese „stumme Herdenmentalität" mag in Diktaturen oder Sekten erwünscht sein, in einer starken Gemeinde ist sie völlig fehl am Platz. Ganz dringend wird es gute Rituale[102] brauchen und ebenso wichtig sind geregelte, ordentliche Abläufe (vgl. 1. Kor 14,33). Das bedeutet aber nicht, dass stupide Abfolgen mehr oder weniger frommer Handlungen sinn- und bewusstseinsfrei vollzogen werden, nur damit sie aufrechterhalten werden können. Rituale sind dann wichtig, richtig und hilfreich, wenn ein *bewusster* Umgang mit ihnen einge*übt* wird.

Stammplatzgarantie

Ein fester Sitzplatz gibt uns eine gewisse Sicherheit. Völlig unabhängig vom Alter deponieren wir unseren Körper immer wieder dort, wo wir im Unterbewusstsein abgespeichert gute Erfahrungen gemacht haben. Das alles läuft meist völlig selbsttätig ab. Es ist ja auch nicht von vornherein schlecht, denn dieses Phänomen sagt uns ganz schlicht etwas über unser menschliches Wesen. *Wissen* sollten wir aber darum, denn wenn neue Leute in eine bestehende Sitzordnung nicht mehr hineinfinden, weil wir unsere Ansprüche auf den Stammplatz laut oder innerlich kundtun, dann sind wir auf keinem guten Weg.

Gebetsformen und Ausdruck

Die Art, *wie* in unseren Gemeinden gebetet wird, sagt nichts darüber, ob es richtige oder falsche Gebete sind, wenn es so etwas überhaupt gibt. Leider wird immer noch viel daran festgemacht, wenn Gemeinden sich gegenseitig beurteilen. Das ist unnötig. Viel nötiger ist, sich über die Wirkung unserer Worte und Haltung bei denen klar zu sein, die Gott noch nicht kennen, ihn aber grundsätzlich kennenlernen möchten.

Das müssen wir wissen: Es *bedeutet etwas* für suchende Menschen, *wie* gebetet wird[103]. Es ist elementar, wie jemand, der zum ersten Mal in den Gottesdienst kommt, unsere Gebets- und Umgangsformen wahrnimmt (vgl. Mt 6,5). Dabei brauchen wir nicht komplett fremdbestimmt sein, aber ein gutes Maß an Liebe zum Gast darf durch unser diesbezügliches Einfühlungsvermögen deutlich werden.

Gruppendynamische Zwänge
Die Gruppendynamik als solche ist eine feine Sache. Man kann sich als Leiter einer Gruppe beruhigt zurücklehnen und auf gewisse Entwicklungen und Vorkommnisse warten. Sie werden kommen. Das bedeutet nicht, dass gruppendynamische Prozesse nicht gesteuert werden können, ja, müssen. Wer sich an einer Stelle, an der Leitung gefragt ist, nur zurücklehnt, muss sich nicht wundern, wenn beispielsweise die Jugendgruppe nach und nach von endlosen Gebetsvorträgen, Grüppchenbildung oder Pärchen dominiert wird. Was erst einmal so richtig schick geworden ist, lässt sich schwer wieder rauskriegen (s. Kapitel „Wir haben lauter Pärchen!").
Das gilt mitnichten nur für Jugendkreise. Gerade die ältere Generation liebt es, sich fest einzurichten. Das macht es für Seniorenkreise mitunter unmöglich, neue Menschen zu gewinnen. Die Strukturen werden zu starr. Die Folge: Niemand außer den seit Jahren dort Anwesenden fühlt sich wohl. Das kann nicht das Ziel eines Seniorenkreises sein. Auch wenn eine Seniorenarbeit höhere Ansprüche an das Sicherheits- und Gestaltungsempfinden der Teilnehmer stellt, müssen Nuancen der Offenheit umsetzbar und zu erleben sein.
Ebenso: Hauskreise. Ganz besonders in den Wohnzimmern etablierter Gemeindekreise zieht eine gruppendynamische Anpassung im Blitztempo ein. Gleiche Gefahr ist wiederum, dass man als Außerstehender schwer oder überhaupt nicht hineinfindet.

Zur Nachahmung ausdrücklich empfohlen
Nachahmung ist nicht nur schlecht. Sie kann außerordentlich hilfreich sein. Darum wird es Zeit, die Dinge jetzt positiv zu formulieren.

Diese Schritte eignen sich bestens zur Nachahmung

Schritt 1: Was auffällt, wird angesprochen

Zwei erste Schritte zu einem bewussten Umgang mit Anpassung sind:
1. Auffälligkeiten ansprechen. 2. Gruppendynamik durchschauen.
Wir werden beginnen, auf Überraschungen und Ausgewogenheit zu achten. Das Phänomen Nachahmung ist neben Gefahr auch große

Chance. Denn wenn wir wissen, dass die Leute den Mitarbeitern und Leitern gern die Dinge nachmachen, müssen diese eben nur noch *das* vormachen, was der Gemeinde und ihrem Auftrag dient. Freundlich sein zum Beispiel. Aufmerksam sein. Hilfsbereit sein. Großzügig mit Gewohnheiten. Natürlich in ihrer Wortwahl. Frei im Sitzplatz. Flexibel in unvorhersehbaren Situationen. Das führt zu Schritt 2 ...

Schritt 2: Mitarbeiter leben vor

Die einem dumpfen Nachahmungsverhalten gegenläufigen Impulse wie Flexibilität, Freundlichkeit und Natürlichkeit setzen möglichst alle Mitarbeiter gezielt ein. Sie *üben* ein den Trends widersprechendes Verhalten ein, das ihnen mit der Zeit in Fleisch und Blut übergeht und neue Maßstäbe der Nächstenliebe setzt. Dazu gehört ein klares Aufdecken von seltsamen Bräuchen (siehe oben), die sich eingeschlichen haben, und gegebenenfalls deren Abschaffung. Besonders die seltsame Kultur des unnatürlichen Verhaltens wird durchbrochen. So unglaublich schön und lebensverändernd es sein mag, dass jeder einzelne Christ eine überaus himmlische Berufung hat, wir brauchen im täglichen Leben ein natürliches und ungekünsteltes Verhalten. Christsein wird von der Bibel her nicht durch seltsames Sprechen charakterisiert[104]. Ungezwungenes, natürliches Sprach-verhalten wird, genau wie das sonstige Auftreten als Christ in unseren Gemeinden wirksame Folgen haben: Die „Herde" wird es nachmachen. Was genau gehört dazu?

Begrüßung

Jeder Mensch in jeder Gemeindeveranstaltung wird bemerkt, wahrgenommen und begrüßt. Was sich hier ganz selbstverständlich anhört, ist es noch längst nicht. Etliche Leute gehen im Gottesdienst aneinander vorbei, sehen sich nicht einmal. Wenn ein Mitarbeiterteam ganz bewusst damit anfängt, *alle* Begegnungen mit einem freundlich-aufmerksamen Handschlag zu beginnen, dann wird das bald nachgemacht und sich durchsetzen[105].

Mitbring-Mentalität

Einen Menschen in eine Gemeindeveranstaltung *mitzubringen* ist um Längen praktischer und sinnvoller, als ständig *einzuladen*[106]. Mitbringen bedeutet für unseren Gast, dass wir ihm bei Fragen zur Seite zu stehen, Abläufe, Formen und Rituale bei Bedarf erläutern können. Das ist ungemein hilfreich! Wie schön ist es, wenn ich von meinem Freund in einem schnellen Nebensatz erklärt bekomme kann, dass „wir an dieser Stelle immer aufstehen, weil …“. Mitbringen heißt auch begleiten[107]. Und Begleitung ist absolut nachahmenswert, wenn sie beginnt, eine gewisse Kultur der Zuwendung in unsere Gemeinde zu bringen.

Methodisch die Probleme angehen

Aus vielen Formen der negativen Anpassung entstehen nur darum Probleme, weil wir methodisch unvorteilhaft arbeiten. Deshalb prüfen wir die Methoden, die eine Gruppe mitbestimmen[108].

Ein Beispiel: Gibt es in der Gruppe kleine Unterteilungen von Freundesgrüppchen, in die niemand neu hineinfindet, dann muss die Jugendstunde eben so beginnen, dass *niemand* sich überhaupt erst absondern *kann*, zum Beispiel mit einem gemeinsamen Spiel von der Ankunft des ersten Teilnehmers an. *Alle* machen dabei mit. Es ist nur ein kleiner Methodenwechsel, der aber eine ganz wichtige Wirkung haben kann. Gerade in diesem Fall helfen gemeinsame Herausforderungen für eine Gruppe[109] vor allem zu Beginn der Gruppenstunde und das Problem kann sich auflösen. Oder es entsteht gar nicht erst.

Gute Bücher, in denen Methoden und Materialien für alle Altersklassen zusammengestellt sind, gibt es haufenweise. Wir müssen sie nur noch anwenden.

Neue Freunde finden

Es ist kaum zu fassen, wie schnell Menschen, die Christen geworden sind, sich aus alten Freundeskreisen verabschieden und nur noch im Gemeindekreis komplett unter sich bleiben. Eine echte Katastrophe, aber eine nachvollziehbare. Wie beschrieben, werden viele Verhaltensweisen jetzt kopiert oder nachgeahmt. Das muss nicht schlecht sein, denn es ist schon wahr, dass Beten, Glauben, Gott-Gehorchen in gewisser Weise am Modell gelernt wird. Eine Abnabelung aus alten Kreisen ist in vielen Fällen absolut wichtig[110].

Nachvollziehbar ist ebenso, dass ein Mensch, der zum Glauben gekommen ist, zunächst seinen bestehenden Freundeskreis begeistert in die Gemeinde mitbringen möchte[111] und das auch tut. Dass dieser Kreis aber irgendwann ausgeschöpft ist, liegt in der Natur der Sache, denn niemand hat endlos viele Freunde. Das alles liegt auf der Hand.

Schwierig wird es immer dann, wenn keine eigene Glaubensidentität heranwächst. Nur mit einer stabilen Glaubensidentität kann ein Mensch ein gesundes Netz an Freundschaften aufbauen, die in die

Gemeinde, letztlich zu Jesus hinführen können. Und genau das ist die entscheidende Frage an uns selbst: Haben *wir selbst* denn eine stabile Glaubensidentität in Jesus Christus? Wenn ja, dann ist es ein völliges Rätsel, warum viele von uns so wenig im Kontakt zu Nichtchristen leben. Es mag viele Gründe geben, von der fehlenden Zeit bis zur fehlenden Lust. Dabei sind für die missionarische Gemeinde die Freundschaften, zumindest die Beziehungen ihrer Glieder nach außen, die Basis dafür, dass neue Leute dazukommen. Wie sonst soll das geschehen[112]?

Wir *alle* müssen Kontakte folgender Couleur zu Nichtchristen pflegen: Als Helfer der alten Nachbarsfrau, als zuhörender Arbeitskollege, als Mutter im Gespräch mit ähnlichen Erziehungsfragen, als Partner bei der Gartengestaltung, als Nachhilfe gebender Abiturient, als Teamplayer im Fußballverein ... Diese freundschaftlichen Beziehungen nach außen werden uns selbst beim Thema „angepasster Lebensstil" immer wieder die allergrößte Hilfe sein, damit wir Christen uns nicht selbst im Gemeindeghetto in Worten und Taten darin einbetonieren, was wir für den richtigen Glauben halten und in nicht nachahmenswerter Weise vorleben.

Geistliche Begleitung - geistliche Elternschaft
Wichtige Maßnahme gegen unerwünschte Anpassungserscheinungen ist die Begleitung, die Christen bei uns in der Gemeinde erleben. Ein diesbezüglicher Bereich, der in den letzten Jahren neu an Stellenwert gewinnt, ist durchaus begrüßenswert: Coaching und Mentoring. Neu *aufgelegt* natürlich, denn etwas Neues ist das Thema nicht. Schon bei Paulus wird völlig klar, dass Mitarbeiter einen geistlichen Begleiter brauchen[113], wie auch sonst jedes Gemeindeglied.

Bei den ihnen anvertrauten Jugendlichen werden geistliche Eltern immer wieder ansprechen und aufdecken, welche allzu angepassten Verhaltensweisen schädlich sind, und sie werden Alternativen aufzeigen. Wie viel Potential geistlicher Eltern im Verhältnis „Alt und Jung" ungenutzt bleibt, das ganze Generationen von Jugendlichen fit im Glauben machen könnte, dürfte uns traurig stimmen. Darum motivieren wir unsere Gemeinde zu einem konstruktiven Gemeindeleben besonders in diesem Punkt.

Auch bei Christen älterer Jahrgänge bleibt das Thema Anpassung zentral. Wer sich in seinen gelernten Verhaltensweisen nur noch ausruht und die von klein auf gelernten und nachgemachten Formen für nicht hinterfragbar hält, wird gesetzlich und hart. Sich von

Jugend an bis ins hohe Alter Menschen zu suchen, mit denen man über den eigenen Glauben offen reden kann, ist unersetzbar. Und die Initiative dazu muss von uns Individuen selbst ausgehen[114]! Wieder einmal ist die Kommunikation durch nichts zu ersetzen. Suchen wir uns keine wegweisenden Glaubensväter und -mütter, dann wird der Herdentrieb uns schon in irgendeine Richtung mitziehen. Die Frage ist, ob wir von Jesus her ausgerechnet dort hin sollen.

Schritt 3: Rituale sollen helfen

Rituale sollen uns Sicherheit geben und hilfreich sein. Sie sollen Atmosphäre schaffen, Stimmungen erzeugen oder auffangen. Sie sind dazu da, dass Menschen sich schneller wohlfühlen und leichter ankommen können bei Gott.

Für solche hilfreichen Rituale halte ich Themenreihen im Gottesdienst, die sich jeweils über einige Wochen erstrecken. Auch einfach verständliche, nachvollziehbare Formen des Gebets gehören dazu. Wir sammeln z. B. die Anliegen im Gottesdienst. Oder ein Spiel zum Ankommen in einer Gruppe. Was es auch sei, es dient der Gruppe und den Menschen, nicht die Menschen bedienen das Ritual.

Bestehende Rituale werden überprüft. Manches wird nach Prüfung abgeschafft, manches wird neu eingeführt. Nicht für die Ewigkeit, sondern solange es hilft und guttut. Denn das Ritual ist nicht das Evangelium selbst.

Kapitel 12

„Wir haben lauter Pärchen!"

Wie wir mit Beziehungen unter Jugendlichen umgehen

Ein Team von Jugendleitern setzt zweimal im Jahr das Thema „Beziehungen" auf den Plan des Jugendkreises. Außerdem ist es ein Dauerthema in allen möglichen weiteren Gesprächen. Sie versuchen ihren Jugendlichen nicht nur mit erhobenem Zeigefinger zu sagen, was alles verboten ist. Sie bemühen sich darum, Alternativen zu zeigen und Vorbilder zu sein. Vorbilder in beidem: Möglichst im Verzicht auf eine Beziehung als Jugendlicher oder, wenn schon, konsequent nach biblischen Maßstäben geführt.

Wieder einmal ist im Jugendkreis eine Einheit zum Thema „Freundschaft, Liebe, Sexualität" vorbei. Nun waren also erneut intensiv und mit kreativen Methoden die Dinge angesprochen worden. Viele Jugendliche haben sich vorgenommen, ernsthaft und konsequent danach zu fragen, was Gott mit ihrem Leben vorhat. Man will sich nicht mehr so schnell verlieben. Nicht mehr so viel auf Jungs/ Mädchen achten. Man möchte warten, zurückhaltender sein. Sich nicht mehr so davon anstecken lassen, dass alle mitmachen im Beziehungskarussell, die Gedanken und Gespräche um kaum noch etwas anderes kreisen ... Kurz: Eine Fülle guter Vorsätze wird gefasst.

Eine Woche später im Jugendkreis. Irgendwie ist es an diesem Abend unruhig. Die offizielle Runde hat noch nicht begonnen und ein ganzer Haufen junger Mädchen gackert und flattert noch vor der Tür herum. Die Leiter sind noch nicht im Bilde, wodurch die Aufregung verursacht wird. Später dann die Erklärung von einer Mitarbeiterin. Ein Mädchen aus dem Jugendkreis, vor sieben Tagen noch voller guter Vorsätze, war an diesem Nachmittag mit ihrem Traumtypen im Kino. Deshalb die Unruhe. Denn nun wartete der ganze „Hühnerhaufen" schon sehnsüchtig schmachtend auf die Berichterstattung. Deren Höhepunkt stellte die Beantwortung der Frage „Hat er dich geküsst?" dar.

Eine seltsame Geschichte

Es darf geschmunzelt werden über die kleine Geschichte. Irgendwie, man traut sich fast nicht, es zu sagen, *ist* das alles ja auch unwahrscheinlich schön. Gott hat uns wirklich wunderbar geschaffen, mit all diesem Gefühlschaos, dieser Neugier, dem Kribbeln und dem sehnsüchtigen Wunsch nach Nähe und Beziehung zum anderen Geschlecht[115]. Fast fällt es schwer, korrigierend einzugreifen. Dürfen denn nicht auch junge Christen die abenteuerliche Welt der Beziehungen, der verliebten Gefühle und schließlich der Sexualität so entdecken, wie sie wollen?

Es wäre naiv und verantwortungslos, ihnen das Feld aus purem Verständnis für das Abenteuer ohne Begleitung zu überlassen. Wer sich viel mit jungen Leuten beschäftigt, muss erschrecken, mit welcher Naivität viele von ihnen sich auf Beziehungen einlassen. Leider sind sie in einer Gesellschaft groß geworden, die theoretisch riesiges Potential besitzt, gesunde und verantwortungsbewusste Menschen hervorzubringen, die um die wichtigen Dinge im Leben wissen: Glaube, Liebe und Hoffnung (s. 1. Kor 13,13) zum Beispiel. Oder die Fähigkeit, eine vitale Beziehung aufzubauen, die in eine stabile Ehe mündet, mit den Jahren wächst und die Partnerschaft trägt[116]. Denn die so entstehenden Familien sind immer noch Träger unserer Gesellschaft und, das sollten wir sehr aufmerksam wahrnehmen, unserer Gemeinden. *Noch*.
Unsere Gesellschaft dreht sich im Kern um andere Dinge: Macht, Geld und Sex. Ich will das zunächst gar nicht verurteilen. Es sind von sich aus keine negativen Dinge. Nur was wir Menschen damit und daraus machen, hat oft negative Auswirkungen. Zweifellos haben wir es mit Dingen zu tun, die schnell zu „Götzen" werden können. Was wir aber bedenken müssen, bevor der theologische Zeigefinger anfängt Gesetzlichkeit zu predigen: Ob wir es wollen oder nicht, *wir* machen mit! In die eben kurz geschilderte Welt wachsen nicht nur unsere Kinder und Jugendlichen hinein. Auch alle die, die heute zwischen 20 und 50 sind, sind schon so groß geworden. Und davor war auch nicht alles *anders*, nur fand es etwas mehr im Verborgenen statt.

Legen wir also die Tatsache zugrunde, dass eine Gesellschaft sich auf bestimmte Formen eingerichtet hat, dann macht das den unendlich großen Wunsch nach „Freund/Freundin"[117] nicht besser, aber erklärbar. Was *sonst* sollte beim Lebensstil einer Gesellschaft herauskommen, die sich langsam aber sicher von Gott verabschiedet, als dass sie sich Ersatzgötter schafft? Überraschen sollte uns das jedenfalls nicht. Vielleicht war es auch noch nie anders. Nur abfinden will ich mich nicht damit.
Wir können einzelne Menschen prägen, die Gott in Jesus Christus bekennen und vorleben. Sie sollen besser gewappnet sein, der tiefgehenden und alles erfassenden Sexualisierung gegenüberzutreten, um nicht als gesellschaftliches Treibgut der Meinungs- und Willenlosen zu enden.
Es ist nicht unsere Aufgabe, jungen Menschen zu verbieten, was sie von allen Seiten als schön und intensiv serviert bekommen. Denn es ist ja auch schön. Für viele. Zumindest mit schönen Gefühlen verbunden, mit Anerkennung, mit Geborgenheit. Die Neugier wird befriedigt und im Freundeskreis stellt

man auch etwas dar. Das ist eine ziemlich explosiv-positive Mischung. Deshalb sind Verbote wie so oft eher kontraproduktiv. Aber wo liegt das Problem und was können wir tun?

Beziehungen sind Beziehungskiller

Bevor ich einige praktische Hinweise dazu gebe, wie wir dem Phänomen begegnen können, muss eine Frage erlaubt sein: Was ist denn in Bezug auf Mitarbeitergewinnung und Gemeinde so schlimm daran, wenn Jugendliche eine Liebesbeziehung untereinander haben?

Denn auch das gibt es: einen kleinen Teil gläubiger Jugendlicher, die es in wirklich guter und vorbildlicher Weise schaffen, eine Jugendliebe zur reifen Partnerschaft zu entwickeln. Sie enthalten sich geschlechtlich einander vor, aber sie kommunizieren viel und offen, sie leben in gesunder Weise erkennbar, dass Gott der Mittelpunkt ihrer Beziehung ist. Sie dokumentieren zwischendurch immer wieder, dass das Ziel ihrer Beziehung die Ehe ist. Sehr gut! Bei der folgenden Liste der Probleme muss deshalb vorweg klargestellt werden: Es muss nicht so kommen. Es kann auch gelingen. In aller Regel waren mir bekannte junge Leute, die an einer so positiv geschilderten und im guten Ansatz gelingenden Liebesbeziehung arbeiteten, deutlich *über* 16 Jahre. Sie bilden damit in ihrer Altersklasse eine äußerst seltene Ausnahme. In noch jüngeren Jahren eine gelingende, in eine Ehe führende Beziehung zu leben, dürfte absoluter Einzelfall sein.

Die Realität sieht meist anders aus. Wohlgemerkt handelt es sich dabei um Erfahrungen, die bei mangelhafter Begleitung von Jugendkreisen vorkommen. Sie können einzeln, aber auch alle auf einmal auftreten:

1. Pärchen ziehen sich gern zurück, auch sehr junge Teens sind als Pärchen oft ständig zusammen und verlieren andere Themen als sich selbst, den Jugendkreis, neue Gäste, kurz, alles was wirklich wichtig ist, aus dem Blick. Dieses Problem ist besonders eklatant, wenn es sich um Mitarbeiter handelt. Diese können in penetranter Selbstzufriedenheit dermaßen mit sich beschäftigt sein, dass eine ganze Jugendgruppe den Bach runtergeht.
2. Auch gute Freundschaften zu anderen Teilnehmern einer Gruppe stehen auf dem Spiel, da wenig Zeit füreinander und für Gespräch da ist. Neid und Eifersucht bestimmen den Umgang.
3. Bei den meist unvermeidlichen Trennungsszenarien verlassen unter Umständen beide den Jugendkreis oder es bilden sich Grüppchen um die einzelnen Partner. Im schlimmsten Fall führt das zu einer Spaltung der ganzen Gruppe. Trennungen sind riesiger Zündstoff, sowohl für Gruppen als auch für die Betroffenen. Liebeskummer ist ein unsinnig verharmlosendes Wort. Be-

ziehungsabbruch und/oder Ablehnung können uns völlig fertigmachen! Junge Mädchen können unermesslich eifersüchtig untereinander sein und sich dabei in einen brennenden Hass und Selbsthass hineinsteigern. Jungs können unglaublich zerstörerisch agieren und in tiefste Verzweiflung geraten, wenn sie in der schönen, heilen Beziehungswelt außen vor bleiben. Je weiter eine Beziehung körperlich geht, desto tiefer wird die seelische Abhängigkeit. Die Schmerzen einer Trennung können unerträglich sein und führen in manchen Fällen bis zum Selbstmord.

4. Für die Mitglieder einer Gruppe ist es nicht immer leicht zu ertragen, wenn Pärchen besonders demonstrativ ihre innige Verbundenheit zur Schau stellen. Das Bedürfnis nach körperlicher Nähe ist bei fast allen da und wird dadurch noch viel mehr hervorgerufen.

5. Pärchen im Jugendkreis unterstreichen den gesellschaftlichen Druck nach Beziehung dieser Art. Statt gegen den Strom zu schwimmen, was bekanntlich ein Zeichen von Lebendigkeit ist, fühlt man sich gezwungen mitzumachen. Mindestens in Gedanken.

6. Wenn es viele Pärchen gibt, dann stehen Leute ohne Partner als Außenseiter da. Keine gute Basis für eine Gemeinde, in der ein Kerngedanke der von *Gemeinschaft aller* ist.

7. Das Pärchen hat schlicht weniger Zeit für Aktivitäten der Gemeinde, für Unternehmungen mit anderen. Man kann sich nicht endlos aufteilen.

8. Bei vielen Jugendlichen ist die Hemmschwelle, auch in der Öffentlichkeit auf körperliche Entdeckungsreise zu gehen, gleich null. Ein solches Pärchen ist in einer Gruppe wirklich auffällig und verunsichert andere. Jugendliche, besonders neue Leute wissen nicht, wie sie damit umgehen sollen. Unwohlsein in der Gemeinde ist die Folge.

9. Gerne geben sich Pärchen demokratisch. Die beiden unter sich. Sie entscheiden alles zusammen. Ein Partner, der Mitarbeiter ist, wird nicht mehr so frei seine Mitarbeit weiterführen können wie bisher. Die Jugendlichen der Gruppe verlieren damit eine wichtige Bezugsperson. Deren Mitarbeit rückt in den Hintergrund.

10. Manche Personen geben sich in einer Beziehung nahezu völlig auf. Es gibt sie nur noch im Doppelpack. Das macht es schwer ein Gespräch zu führen, Vertrauen aufzubauen, geistliche Begleitung oder Seelsorge zu ermöglichen.

11. Neue Leute unserer Jugendgruppen könnten zutiefst irritiert sein. Denn: Da wurde im letzten Jugendgottesdienst darüber gesprochen, dass junge Leute sich anderen Themen als „Partnerschaft mit 13" zuwenden können. In überzeugender Weise wurde in Gesprächen mit Mitarbeitern ein gutes Bild von engagierter Jugend gemalt. Jemand kam dem Geheimnis auf die Spur, dass man mit 13 keinen Sexualpartner braucht, darüber hinaus auch auf die Spur des Glaubens. Nun kommt eine solche Person in einen Jugendkreis, in

dem es selbstverständlich ist, dass zahlreiche Pärchen sich mehr oder weniger intensiv miteinander beschäftigen, statt sich für *seine* Lebens- und Glaubensfragen zu interessieren. Dieser Punkt geht mir besonders nahe. Pärchen haben einen Hang zu grenzenloser Ignoranz. Es scheint weniger Liebe, als vielmehr Selbstliebe im Spiel zu sein.

12. Ohne bewusstes Gegensteuern setzt es sich als Normalität durch, dass man eben eine/n Freund/in hat. Wenn das erstmal normal ist, ist eine andere Form kaum noch denkbar. Man arrangiert sich oder anders gesagt, man passt sich dem an, was sonst in der Welt auch üblich ist. Das ist auf Dauer der „Tod im Topf" für einen vorher lebendigen Jugendkreis.

13. Wer war schon mit wem zusammen? Kein schöner Gedanke, wenn der Bräutigam bei seiner Hochzeit acht bis zwölf Leute in den Kirchenbänken hinter sich sitzen hat, die auch schon an der Frau herumgespielt haben, der er jetzt gleich das Jawort geben will. Keine gute Grundlage, wenn die Braut weiß, dass er den Körper ihrer besten Freundin auch schon erkundet hat[118] und den seinen entdecken ließ. Man hat sich leider schon verschenkt. Und einmal ging es nur. Zugegeben: Dieses Argument wird viele heutzutage überhaupt nicht erreichen. Aber das könnte bei den vorher genannten ebenso sein. Die emotionale Abgestumpftheit wächst.

Es war passiert: Zwei sehr junge Mitarbeiter einer Gemeinde hatten sich ineinander verliebt. Ihre Beziehung sollte vernünftig und verantwortungsbewusst geführt werden. Sie gaben sich große Mühe, hatten wirklich gute Gespräche miteinander und ließen sich beraten.

Schließlich endete die Beziehung, weil einer von beiden sich die in ganz ferner Zukunft liegende Ehe dann doch noch nicht vorstellen konnte. Was folgte, war ein monatelanger Kampf mit unzähligen Missverständnissen und Tränen, Vorwürfen und Glaubenskrisen. Das Ende der Beziehung schuf Parteien in der Jugendgruppe und Ablehnung der ganzen Gemeindearbeit bei einem Elternteil. Über einen langen Zeitraum hinweg gab es für die beiden kaum noch ein anderes Thema als die Bewältigung ihrer beendeten Beziehung. Vielen ihrer Freunde erging es ebenso.

Was wir tun können: praktische Schritte

Bei diesem Thema ist eines besonders wichtig: Nicht beim Klagen und Anklagen stehenbleiben, sondern etwas tun. Wir sind nicht Opfer dieser Entwicklungen, sondern Mittäter, wenn wir unsere Jugendlichen nicht aktiv begleiten. Weil die guten Möglichkeiten dieser aktiven Begleitung so zahlreich sind[119], folgt nun eine ganze Reihe von Schritten, die wir gehen können, um starke Mitarbeiter zu formen:

Schritt 1: Kommunikation und Seelsorge

Wir stehen in ständiger Kommunikation mit den Gruppenleitern und Mitarbeitern. Es muss deutlich werden, wer Seelsorge braucht, das Team muss um seine Leute Bescheid wissen.

Die Probleme, die durch verfrühte Beziehungen entstehen, machen wir zum Thema, erschöpfen uns also nicht in Verboten mit erhobenem Zeigefinger.

Schritt 2: Geistliche Elternschaft

Geistliche Elternschaft ist unerlässlich.

Der eine Teil davon ist, bereits *junge* Leute zu ermutigen, sich Vorbilder, Mentoren, Helfer für ihr Glaubensleben zu suchen. Wenn sie erst gute Erfahrungen damit gemacht haben, werden sie diese Form geistlicher Begleitung für ihr ganzes Leben wahrnehmen. Sie werden dann ihrerseits Verständnis dafür haben, dass sie selbst einst als geistliche Eltern gefragt sind.

Der andere Teil liegt bei den Erwachsenen, besonders den alten, erfahrenen Christen, Mitarbeitern und Leitern. Sie bieten jüngeren Leuten bewusst das Gespräch an. Dabei geht es nicht sofort um die Frage, wie man sein Sexualleben gestalten soll. Vertrauen muss wachsen, sich entwickeln. Schritt für Schritt ist es aber möglich, die Dinge anzusprechen. Es gibt ein riesiges Beratungsdefizit bei jungen Christen. Mit unserem Interesse an den jungen Leuten fängt es an, mit gesundem, ehrlichem, manchmal distanziertem, manchmal ganz nahe kommendem Interesse. Der Rest baut sich von allein auf. Noch einmal: Diese Form geistlicher Elternschaft ist unerlässlich, wenn wir die Beziehungsproblematik offen und konsequent behandeln wollen.

Schritt 3: Emotionale Sensibilität fördern

Eine seltsame Erfahrung mache ich immer wieder in der Schule. Um nur ein Beispiel für emotionale Sensibilität zu nennen: Kommt das Thema auf „ungewollte Schwangerschaft", so blökt eine ganze Klasse im Herdenchor: „Na und? Dann lässt man's eben wegmachen." Sobald aber eine Beschreibung davon gegeben wird, was „wegmachen" eigentlich bedeutet, ändert sich die Haltung. Ein paar Bilder von Babys im Mutterleib, ein paar deutliche Erklärungen zum Absaugen, zu den psychischen Folgen für die Mutter. Das genügt. Zumindest nachdenklich werden die Schüler, emotional sensibler. Diese emotionale Sensibilität wecken und fördern wir in unseren Gemeinden generell im Hinblick auf die Frage der Beziehungen. Gerade dieses so wichtige Feld überlassen wir nicht kampflos den Medien und der Straße, sondern die Gemeinde wird zu einem Übungsfeld für emotionale Sensibilität.

Wie geschieht das? Wir laden junge Paare ein, die sich entschieden haben, zu warten. Sie berichten davon, wie sie dadurch von Gott beschenkt wurden. Wir machen vor allem gelungene Beziehungen, solche, die sich durch Streit und Probleme hindurch erhalten haben, und solche, die schwere Zeiten, auch Glaubensprobleme, durchgestanden haben, zum Thema. Das Stichwort ist dann nicht „der Versuchung nachgeben", sondern „überwinden".

Wir pflegen einen offenen Umgang mit dem Thema. Beziehung, Liebe, Sexualität sind Themen für den Gottesdienst. Leider habe ich in fünfzehn Jahren keinen einzigen Gottesdienst als Gast erlebt, in dem es wirklich einmal konkret darum ging, wie man Sexualität nach Gottes Maßstäben gesund leben kann. Es muss nicht *ständig* darum gehen. Aber einmal im Jahr darf es in verschiedenen Variationen schon dran sein[120]. Mit Tabus erreichen wir nichts, außer dass man sich anderswo orientiert.

Schritt 4: Gruppenspezifische Arbeit

Im Zuge der Entwicklung auf dem Gebiet „Transgender" wird es vermehrt zu dem staatlich geförderten Wunsch kommen, geschlechtsspezifische Angebote zu unterbreiten. Unter „Transgender" versteht man, wenn sich jemand nicht auf seine Rolle als Mann oder Frau festlegen möchte. Das bedeutet dann etwas verkürzt, dass Jungs auch kochen, Mädchen auch an Autos schrauben sollen. Dagegen ist zunächst nichts einzuwenden. Es sei der Verdacht erlaubt, dass man auf lange Sicht geneigt ist, die spezifischen Unterschiede zwischen den Geschlechtern vor allem per „spezifischer" Erziehung *abzuschaffen*.

Ich verstehe „geschlechterspezifisch" durchaus anders. Wir gestalten Jugendarbeit mit dem Erfahrungswert, dass Gott ganz bewusst Frauen und Männer unterschiedlich geschaffen hat[121], was für die Praxis bedeutet, dass es jungen Menschen hilft, wenn Jungs von Männern begleitet werden und Mädchen von Frauen. Dafür stellen wir keine Gesetzlichkeiten auf, aber wir schaffen die Voraussetzungen.

Wie kann das geschehen? Eine Kindergruppe wird zu einem wunderbaren Ort zur Erkundung von Sensibilität, Abenteuer und Mann-Sein, wenn die Jungs dort von einem Team aus älteren Jungs und Männern angeleitet werden. Selbstverständlich kann auch eine Frau so eine Gruppe leiten, selbstverständlich geht es auch, dass wir Geschlechter mischen. Gehen tut das alles. Die Frage ist: Was *hilft* jungen Menschen, eine Identität in ihrem Geschlecht und für ihr diesbezügliches Verhalten zu finden? Ich habe die Erfahrung gemacht, dass es ihnen *hilft*, wenn sie Vorbilder, Anleiter, Helfer haben, die aus ihrem Geschlecht stammen.

Dasselbe gilt für junge Mädchen. Was einige geistlich gegründete Mitarbeiterinnen in der Mädchenarbeit an Wegweisung mitgeben können, gerade in ihrer Sprache, von Frau zu Mädchen, das kann ein junger Mann weder leisten noch nachvollziehen. Am Ende ticken wir eben doch anders. Gott sei Dank!

Wir arbeiten in unseren Gemeindegruppen, wo immer es möglich ist, geschlechtsgetrennt. Begegnungen zwischen den Geschlechtern[122] finden sowieso ständig statt: im Gottesdienst und bei allen anderen Festen, Feiern oder sonstigen Anlässen.

Schritt 5: Gedanken umlenken, neues Bewusstsein schaffen

Durch die zuvor geschilderten Schritte wie auch dadurch, dass wir unsere Leute offen ansprechen, sie begleiten, für sie da sind, auch korrigieren, wecken wir über mehrere Jahre hinweg ein neues Bewusstsein. Die Gedanken werden umgelenkt auf das, was wirklich wichtig ist: eine gute und gesunde Beziehung zu Gott, den Eltern, Lehrern, Mitschülern, Freunden, schließlich zu allen Menschen.

Die Gedanken umzulenken geschieht auch durch weitere Schritte: Wir lenken den Fokus auf Themen, die bewusst andere Verhaltensweisen fördern. Wenn eine Jugendgruppe sich beispielsweise mehr um ein Projekt kümmert, rücken die ewig gleichen Gespräche über „Wer-ist-in-wen-verliebt" in den Hintergrund. Es ist das gute alte Prinzip, wie man seine Kinder am schnellsten vom Fernseher wegbekommt: man bietet ihnen etwas Besseres und führt es mit ihnen durch[123].

Auf ähnlicher Schiene läuft das Angebot *besonderer Herausforderungen*. Gruppenprojekte nur unter Jungs oder Mädchen schaffen nicht nur Identitätshilfen, sondern lenken auch ab[124].

Schritt 6: Gute biblische Beziehungen als Orientierung bieten

Wir bieten aus der Bibel immer wieder gute Beziehungen als Vorbild an. Nicht nur Abraham und Sara eignen sich dafür. (Ein orientalischer Patriarch, der seine Gäste verwöhnt - hervorragend!) Auch die vielen anderen Berichte starker Frauen und Männer sind eine Fundgrube für ein gesundes Verständnis des eigenen Geschlechts. Gerade für Jugendliche lässt sich der Fokus auch einmal darauf lenken, wie sich die Personen in ihrer Geschlechterrolle verhalten. Die Bibel ist auch darin ein Vorbild offener Kommunikation, wie sie Verfehlun-gen aufdeckt und Heilungs- und Alternativwege schildert (z. B. König Davids Ehebruch).

Schritt 7: Jüngerschaftsgruppen

In manchen US-amerikanischen Gemeinden ist es üblich, dass Jugendliche ein Bekenntnis abgeben. Ich bin unschlüssig, ob das Sinn macht. Wo eine Gruppe von echten Freunden sich aber darin ermutigt, ein gegebenes Versprechen einzuhalten, da kann das schon eine Hilfe sein, ein paar hormongetränkte Jahre durchzustehen. Hier mag eine Freundschaft im Stil einer Jüngerschaftsgruppe helfen. Eine solche Gruppe ist eine gleichgeschlechtliche Freundesgruppe, die größtmögliche Transparenz der Teilnehmer fördert und fordert. Sie läuft niemals ohne eine Form geistlicher Elternschaft. Diese Form eines (täglichen) kleinen Hauskreises ist enorm hilfreich, wenn junge Leute vor Beziehungsproblemen bewahrt bleiben sollen. Sie benötigt aber kontinuierliche und fähige Mitarbeiter. Für jede Gruppe mindestens zwei.

Schritt 8: Regeln und Tabus erarbeiten (lassen)

Eine Gruppe braucht Regeln. In kaum einem Bereich helfen klare Regeln so gut wie bei der Vermeidung von Pärchenbildung. Ausgerechnet zu diesem Bereich gibt es sie in kaum einer Jugendgruppe. Ist es zu schwer, mit Jugendlichen darüber zu reden?

Wie wäre es, wenn die Jugendlichen in einer gut gemachten kleinen Programmserie dazu motiviert würden, für sie gültige Regeln selbst zu erarbeiten?

Das läuft so: Wir nehmen das Thema auf den Plan. Zwei oder drei Einheiten und Austauschrunden leiten die Findungsaktion der geltenden Grundsätze ein. Dann werden Tabus formuliert, möglicherweise durch Kleingruppen. Das kann so aussehen, dass diese dann gut sichtbar auf einem schmucken Plakat ausgehängt werden:

Wir möchten in unserem Jugendkreis keine Knutscherei!
Wir fördern und respektieren die Entscheidung, solo zu bleiben!
Wir wollen keine als Massage getarnten Fummeleien beim jeweils anderen Geschlecht!
Wir wünschen uns ...

Fünf oder sechs Punkte[125], die so als nett gestalteter, kreativer Aushang festgehalten werden, werden von allen Teilnehmern, gerade auch neuen, schnell entdeckt. Sie sorgen für eine klare Linie, auf die man sich berufen kann.

Ein schöner Nebeneffekt, wenn wir diese Regeln dann in der Gruppe als Leitschnur haben, ist Folgendes: Was sich *in* der Jugendgruppe festigt, kann viel einfacher auf das gesamte Leben übertragen werden. Deshalb ist die im Jugendalter als Thema Nr. 1 auftretende Frage der Beziehungen gerade an dieser Stelle so wichtig. Wir *müssen* uns damit auseinandersetzen[126]. Sonst wird sich das Thema verselbständigen.

Zu diesem Schritt 8 gehört unbedingt die Vorsicht vor Missbrauch in unseren Gruppen und generell in der Gemeinde. Je familiärer und offener für jedermann die Gemeinde ist, desto verwundbarer wird sie. Wenn eine offene, familiäre Lebensart zu ihren genuinen Kennzeichen gehört (vgl. Apg 2,46) und wir diese nach Kräften leben und fördern, so können wir die Gefahren trotzdem nicht wegidealisieren. Es ist nicht von der Hand zu weisen, dass diese „Familie" von labilen Charakteren leicht als rechtsfreie Zone ausgenutzt werden kann. Gerade in diesem Fall sind feste, aushängende Regeln für eine Gruppe äußerst wichtig. Auch als erste Maßnahme zum Selbstschutz. Im Übrigen gibt es hervorragendes, kostenloses Material vieler Dachverbände[127].

Ein Fazit

Das Anliegen unserer Gemeinde ist es, das Evangelium unter die Menschen zu bringen, die uns umgeben. Missionarische Gemeinde zu sein ist das größte Lebensabenteuer, das es gibt. Das gilt besonders für Jugendliche, junge Mitarbeiter, frisch und knackig im Glauben stehende junge Christen. Leider merken sie das oft nicht, erleben es nicht, haben es noch nie so gesehen. Selbst wenn sie aufbrechen, dieses echte Abenteuer zu entdecken, dauert es eine Weile, bis sie das intensiv merken. Wenn wir mit unserer Jugendarbeit einen Durchbruch erzielen, bei dem viele erkennen, dass es schlicht und ergreifend besser ist, sein Leben von gelebtem, ansteckendem Glauben durchzogen zu leben, anstatt von der ständigen Sorge wie man wirkt, jemand „abzukriegen" und möglichst sexuell viel zu erleben, dann ist ein Meilenstein der Glaubensentwicklung gelegt[128].

Wer als junger Mensch erlebt, wie Gott tröstet und stärkt und auch durch bewegende Phasen der Sehnsucht hindurch begleitet und trägt, während er sich selbst mehr um die Bedürfnisse anderer Menschen kümmert, als sich permanent um seine wechselhafte Gefühlswelt zu drehen, der wird gesegnet[129]. Sich über Jesus zu definieren und darüber, was er tat, das schafft Freiheit (vgl. Joh 8,36). Vielleicht gilt diese biblische Wahrheit nirgendwo so zutreffend wie im Bereich der Beziehungen. Das durfte ich bei vielen jungen Menschen erleben und irgendwann mit ihnen feiern.

Kapitel 13

„Jede Woche Langeweile: Gruppen in der Gemeinde!"

Wie wir Gruppenveranstaltungen herausfordernder gestalten

Ein Prospekt für christliche Freizeiten kommt mit der Post. Es werden Kinder- und Jugendaktionen angeboten, Kanufahrten und Klettertouren, Familienlager und Seniorentreffen. Je jugendlicher die Zielgruppe einer Freizeit, desto fetziger der Jargon, in dem das angebotene Aktionsprogramm präsentiert wird. Da ist alles dabei: von „Poweraction" bis zum „ultracoolen Chill-Urlaub". Und das ist auch richtig so, denn Freizeit mit Gott und Urlaub mit Christen haben was zu bieten. Wir müssen uns nicht hinter dem verstecken, was andere angeblich besser können. Und dass christliche Freizeiten selten langweilig sind, weiß jeder, der schon mal dabei war.

Was mir allerdings auffällt: In der Liste mit „Fun", „Show", „Action" und „Chillen" wird meistens etwas verschüchtert am Schluss angehängt: „Bibelarbeit".

Leben mit der Bibel

Wir glauben als Christen nicht an die Bibel, sondern an Jesus. Das gleich vorweg. Dennoch leben wir mit der Bibel und halten sie hoch, denn sie ist nicht irgendein Buch. Es ist eine Katastrophe, dass ein Heer von Menschen in unserem Land nicht mit der Bibel in Kontakt kommt, weil sie dem Vorurteil erliegen, sie habe nichts mit ihrem Leben zu tun, sei nicht zu verstehen oder sei schlicht langweilig. Hängen *wir* sie zu oft nur noch hinten dran? Sicher liegt es nicht nur daran.

Aber so gesehen muss die Einleitung zu Beginn des Kapitels erlaubt sein, denn jede christliche Freizeit hat etwas mit unseren sonstigen Gemeindeaktivitäten und Gruppen gemeinsam: Die Bibel und der Umgang mit ihr sind Mittelpunkt, nicht ein Anhängsel. Es könnte sich lohnen, wenn wir uns die Frage stellen, warum wir verschämt zugeben, dass wir auch noch was mit der Bibel machen. Das ist längst nicht nur in Freizeitprospekten der Fall.

Immer wieder erlebt: Die Bibelarbeit hängt lustlos an einer Jugendstunde, wie ein Windsack auf der Autobahnbrücke bei Flaute. In manchem Seniorenkreis wird noch rasch was Frommes eingeschoben, weil das ausgiebige Kaffeekränzchen mit dem Einschieben köstlicher Kuchenberge einer Rechtfertigung durch ein paar goldene Worte bedarf. Und nicht wenige Kinderstunden bersten vor Lebendigkeit, bis die verschüchtert angeklebte biblische Geschichte die Lebendigkeit verklebt. Jede Woche Langeweile. Warum man noch hingeht? Weil man immer hingegangen ist, weil man seine Freunde trifft, weil nichts anderes angeboten wird. Das kann es nicht sein.

Dafür, dass die Bibel eigentlich im Mittelpunkt steht, gibt es gute Gründe. Dafür, dass sie manchmal lieber erst am Ende auftaucht, sicher auch.

Manchmal haben wir uns einfach an den je nach Gemeinde vorliegenden Umgang mit der Bibel gewöhnt. Dem christlichen Glauben wird an dieser Stelle ausnahmsweise völlig zu Unrecht nachgesagt, er sei 10 Jahre hinterher, denn an manche Dinge gewöhnen wir uns in Lichtgeschwindigkeit. Vor allem an die, die uns Bequemlichkeit und Ruhe verschaffen. Warum ist das so?

Manchmal sind wir einfach nur vorsichtig gegenüber Nichtchristen, um nicht mit der Tür ins Haus zu fallen. Vielleicht melden sie sich nicht zu einer Freizeit an, vielleicht kommen sie nicht in eine Gemeindeveranstaltung, wenn wir zu offensiv mit der Bibel werben. Da sind wir zu Recht zurückhaltend; wir bleiben offen, sind aber lieber vorsichtig.

Manchmal wollen wir unsere Zeitgenossen nicht abschrecken, weil sie ahnen könnten, die Bibelarbeiten würden langweilig. Auch bei gläubigen Jugendlichen und sogar schon bei Kindern geht dieses Gespenst um.

Manchmal wollen wir uns einfach nicht so schnell als Bibelleute outen. Es muss nicht immer das Erste sein, worüber wir sprechen und was wir auf dem Gesprächstablett anrichten. Meistens darf es das sogar gar nicht sein!

All das ist legitim und gut nachvollziehbar. Das Problem ist, dass dadurch eine gewisse Reihenfolge entsteht. Zuerst mach ich dies und dann das und *dann* kommt die Bibel. Oder die fromme Version genau andersrum: an erster Stelle steht die Bibel, dann kommt alles andere!

Ich denke, das Leben mit der Bibel steht überhaupt nicht an irgendeiner Stelle. Gottes Wort in schriftlicher Form ist vielmehr integrierter Bestandteil christlichen Lebens. Das gute, alte Beispiel vom gebackenen Kuchen ist dafür einfach und zutreffend: Wenn das gute Stück erst mal fertig auf dem Tisch steht, kann ich Mehl, Eier und Zucker nicht mehr auseinanderhalten. So gehören Bibel, Gebet und Gemeinschaft mit einigen Grundelementen des Glaubens zusammen, untrennbar wichtig zusammen. Ohne eine der Zutaten schmeckt es nicht.

So ist unser Leben als Christen durchzogen und verwoben mit dem biblischen Wort. Ohne dei Bibel wäre es fad und farblos. Es würde aber nicht nur nicht schmecken oder nicht „gut aussehen", sondern der Quelle beraubt, aus der sich Glaube speist.

Eine Frage der Einstellung

Der Bibel in der Reihenfolge einen Platz zu geben führt oft dazu, dass die Bibel wie beschrieben auch noch irgendwann ins Spiel kommt. Also gut, wir verwenden die Bibel in fast jeder Gruppe und Einheit. Eine gewisse Gleichförmigkeit, nennen wir es positiv Routine, ist so auf lange Sicht kaum zu vermeiden. Daraus muss aber noch keine Langeweile in unseren Gruppen werden. Ein routinierter Umgang mit der Bibel hat ja riesige Vorteile und ist wünschenswert. Was tief in unserem Leben wurzeln soll, muss mit einer gewissen Nachhaltigkeit trainiert werden. All das widerspricht aber nicht der Tatsache, dass es unseren Teilnehmern langweilig werden kann, wenn die Bibel ins Spiel kommt. Ob wir wollen oder nicht, es kann passieren.

Ich gehe mit Mitarbeitern das Problem bei der Wurzel an[130], und diese Wurzel ist die Einstellung. Das nebensächlich erscheinende „wir machen auch *noch was* mit der Bibel" ist leider tief ins Unterbewusstsein vieler Mitarbeiter eingedrungen. Diese Einstellung muss überwunden werden. Kernsatz einer erfrischend-kreativ-unterhaltsam-tiefgehend-lebensverändernden Verwendung der Bibel ist durchaus: Die Bibel ist das *Beste*, was wir haben! Nicht als Reihenfolge, sondern im Sinne des Anspruchs an unsere Gruppengestaltung. So könnten wir auch beim Gebet sagen: Das Gebet ist das *Beste*, was wir haben. Über die Gemeinschaft: Unsere Gemeinschaft ist das *Beste*, was wir haben. *Qualitativ* gesehen ist das alles immer richtig.

Je nach Kontext wird dadurch vor allem *Wertschätzung* vermittelt[131]. Weil die Bibel das Beste ist, was Gott uns auf den Ebenen „Miterleben seiner Geschichte mit uns Menschen", „Vermittlung seines Willens", „Anleitung zum Leben" und vor allem „Frohe Botschaft für Glaube und Leben" schenkt, darum kommt die Bibel in die Gruppe und ins Leben. Das macht fröhlich, es befreit, es korrigiert und stärkt. Mit einer so gesehen gesunden Einstellung hört der Krampf auf. Vor allem aber die Langeweile.

Die Bibel im Mittelpunkt

Im Kern geht es um nichts anderes, als dass wir in der Zeit der Vorbereitung auf unsere Gruppenstunden den Fokus auf den Gedanken richten: Wie kann ich die Bibel als das Beste, was wir haben, lebendig in den Mittelpunkt rücken? Wie schaffe ich es Woche für Woche und Monat für Monat, dass in jeder Gruppe von Jung bis Alt die Bibel das ist, worauf sich alle am meisten freuen. Ich bin nicht bereit, hinter den Anspruch zurückzugehen, dass das, was wir mit der Bibel machen und was sie mit uns macht, ein großartiges Geschenk Gottes ist und auch genau so erlebt werden soll. Sicherlich wird meine eigene, persönlich erlebte Begeisterung eine der ansteckendsten Überwindungshilfen jeder Bibelmüdigkeit sein.

Vor vielen Jahren haben wir in Folge einer Reihe von Jugendabenden mit Event-Charakter kleine Hauskreise für Jugendliche gegründet. In ihnen wurden Glaubenskurse angeboten, in denen junge, neugierig gewordene Nichtchristen bei insgesamt sieben Treffen Glaubensthemen entdecken durften. Der Kurs bot ein Ankommen mit Snack, Zeit für persönliches Gespräch und ganz einfache Bibelgesprächseinheiten. Ein Bibeltext wurde gelesen und darüber gesprochen. Für jeden Teil waren knapp 20 Minuten vorgesehen. Zu der Zeit hatten wir junge Mitarbeiterinnen, die außerordentlich motiviert und fröhlich an die Gruppenleitung herangingen und sich dem Anspruch stellten, dass die Bibel diesen noch unwissenden Jugendlichen lieb werden soll.

Die letzte Einheit sah immer eine Runde vor, in der die Jugendlichen einige Rückmeldungen abgeben konnten, unter anderem auch zu der methodischen Dreiteilung und zu den Inhalten. Sie konnten neben Snack, persönlichem Gespräch und Bibelgespräch aber auch Atmosphäre, Leitung und Kursmaterial beurteilen. In jedem Kurs wurden über Jahre hinweg die „Bibelgespräche" als das Beste ausgezeichnet, was es in der Gruppe zu erleben gab.

Praktische Schritte

Schritt 1: Material nutzen - Mitarbeiter schulen

Es gibt eine endlose Zahl guter Bücher mit hervorragendem Material, das wir nur noch anwenden müssen, um erfrischende, kreative und bewegende Einheiten zu kreieren. Das Problem ist, dass es so wenig angewendet *wird*. Sei es, dass Buchmaterial bezahlt sein will oder dass man es bearbeiten muss, um es gezielt einzusetzen, es gibt manches Hindernis.

Um Material aus Büchern richtig einzusetzen, brauchen Mitarbeiter unbedingt Anleitung und Schulung. Hier sind Hauptamtliche und erfahrene Leiter gefragt. Zeigen wir es ihnen (vgl. Eph 4,12)! Erst ältere Jugendmitarbeiter wissen oft, wie mit vorgegebenen Materialien wirklich zielorientiert *und* ansprechend umgegangen wird.

Umso mehr hilft es gegen Langeweile in den Gruppen, einen Mitarbeiter im FSJ einzusetzen. Ein idealer Schritt zur Mitarbeiterschulung derer, die hineinwachsen in eine gute Vorbereitung und Durchführung von biblischen Einheiten.

Schritt 2: Struktur geben, Struktur aufbrechen

Wir geben Gruppen eine stabile Grundstruktur. Das kann eine Dreiteilung des Ablaufs sein. In vielen Kinderprogrammen arbeitet man mit

a) Spielphase/Ankommen

b) Verkündigung

c) Festigung/Gespräch.

Die Spielphase soll dabei schon Elemente enthalten, die in der späteren Verkündigung vorkommen[132]. Ein „roter Faden" ist nicht nur für die Teilnehmer hilfreich, auch für die Mitarbeiter.

Ein solcher Aufbau sollte für alle Gruppen in der Gemeinde vorhanden sein, wahrscheinlich geht es auch gar nicht anders. Wenn wir also davon ausgehen, dass alle Gruppen der Gemeinde in irgendeiner Weise in ihrem Aufbau strukturiert sind, dann ist ein Schritt heraus aus der wöchentlichen Langeweile, dass wir das einfach mal *anders machen*! Dann wird vor dem nächsten Kinderprogramm scheinbar spontan eine halbe Stunde mit Bewegungsliedern eingebaut. Für die Kids eine spontan-fröhliche Abwechslung, für begeisterte Kindermitarbeiter eine Kleinigkeit an Vorbereitung.

Dieses Prinzip kann in allen Gruppen und Kreisen angewandt werden: Die vorhandene Struktur ist gut, hilfreich und stabil. Also können wir sie ohne Gefahr ruhig einmal aufbrechen. Ausnahmen erhöhen immer *dann* den Spaß und die Aufmerksamkeit, wenn sie aus einem sicheren Rahmen heraus kommen.

Dem entspricht in etwa, dass einzelne methodische Blöcke vertauscht werden können. Wenn beispielsweise in den letzten drei Wochen der Jugendstunde immer das Essen der erste Punkt auf der Tagesordnung war, dann ist es einmal im Monat eben etwas anders. Dann kommt der große gemeinsame Genuss zum Schluss. Aus Mitarbeitersicht muss die Änderung einkalkuliert und vorbereitet werden, aus Teilnehmersicht nicht.

Bitte zwei Punkte dabei beachten: Erstens: Wo meistens Chaos herrscht, schaffen wir zuerst eine funktionierende Struktur. Ohne stabiles Fundament wirkt viel Wind eher zerstörerisch, als Leben einzuhauchen. Und zweitens: Alte Menschen mögen hektische Wechselspielchen im Ablauf meist nicht allzu gerne. Hier dürfen die Änderungen sanfter ausfallen.

Schritt 3: Überraschungen und Abwechslung

Überraschende Gäste, die ein Thema in einem ganz gewöhnlichen Jugendkreis durchführen, ohne dass es vorher ein Teilnehmer weiß, sind ebenso auflockernd wie eine spontan erscheinende Spielaktion in einem Kreis, wo man sonst eher nüchtern ist. All diese Abwechslung kann von Mitarbeitern geplant werden, ohne jeden Spielraum an echter Spontaneität zu verlieren. Gruppen leben davon, dass die Langeweile ausgesetzt wird, dass wir ihr keine Chance geben. Allzu oft ist die Eintönigkeit in Gemeindekreisen hausgemacht und der Teilnehmer- und Mitarbeiterschwund nachvollziehbar. Wenn wir immer das gleiche Gericht auf dieselbe Art servieren, haben unsere Gäste irgendwann keinen Appetit mehr.

Schritt 4: Kleingruppen konzipieren

Kleingruppen sind eine Vorgabe der Bibel, die wir unbedingt nutzen sollten. Eine auf aufrichtiger Freundschaft basierende Kleingruppe wird niemals langweilig, wenn alle aktuellen Lebensthemen wirklich offen und vertrauensvoll angesprochen werden können. Gerade das, was dabei passiert, kann aber auf neue Leute eher seltsam wirken. Darum muss geklärt sein, welche Zielgruppe eine Kleingruppe wirklich hat. Wer weiß, was er mit seiner Gruppe will, hat es leichter, die Langeweile zu bekämpfen.

Als einer der Ursprünge der Gemeinschaftsbewegung wurde die biblische Kleingruppe (vgl. Lk 19,1f.; Apg 19,7f.) durch P. J. Spener neu definiert und belebt[133]. Auch er legte großen Wert auf Konzeption, blieb dabei aber nicht stehen. Der lebendige Umgang mit der Bibel durchzog das ganze Ambiente, in kleinen „Kollegien"[134] wurden Bibeltexte ins Leben geholt. Genial einfach auch für uns heute: Wir sitzen schlicht zusammen und lesen fortlaufend in der Bibel[135]. Immer wieder halten wir inne. Fragen können unmittelbar gestellt werden, es muss aber nicht sein[136]. Dazukommen zu diesem Kreis kann jeder, den wir mitbringen, oder der es sonst gern möchte.

Schritt 5: Ereignis und Institution

Einfach gesagt besteht Glaube, gegründet in dem wunderbaren Geschehen, das allein der Heilige Geist vollbringt, in der Lebenspraxis durch zwei große Bereiche: Das *Ereignis* des Glaubens und seine *Institution*. Beide sind nicht gegeneinander auszuspielen, ohne dass es mindestens langweilig wird. Darauf müssen wir sorgfältig achten. Wird beispielsweise über Jahre hinweg ausschließlich in Gruppen institutionalisiert die biblische Lehre vermittelt, aber keine außergewöhnliche Veranstaltung bringt eine ereignisreiche Abwechslung, entsteht fast immer früher oder später schlichte Langeweile. Der Glaube degeneriert. Springen wir aber von einem Großereignis zum nächsten und festigen mit keiner weiteren, tiefer gehenden Institution die gewonnenen Erkenntnisse, wird genau dieselbe Langeweile und Degeneration einziehen.

Eine anhaltende Unausgewogenheit der Elemente „Ereignis des Glaubens" und „Institution des Glaubens" wird immer Langeweile[137] zur Folge haben[138]. Darauf achten wir im Jahreslauf. Es gibt genug Möglichkeiten, an besonderen Ereignissen teilzuhaben und sich davon begeistern, fortbilden und anregen zu lassen. Niemals vernachlässigen wir deshalb aber die regelmäßige, tief reichende Beschäftigung mit der Bibel, mit der wir den Glauben im Alltag erfrischen und lebendig halten[139].

Schritt 6: Mitarbeiterschulung

Eines der wichtigsten Mittel gegen Langeweile ist sicher die Schulung unserer Mitarbeiter. Wer keine Fundgrube an Material und Methoden hat, dem fällt es schwer, die Praxis ansprechend zu gestalten. Mitarbeiterschulung müssen wir von Herzen unterstützen und organisieren. Besonders mit dem doppelten Ziel, die Mitarbeiter zu befähigen und der Langeweile keine Chance zu geben.

Schritt 7: Die Leidenschaft wecken

Dieser Schritt kann kaum verordnet oder trainiert werden. Die Leidenschaft, die die Langeweile vertreibt, wird viele sonst ermüdende Stunden zu erfrischenden Begegnungen mit Gott machen. Dabei muss Leidenschaft sich nicht in hektischem Gezappel oder möglichst dem Zuhörerkreis angepasster Wortwahl äußern[140].

Unsere Leidenschaft erwacht aus der Leidenschaft, die Gott für seine Schöpfung und für die Welt hat (vgl. Joh 3,16). Diese Leidenschaft ist immer ein Ausdruck seiner Liebe. Wie wir Liebe haben, so werden wir Leidenschaft wecken. Bei uns und anderen.

Kapitel 14

„Keine Frucht: Hohle Events und leere Programme!"

Wie wir durch besondere Ereignisse[141] Mitarbeiter fördern und gewinnen

Bei einem unserer großen Jugendabende, die wir an öffentlichen Orten außerhalb des Gemeindehauses aufführen, kam ich mit einer Jungen Erwachsenen ins Gespräch, die sich durch die Begleitung einer unserer Mitarbeiterinnen hatte mitbringen lassen.

Der eigentliche Event war zwar vorbei, aber dieser Teil, die Gespräche mit den Gästen, gehört zum Wichtigsten, was eine Veranstaltung dieser Art bieten kann. Nachdem wir also eine Weile geplaudert hatten, fragte ich sie, warum sie ausgerechnet zu einer christlichen Jugendveranstaltung ginge, wo das Wochenende doch so viele andere verlockende Dinge anbietet. Sie brauchte nicht lange zu überlegen und antwortete: „Ach, in eine Kirche wäre ich nie reingegangen. Aber ich hab' gedacht, hier geh' ich mir mal die Christen angucken."

Diese Aussage, die mich zuerst stark an einen Besuch im Zoo erinnerte, macht etwas Wichtiges deutlich: Sie zeigt, von welcher entscheidenden Bedeutung es ist, dass wir in der Öffentlichkeit vorkommen, damit wir und das, was wir tun, wie durch ein Schaufenster neugierig (vgl. Lk 19,1ff.) und unverbindlich betrachtet werden können[142].

Es geht nicht um den Event, es geht um Jesus

Besondere Veranstaltungen, bei denen etwas vom Glauben präsentiert, vorgestellt, öffentlich wird, bergen sicherlich besondere Gefahren. Wenn Teilaspekte des Glaubens in Szene gesetzt werden, z.B. in Form von besonderen musikalischen Darbietungen oder Theaterszenen, dann geschieht das ja durch Menschen. Diese Menschen können von Gott sehr reich beschenkt werden, weil sie ihre Gaben entdecken und einsetzen und andere beschenken, weil ihnen dadurch im Glauben weitergeholfen wird. So groß wie die darin liegende Chance ist, selbst im Glauben zu wachsen, so groß ist auch die Gefahr, dass dabei die Akteure sich selbst inszenieren.

Das sollte uns aber niemals davon abhalten, alle Möglichkeiten und Gaben einzusetzen, damit das Evangelium verkündet wird. Nicht nur zeitgemäß, sondern auch abwechslungsreich, spannend, unterhaltsam, klar und deutlich, aufrüttelnd, heiter-besinnlich und auf tausend andere Arten. Genau so hat es Jesus nämlich selbst gemacht.

Was dabei nicht außen vor bleiben darf, müssen wir unseren „Künstlern" aber von Zeit zu Zeit neu klarmachen: Es geht nicht um eine pure Inszenierung, es geht um genau diesen Jesus selbst. Jesus hat nicht sich selbst inszeniert, obwohl er vielleicht der Einzige wäre, der die Berechtigung gehabt hätte. Was er tat, wenn er die Mittel und Methoden seiner Zeit[143] einsetzte, um die Frohe Botschaft weiterzugeben, hatte immer dasselbe Ziel: Die Menschen sollen in die Gnade, Liebe und Vergebung des Vaters kommen. Sie sollen gesellschaftlich und religiös rehabilitiert werden durch eine neue, liebevolle und konsequente Gottesbeziehung. Wenn unsere Events und Programme das widerspiegeln, dann sind sie mehr als nur ein Griff ins Methodenköfferchen. Dann spiegeln sie etwas von der liebevollen, aber konsequenten Verkündigung Jesu selbst und tun ein Fensterchen auf, durch das man uns und unseren Glauben ganz unverbindlich betrachten darf[144].

Der Ruf eilt uns voraus …

Wir müssen uns den Schuh anziehen, dass wir als „Kirche" von vielen Nichtchristen als altmodisch oder altbacken angesehen werden. Die meisten nicht christlich sozialisierten oder glaubensfernen Menschen, die so über uns urteilen, waren kaum jemals in einem wirklich gut gemachten und lebendigen Gottesdienst. Das können wir ihnen einerseits vorwerfen, andererseits liegt es ja örtlich an uns selbst oder mindestens an unserer Geschichte.

Es gibt offensichtlich immer noch etwas geradezurücken. Dem sollten wir uns stellen. Dazu fühle ich mich berufen als jemand, der 26 Jahre lang als Nichtchrist ein total verzerrtes Bild davon hatte, was Kirche eigentlich ist. Es gilt geradezurücken, dass vieles von dem, was an Langeweile und Krampf in immer noch muffiger Atmosphäre mit Linoleum-Charme zwar gut gemeint, aber schlecht gemacht ist, definitiv nicht das einzige Gesicht Gottes ist[145]. Der Geist wirkt, wo er will, aber wir müssen es ihm nicht unnötig schwerer machen, als es sowieso schon ist.

Ich bin fest davon überzeugt, dass wir Events brauchen. Ich gewinne diesen Eindruck, wenn ich mit den Menschen ins allgemeine Gespräch über Glaube und ins spezielle Gespräch über die Gemeinschaftsbewegung[146] komme. Wenn von meiner geistlichen Heimat jemand den Eindruck hat, dass sie vor allem langweilig und unnötig ist, dann kann ich damit noch ganz gut leben. Wenn sich dieses Denken aber auf Jesus überträgt, und das tut es, dann ist das ein ernstes Problem und darf nicht so bleiben.

Wir sind immer noch viel zu zurückhaltend, zu mutlos, zu überflüssig. Oder wir sind es geworden. Das könnte sich wieder ändern. Wenn uns einst der Ruf einer lebendigen Gemeinde vorauseilt, wenn wir für unterhaltsam-tiefsinnige Events bekannt sind, dann hat sich viel getan. Wenn wir nach einer engagierten Prüfung und gegebenenfalls praxisnahen Überarbeitung unserer Programme einst hören: „Die Leute, die sich Christen nennen, das sind die, die mein Herz mit ihren Veranstaltungen anrühren! Die mir so spritzig und unterhaltsam, lebendig und konkret zeigen, was Glaube bedeutet! Das sind die, die mich in Gottes Nähe tragen! Die mich und sich untereinander so lieb haben, dass ich das Gesicht Gottes erkennen kann! Das sind die, die meine Gleichgültigkeit vertreiben und mich aufrütteln; die mir durchaus daramtisch, aber realistisch zeigen, wie verloren es um mich und mein Leben vor Gott steht! Das sind die mit den bewegenden, fröhlichen und tiefgehenden Gottesdiensten und Gruppenprogrammen ...!" Wenn uns dieser Ruf vorauseilt, wird viel geschehen sein und wir können beginnen, die ausufernde Eventkultur zu geißeln. Aber es ist noch nicht so weit. Bis dahin ist noch einiges zu tun und manches zu lassen[147]. Das gilt ebenso für unsere Programme. Mehr und mehr wird Kritik laut, dass wir nur noch Programme machen. Bei aller nötigen Kritik an hohlem Aktionismus[148] müssen wir nüchtern bleiben und feststellen, dass es ganz ohne Programm auch nicht geht. Eine Gemeinde ohne Gruppen, ohne Veranstaltungen, ohne Treffen, und das *ist* ein Programm, ist keine Gemeinde. Wir legen also den Schwerpunkt nicht darauf, unsere Programme abzuschaffen, bis wir gar nichts mehr anbieten, sondern wir verändern erst den Satz und dann richten wir uns danach: Wir machen nur noch *gute* Programme. Es liegt nicht daran, irgendetwas zu machen, nur damit es getan ist. Es liegt daran, dass wir das, was wir tun, mit Hingabe, Liebe und einer gesunden Portion Qualität umsetzen.

Pro Event!

Ich möchte zuerst klären, was unter einem Event überhaupt zu verstehen ist: Eine Veranstaltung, gerne auch etwas größer, bei der es darum geht, dass Menschen etwas *Besonderes* mit Gott erleben. Möglicherweise wird Glaube in ungewöhnlicher, überraschender oder seltsamer Form, auf jeden Fall aber auf der kulturellen Ebene der Zielgruppe erlebt. Das kann Spaß machen, aber es geht nicht um den Spaß, sondern um Jesus, und das wird auch deutlich. Natürlich muss all das eingebettet sein in die Liebe und Hingabe der Gemeinde[149] oder des Veranstalters. Auch manche andere Rahmenbedingungen müssen wir beachten: Zeiten, Räume, Zielgruppen. Aber das alles sagt nicht, dass es diese Art größere Veranstaltung vor allem außer Haus nicht geben darf.

Es macht demnach keinen Sinn, sich am Begriff „Event" aufzureiben. Wir müssen raus aus unseren Häusern, in kleinen und großen Aktionen, in engeren und entfernteren Beziehungen zu den Menschen von heute *hingehen*. Das besondere Ereignis des Glaubens, der Event, ist ur-biblisch[150].

Es war ein *besonderes Ereignis*, als Jesus einige Meter vom Ufer entfernt auf einem schaukelnden Fischerboot stand und seine Predigt an einer von Menschenmassen bevölkerten Uferböschung hielt. Und es waren auch *besondere Ereignisse*, wenn Jesus heilte und Wunder tat. Es war ein *besonderes Ereignis*, als Jesus auf einem Esel reitend in Jerusalem einzog ...

Alle diese Dinge tat Jesus natürlich in anderem Kontext und je nach Zusammenhang mit anderer Sendung als wir heute. Der Messias auf dem Weg zum Kreuz ist nicht lösbar von seiner untrennbaren Einheit mit Gott und in seiner Hingabe. Aber er ist *immer* unser Vorbild, wir eifern ihm nach. Wir wollen ungleich kleiner und unvollkommener nichts anderes tun, als was Jesus tat. Events sind dann per Definition besondere Veranstaltungen, bei denen ein Schritt in Richtung Glaube gemacht werden soll. Wir erhoffen uns besondere Ereignisse von einem Event.
Ein Event beinhaltet aber noch mehr Aspekte. Endlich können die vorhandenen Gaben (neben alltäglichem Einsatz im ganz gewöhnlichen Lebensstil als Christ) deutlich breiter und im positiven Sinn plakativ eingesetzt werden.

Ein Gedanke darf dazu nicht fehlen: Weder das besondere Ereignis noch sonstige Veranstaltungen oder Programme lassen sich *gegen* tiefe Beziehungen auf der persönlichen Ebene oder *gegen* Seelsorge und den regelmäßig stattfindenden Gottesdienst ausspielen. Und genauso gilt: Kein Event macht Sinn, wenn wir ihn durchführen, nur damit etwas getan ist. Hohle Events und leere Programme darf es nicht geben. Es kann mal etwas misslingen, wir werden immer Fehler machen und Gott kann auch aus unserem Versagen oder sogar *gerade* daraus noch etwas machen. Aber all das darf uns nicht davon abhalten, aktiv, sorgfältig und gezielt an die fröhlich offensive Verkündigung des Evangeliums in der breiten Öffentlichkeit zu gehen, so wie Jesus es tat.

Mitarbeiter gewinnen durch Events

Einen größeren Event zu organisieren und durchzuführen ist meiner Meinung nach nicht nur eine gute, sondern auch eine notwendige Möglichkeit, *viele* Mitarbeiter einzubinden, zu beschäftigen, vor allem *neu zu gewinnen*. Das liegt ganz einfach daran, dass eine große Veranstaltung viele Mitarbeiter gut gebrauchen kann. Endlich besteht die Möglichkeit, Gemeinde und Glaube aktiv mit zu gestalten. Wir ahnen vielleicht gar nicht, wie viele junge Leute das lieben werden, wenn sie nur endlich die Gelegenheit dazu haben. Wer bei einem Musical mitgewirkt, eine Massenszene erlebt oder eine große Dekoration mit entwickelt hat, der ist für unsere inhaltlichen Fragen von

ganzem Herzen offen. Und dann kann das Evangelium konzentrierter angesprochen, vorgelebt, verkündet werden.

Durch keine andere Veranstaltungsform haben wir über Jahre hinweg so viele
Mitarbeiter gewonnen, sind so viele junge Leute zum Glauben gekommen,
wie durch unseren Jugendabend, der ein gezielter Event für Jugendliche ist und
der ganz bewusst nicht im Gemeindehaus oder einer Kirche stattfindet[151].

Wenn Events keine Frucht bringen

Nach großem Aufwand und viel guter Arbeit wird ein Strich gezogen und die
Aktionen werden ausgewertet. Dabei darf die Frage „Was bleibt?" nicht nur
gestellt werden, sie *muss* es sogar. Wer viel Zeit, Arbeit und auch Geld investiert, muss sich selbst hinterfragen und hinterfragen lassen, was dabei herauskommt. Was sich nach reichlich wirtschaftlich-geschäftlichem Gebaren
anhört, ist gut biblisch begründet (vgl. Lk 19,11ff.). Ohne zu Erbsenzählern
zu degenerieren, müssen wir uns dennoch den Realitäten stellen.
Dafür einige Tipps:

Nüchtern und sachlich zu konstruktiver Kritik

Besonders die emotionalen Menschen, die sich leidenschaftlich engagieren,
müssen ein wenig leiden, wenn eine Veranstaltung oder ein Programm aus-
einandergenommen wird, um die Frucht herauszuschälen. Nüchternheit und
Sachlichkeit sind bei einer Auswertung aber nicht ganz unwichtig, und zwar
nach folgendem Maß: Je mehr negative Kritik geäußert wird, desto sachli-
cher muss der Ton sein. Was ausgewertet wird und als „Käse" übrigbleibt,
muss in eine konstruktive Bahn geleitet werden. Sonst macht alle Auswertung keinen Sinn.

„Positiv" und „Negativ"

Wir machen es stets so, dass wir zuerst die negativen Punkte aufzählen und
sammeln. Die können gern ganz subjektiv sein. Jeder darf sich äußern, kom-
mentieren müssen wir dagegen längst nicht alles, Erklärungen für Fehler
können am Ende der Runde folgen, wenn gewünscht und möglich. Die positive Runde schließt ab, dann gehen alle mit einem guten Gefühl nach Hause.

Rückmeldungen

Warum fragen wir nicht einfach die, die dort gewesen sind? Bei vielen unserer Veranstaltungen, besonders denen außerhalb des Gemeindehauses, lassen wir unsere Gäste einen kleinen Rückmeldezettel ausfüllen. Vorsicht, niemand möchte nach einem erlebten Event einen Roman schreiben. Aber drei
bis vier Möglichkeiten, etwas anzukreuzen, ein paar Linien Freiraum für Kritik[152] und die Möglichkeit, für weitere Fragen oder Gespräche seine Adresse

zu hinterlassen, das reicht. So gesehen sind Rückmeldezettel nicht nur wichtig, um Kritik zu äußern, sondern auch die Kontaktmöglichkeit für Menschen, die mehr wissen wollen bzw. die sich Beziehung zu Christen wünschen oder noch Fragen haben.

Geduld

Manche Events und Programme werden beendet, weil der Eindruck entstanden ist, dass bei großem Aufwand wenig bis nichts herauskommt. Das kann richtig sein. Wir sollten aber nicht vergessen, dass vieles nicht sicht- und zählbar ist (vgl. Ps 51,8; Mt 6,6). Eine positiv vertiefte Gemeinschaft, die durch gruppendynamische Prozesse gewachsen ist, kann man kaum abzählen, höchstens spüren. Vielleicht wird es drei oder vier Durchgänge einer Veranstaltung brauchen, bis diese Vertiefung wirklich spürbar wird. Ebenso die Auswirkungen eines Evangelisationsevents. Sie könnten erst später deutlich erkannt werden, auch wenn nicht schon bei der ersten Veranstaltung eine Erweckung ausbricht. In vielen Menschen kann dennoch etwas angerührt worden sein. Also gilt es, nicht *zu* ungeduldig zu sein, weil nicht alle Ergebnisse sofort sichtbar oder sogar überhaupt nicht messbar sein können.
Sich nur darauf herauszureden, kann aber auch eine Selbsttäuschung sein. Wir sind meistens ziemlich gut darin, alles ein wenig besser zu machen, als es ist, besonders, wenn wir selbst die Idee hatten und als Leiter engagiert waren. Kurz: Wenn ein Event allem Anschein nach ein Fiasko war, dann darf es auch beendet werden. Das gilt noch mehr für Programme. Bevor sie Monate und Jahre unsere Kräfte binden, ist es besser, sie zu beenden, wenn sie nach menschlichem Ermessen dauerhaft keine oder nur wenig Frucht bringen.

Praktische Schritte

Schritt 1: Bedarf klären und konzipieren

Wir klären über einen längeren, aber nicht endlosen Zeitraum den Bedarf. Dazu gehören folgende Fragen: Welche Veranstaltung ist wirklich nötig? Mit welcher Altersgruppe wollen und können wir aktiv werden? Was wollen und was können wir bewegen?
Zu dieser Phase gehören viele Beobachtungen und natürlich die unvermeidlichen Mitarbeitergespräche. Ohne motivierende Phasen, ohne Bild von dem, was entstehen soll, macht ein Event kaum Sinn. All das wird auf Papier oder Festplatte fixiert. Dann geht's los.
Das Verfahren, mit dem wir eine Gruppe *programmatisch* überarbeiten, ist nicht wesentlich anders. Hier kann allerdings leichter in einzelnen Schritten vorgegangen werden. Unsere Programme in den

einzelnen Gruppen werden darauf geprüft, *ob* und *wie* die Inhalte vermittelt werden und was dabei herauskommt. Das ist alles. Wir prüfen mit unseren Leitern, werten aus und verändern. An einem feststehenden Programm lassen sich kleine Änderungen je nach Zielgruppe schnell und unkompliziert durchführen (s. Kapitel „Das haben wir schon immer so gemacht!").

Schritt 2: Praktisch werden

Wir üben konkret in Gruppen und Teilbereichen das „große Ganze". Später wird aus einzelnen Puzzleteilen dann der Event[153].

Ein besonderes „Bonbon" sei noch empfohlen: Massenszenen in Anspielen. Wer jemals mit einem Anspiel eine komplette Fankurve im Fußballstadion oder eine Schlacht von „Orks" gegen „Hobbits" nachgestellt hat, der weiß, wie viel mit Events zu bewegen ist. Für diese *etwas* größeren Aktionen brauchen wir gute Kontakte in Schulklassen, weil auch mal 30 bis 40 Leute benötigt werden. Aber unsere Jugendlichen sind ja fast alle Schüler, da sollte dies ein nebensächliches Problem sein, denn Statist in einer Schlacht möchte fast jeder junge Kerl gern einmal sein. Weil aber ein gewisser Aufwand nicht zu leugnen ist, sollten wir auch etwas mehr Zeit einplanen. Eventuell Vorbereitungswochenenden oder Freizeiten. Es lohnt sich, vor allem, wenn wir uns zukünftige Mitarbeiter wünschen!

Schritt 3: Auswerten

Wenn wir unsere Events und Programme nicht auswerten, überdenken und von Zeit zu Zeit neu konzipieren, dann wird uns ihre Entwicklung entweder einholen oder einschläfern. Die Gefahren sind vielfältig: Manche Dinge verselbstständigen sich schnell. Wir werden oberflächlich. Wir erkennen nicht mehr, was „eine Nummer zu groß" ist. Wir verlieren die Einzelnen aus dem Blick. Wir verlieren das einfache, unmittelbare Evangelium aus dem Blick.

Das alles sind keine Kleinigkeiten. Nur mit einer kritischen und offenen Bilanz, an der ein funktionierendes Team hart arbeitet, wird es dauerhaft Frucht bringen, wenn wir mit Events arbeiten. Es macht keinen Sinn, nur leere Hüllen aufrechtzuerhalten. Ein Event muss wie auch jedes andere Programm gefüllt werden.

Ebenso brauchen unsere wöchentlichen Programme, für welche Zielgruppe auch immer, eine regelmäßig wiederkehrende Untersuchung. Mindestens zweimal im Jahr muss eine kritische Analyse erfolgen[154]. Wir müssen wissen, was wir tun. Auch das lernen wir bei Jesus!

Kapitel 15

„Irgendwie sind bei uns
alle angeschlagen!"

Wie wir mit wachsenden psychischen Belastungen umgehen

Ist das immer eine Freude, wenn jemand zum ersten Mal in die Gemeinde kommt! Sei es, dass ein bisher unbekanntes Gesicht im Gottesdienst auffällt[155], jemand in den Hauskreis mitgebracht wird oder bei irgendeiner Veranstaltung sonst Menschen mit Gott in Berührung kommen. Egal, wer da kommt, es ist wunderbar! Was uns aber auffällt, ist, dass es oft die „Verletzten" sind. Die Angeschlagenen, psychisch Labilen, vom Leben Enttäuschten. Jesus selbst hat es so gesagt: Die Gesunden brauchen den Arzt nicht. Auch wenn er damit zunächst die Selbstgerechtigkeit der Frommen in Frage stellt, scheint der Satz eine tiefere, eine doppelte Bedeutung zu haben.

In vielen Gemeinden begegnet uns vermehrt das Phänomen, dass auffällig viele Menschen Probleme auf psychischer Ebene haben. Weil deren Zahl in vielen Gemeinden zunimmt – oder schon immer hoch war, müssen wir Wege finden, damit umzugehen. Diejenigen mit Problemen dieser Art werden nicht weniger werden, sondern mehr.

Das „dicke Ende" kommt noch

Besonders Lehrern und Berufsgruppen, in denen viel mit Kindern und Jugendlichen gearbeitet wird, fällt es auf: Die psychische Belastbarkeit nimmt ab. Ich kann das jetzt nicht statistisch belegen. Aber in meinem Umfeld ist es so, das ist tägliche Erfahrung. Woher kommt dieser Trend?

Die Abschaffung der Familie hat Folgen. Die seit Jahren horrenden Scheidungsquoten haben Folgen. Alkoholismus und andere Süchte haben Folgen, wie auch unser Umgang mit Medien, mit Konsum, mit Freizeit.

Trotz berechtigter Anfragen an die Gesellschaft bringt die Generalanklage allein aber nicht weiter. Was wir erleben, sind Symptome und Folgen menschlicher Entscheidungen. Wir sollten uns allerdings darüber klar sein, dass die Entscheidungen, die wir treffen, Auswirkungen haben.

Wir sollten nicht überrascht sein, wenn sich Generation um Generation von Gott verabschiedet[156], dass die Auswirkungen irgendwann spürbar werden.

Ich will hier in keiner Weise einem christlichen Fundamentalismus das Wort reden. Und auch mit dem Zeitgeist ist es so eine Sache. Früher war nicht alles besser, definitiv nicht. Erschreckend aber ist das Ausmaß durchaus, in dem Geld, Macht, Sex und Äußerlichkeiten unsere Gesellschaft prägen. Und das seit Jahrzehnten. Sie sind Ersatzgötter geworden, die nicht tragen. Wer glaubt, dass es keine psychischen Auswirkungen auf alle Beteiligten hat, wenn man diesen „Göttern" huldigt, muss sachlich darauf hingewiesen werden, dass bereits eine riesige Menge von seelisch ver- und zerstörter, ihrer Identität beraubter Menschen dabei herausgekommen ist.

Seelsorge organisieren

Wir gewähren Seelsorge. Menschen brauchen immer wieder Seelsorge. Das ist weder etwas Neues[157] noch ein Geheimnis. Was Seelsorge aber nicht leisten kann ist, einen Ersatz für Therapie zu bieten. Die meisten Pastoren sind gut ausgebildet auf dem Gebiet der Seelsorge, aber sie sind nur in Einzelfällen auch Therapeuten. Ganz zu schweigen von Mitarbeitern und Leitern, die zwar Fortbildungsseminare oder Grundlagenkurse belegen können oder aus Lebenserfahrung beraten und Seelsorge gewähren[158]. Viele in unseren Gemeinden aber haben wenig Ahnung, wenig Kompetenz in Sachen Seelsorge. Wie sollten sie diagnostisch tätig werden, wie sollten sie zwischen „seelsorgerlichem Fall" und „Therapie" unterscheiden können?

Deshalb spielt wieder einmal die Kommunikation in der Gemeinde eine große Rolle. Wo es Auffälligkeiten gibt, muss darüber gesprochen werden. Das ist höchst brisant. Seelsorge ist ja unbedingt ein Bereich, in dem Schweigepflicht gilt! Es wird manche Zwickmühle geben, wenn wir uns den psychisch Labilen über deren erwünschte Gemeindeanwesenheit und Gruppenteilnahme hinaus zuwenden. Darauf müssen wir gefasst sein. Soll das Ganze keine Kurpfuscherei werden, sollte es gewisse Ordnungen geben.

Meine Empfehlung ist, dass diejenigen, die in der Gemeinde als Seelsorger tätig sind, einen guten Austausch untereinander haben. Der kann auch mit der Gemeindeleitung in Verbindung stehen. Seelsorger sollten als solche berufen werden und Austausch untereinander haben. Hier kann in guter Kommunikation über die Not gesprochen und Erfahrung ausgetauscht werden, auch ohne Namen zu nennen. Daraufhin kann ein als Seelsorger tätiger Mitarbeiter auch ohne Doktortitel viel besser einordnen, was ihm so alles begegnet. Er erfährt als Seelsorger im Team so auch persönlich die Unterstützung, die er braucht.

Es fällt in vielen Gemeinden auf, dass gerade die psychisch eher labilen Charaktere einen ausgeprägten Hang zur Seelsorge haben. Das muss nicht so sein, aber oft genug haben gerade sie sich als hervorragende Begleiter und Gesprächspartner für andere mit psychischen Problemen herausgestellt. Das ist logisch abzuleiten aus ihrem vorhandenen Einfühlungsvermögen: Gerade Menschen, die psychische Belastungen hinter sich haben, kennen sich ja mit den Empfindungen aus, die dabei ablaufen. Sie haben die Höhen und Tiefen durchbuchstabiert. Sie scheinen prädestiniert für die Seelsorge. Und es stimmt: Wer Erfahrung hat, kann sich oft besser einfühlen, kann in mancher Not gezielter beraten. Dennoch muss ein Seelsorger belastbar sein. Er muss abschalten können. Das muss er unbedingt lernen. Am besten im erwähnten Team und in einer persönlichen Begleitung.

Prävention als vorauslaufende Seelsorge

Eine große Aufgabe unserer Gemeinden und Mitarbeiter ist es, die Gesundheit, besonders die seelische Gesundheit zu fördern. Ich werde nicht müde zu schreiben, dass eine umfassende Kommunikation aller Beteiligten einer der grundlegendsten Schritte dazu ist. Eine Fülle von präventiven Maßnahmen zieht sich außerdem wie ein roter Faden durch unsere Gruppen, nur drei davon seien hier genannt:

- Das Empfangen von Vergebung gehört zu den seelisch wichtigsten Vorgängen. Da müssen wir doch festhalten: Ist es nicht genial, dass wir in Jesus die Vergebung haben? Diese Vergebung muss in unseren Gemeinden gelebt werden. Vergebung wird ausgesprochen, gewährt, gelebt.
- Das Erlebnis der Gemeinschaft ist nicht zu ersetzen. Menschen sind soziale Wesen. Wir lieben es, mit Menschen jeglicher Art, Herkunft, Hautfarbe und sozialen Position Gemeinschaft zu haben. Und das, weil Gott es liebt. Wir Christen sind aber auch Meister darin, Gemeinschaft nur unter uns zu pflegen. Wie gut wir diese Gemeinschaft organisiert bekommen, wird über unser seelsorgerliches Potential mitentscheiden.
- Das Ausleben von Gaben und Talenten ist eine grundsätzliche Lebensäußerung des Menschen. Wo ich mich entfalten und einbringen darf, da kann ich zuhause sein, kann etwas beitragen, kann mich definieren. Gemeinde muss genau das bieten!

Unsere Grenzen akzeptieren

Wenn Identifikation eine Basis für eine erwünschte starke *Mitarbeiterschaft* ist[159], dann ist Integration ein zentrales Stichwort für die starke *seelsorgerliche* Gemeinde. Wenn wir als Gemeinden nicht in der Lage sind, die Menschen aufzunehmen, die am Leben, an ihrer Geschichte und an sich selbst scheitern, dann verlieren wir unsere Existenzberechtigung. Es ist Liebe, die Jesus investiert, und das haben wir ihm nachzumachen. Da gibt es keine Ausreden. Wer nicht lernt, bedingungslos zu lieben, lebt nicht jesusgemäß.

Trotzdem gibt es Grenzen. Nicht Grenzen der Liebe, aber der Belastbarkeit einer Gemeinde. Jede Gemeinde wird irgendwann an diese Grenzen kommen, wenn sie in familiärer Nachfolge unterwegs ist. Jede Familie kann eine gewisse Anzahl von Schwierigkeiten verdauen, an Lasten tragen, an Stützen bieten. Wenn sie die Liebe aufbringt, die Jesus in sich birgt und verschenkt, wird sie geradezu sich selbst übertreffen. Was eine Gemeinde also verkraften kann, dürfte nach biblischen Maßstäben eine Menge sein. Große Bewegungen sind aus dem puren verschenken von Liebe hervorgegangen. Das geht kaum schnell. In heutiger Zeit sich Verschenkende Selbstlosigkeit in einer Gemeinde zu etablieren, dürfte eine gigantische Herausforderung sein!

Aber wir wissen von Familien, dass sie auch nicht grenzenlos belastbar sind. Mit unseren Gemeinden ist es ähnlich. Hier muss vorsichtig differenziert werden: Nicht, weil wir viele oder eine Fülle von Menschen mit psychischen Auffälligkeiten in der Gemeinde haben, wird diese sich unter Umständen nicht sichtbar entwickeln. Sondern: Weil wir nicht die Liebe aufbringen können, diese Auswirkungen aufzufangen, kann eine Gemeinde nicht ausschließlich aus Labilen bestehen. Das ist ein wichtiger Unterschied.

Eine kleine Gemeinde kommt nicht nur seelsorgerlich an ihre Grenzen, wenn zunehmend schwierige Fälle die Gruppen und Veranstaltungen füllen. Wer es laufend mit Menschen zu tun hat, die missbraucht wurden, die vaterlos oder sonst familienenttäuscht sind oder waren, die an Seele und Geist schweres Leid erlebt haben und noch nicht wieder gesund geworden sind, der kommt mit seiner Kraft, seiner Gemeinde, seiner Liebe an Grenzen. Das ist völlig normal. Wir schaffen es nicht. Wir können nicht das ganze Leid unserer Regionen tragen. Das kann wirklich nur Jesus.

Grenzen als Entlastung

Mich entlastet der Gedanke, dass ich die Seelenqualen vieler lieber Leute zwar nicht beseitigen kann, ja, manchmal nicht einmal lindern kann, aber dass Jesus der Erlöser ist. Das Leben im sicheren Wissen, dass Jesus den richtigen Weg mit allen geht, die zu ihm kommen, muss mir manchmal *genügen* (vgl. 2. Kor 12,9). Immer wieder sage ich mir dann: „Jesus, ich kann es nicht tragen, was diese Menschen alles erlebt haben. Bitte trag du auch das noch. Nimm auch diesen noch mit und jenen. Und mich selbst auch."

Das hört sich sehr fromm an. Aber es ist aus der Not gesagt. Die Not ist die, dass wir kleinen Gemeinden nicht fertig werden mit dem Elend, das sich an psychischen Auffälligkeiten zu uns gesellt. Es mag in größeren Gemeinden schwierig sein, vielleicht unübersichtlich. Für eine kleine Gemeinde ist die Begrenztheit ihrer Leute ein ganz ernstes Problem[160].

So gilt: Ich starre nicht nur auf das wenig Erscheinende, was ich habe, was da ist. Sondern ich sehe stattdessen, was Gott auch mit wenigen Mitarbeitern machen kann, die lieben. Ihre Liebe wird nicht jedes Problem lösen. Sie werden nicht alle Kranken verbinden, geschweige denn heilen können. Sie sind selbst schwach. Aber ihre Liebe wird immer etwas bewirken und zum Wachsen bringen. Ob wir es gleich sehen oder später oder vielleicht auf dieser Erde gar nicht mehr: Unsere Liebe und Hingabe für die Belasteten bewirkt etwas!

Gott heilt Menschen

Immer wieder dürfen wir das erleben. Gott heilt Menschen. In den meisten Fällen haben wir das so erlebt, dass Gott sich mit den Menschen unserer Gemeinde *auf den Weg* macht. Einen oft langen und mühsamen Weg. Über Jahre geht es über Berge und durch Täler. Manchmal scheint kein Ende in Sicht, zu anderen Zeiten glaubt man alles überwunden zu haben.

Was letztlich auf dem Weg der Heilung wirklich geholfen hat, ist im Wesentlichen auf zwei Spuren geschehen:
Eine davon ist die jahrelange Weggemeinschaft der Familie, die sich Gemeinde nennt: mit ihrer Seelsorge, den Gesprächen, dem geteilten Leben, den biblischen Impulsen und in all dem das spürbare, wunderbare Wirken der heilenden Kraft des Heiligen Geistes. Eine solche Gemeinschaft speist sich aus dieser heilenden Kraft, die zuletzt ganz und gar auf Gott reduziert werden darf und als Lob an ihn zurückgegeben wird: Das hat Gott getan[161]!
Die zweite Spur ist der Weg in die professionelle, psychotherapeutische Behandlung. Ohne als Allheilmittel eine hundertprozentige Quelle der Heilung zu bieten, ist die Therapie dennoch ein Weg, den viele Menschen gehen müssen. Zu tief sind manche Verletzungen, zu prägend manche Erfahrungen. Sie können sie weder einfach wegreden noch aufarbeiten. Und wir auch nicht. Sie brauchen professionelle Behandlung.
So kristallisiert sich das Gebiet heraus, auf dem Schritte möglich sind.

Praktische Schritte

Schritt 1: Ein Seelsorgeteam aufbauen

Wir bauen in der Gemeinde ein Team aus begabten und interessierten Seelsorgern auf. Diese stehen miteinander in Kontakt, haben idealerweise einen Mitarbeiterkreis für sich, in dem sie sich professionell fortbilden und wohltuend miteinander austauschen können. Sie suchen die Beziehung und Nähe der Gemeindeglieder und ihre Gäste von sich aus, sind aber auch als seelsorgerliche Ansprechpartner bekannt und werden in dieser Funktion aufgesucht.

Schritt 2: Prävention

Jede Form präventiver Maßnahmen wird gelebt und umgesetzt. Unsere Betätigungen in der Gemeinde sind nicht nur Zeitvertreib. Die vielzitierte bedingungslose Annahme von Menschen, deren Vorschub Jesus leistet, muss auch in unseren Gemeinden erfolgen. Soweit wir dazu aus Liebe fähig sind.

Schritt 3: Nicht alles machen wollen

Wo es zu viel wird, geben wir ab. Wir müssen und wir dürfen nicht alles selbst machen, nicht jeden Fall behandeln. Das Seelsorgeteam oder der Seelsorger entscheidet, ab wann ein Fall zur therapeutischen Behandlung weiterempfohlen wird. Zwingen können und dürfen wir zu diesem Schritt niemand, aber Hilfe anbieten wie das geht, das tun wir.

Kapitel 16

„Bei uns fehlen die Männer!"

Wie Männer in die Gemeinde finden und dort bleiben

Von Zeit zu Zeit genieße ich es, einen Blick in den Jugendkreis zu werfen. Gelegentlich mache ich dort einen Themenabend, hin und wieder schaue ich aber auch einfach nur kurz gegen Ende hinein, um jemanden zu begrüßen, der zum ersten Mal dort ist[162].
Immer wieder mache ich eine erstaunliche Beobachtung: der Großteil der anwesenden Jugendlichen sind Mädchen. Neulich dürften von etwa 35 Teilnehmern knapp 30 weiblich gewesen sein. Das ist einerseits unausgewogen, andererseits seltsam. Aber selten ist es nicht, denn viele Gemeinden berichten Ähnliches, und von der Kinderstunde bis zum Seniorenkreis heißt es immer öfter: „Bei uns fehlen die Männer!" Woher kommt das und wie können wir daran etwas ändern?

Die fehlenden Männer

Es gibt wunderbare, von Herzen gläubige Männer. Sie engagieren sich in der Gemeinde neben all dem, was sie sonst noch tun müssen, um die Welt am Laufen zu halten[163]. Die Sache hat nur einen Haken: Sie sind so selten.

Ich wage gar nicht daran zu denken, wie deutschlandweit unsere Gottesdienste aussähen, wenn die weiblichen Wesen aller Altersklassen fehlten. Das wäre nicht nur ein deutlich unschönerer Anblick, es wäre vielerorts auch gähnend leer.
Es ist darüber hinaus bewundernswert, was Frauen alles in den Gemeinden bewegen. Es verlangt höchsten Respekt und zugleich freut es mich zutiefst. Etwas im Herzen eines Mannes wird angerührt, wenn er erlebt, wie Frauen Gott dienen. Mag der Respekt davor auch verschüttet worden sein durch spöttisch-dümmliche Bemerkungen über Diakonissen, flache Witze über Frauen in der Küche oder den heimlichen Neid über predigende Pastorinnen. Ohne den hingebungsvollen Einsatz von Frauen in den Gemeinden, ja, im ganzen breiten Glaubensspektrum, wären wir ziemlich „im Eimer".

Da ist es nur wünschenswert, dass mehr Männer den Weg in die Gemeinde finden. Allein schon deshalb, weil endlich die Spüldienste zwischen den Geschlechtern gerecht verteilt sein müssen! Wenn Männer sich aber sogar übers

Spülen hinaus engagiert zeigen und zu verantwortungsbewussten Mitarbeitern werden, dann sind mancherorts Quantensprünge der Emanzipation geschehen. Konkrete Schritte, die wir gehen können, um Männer in die Gemeinde zu bekommen oder die vorhandenen Männer zu aktivieren, sind möglich. Am besten ist es, wir fangen es früh an, an sie heranzugehen.

Von klein auf

Männerarbeit fängt spätestens in der Kinderstunde an. Dort gibt es meistens noch einige Jungs. Für sie werden abenteuerliche Spiele angeboten, wir bemühen uns, biblische Geschichten spannend zu erzählen und sie werden auch sonst eingebunden. Seltsam, dass die männliche Präsenz in der Gemeinde im Lauf der Jahre aber kontinuierlich abzunehmen scheint[164]. Woran es auch liegt, eines ist sicher: Die Mitarbeiter in Gemeindegruppen sind überwiegend Frauen.

Auch sonst ist das im Leben eines aufwachsenden Mannes so: Jungs haben von klein auf immer noch vorwiegend Erzieherinnen, Grundschullehrerinnen und auch sonst die meiste Zeit des Tages Frauen um sich, die ihr tägliches Leben begleiten[165]. Die Frage muss darum erlaubt sein, ob für die Biographie eines werdenden Mannes erzieherisch-begleitende Männer nicht auch vorkommen sollten?

Es tut Jungen gut, von klein auf auch von Männern begleitet zu werden. Das ist neben dem Vater noch der Opa, wenn beide vorhanden sind. Aber gleich nach der sonstigen Verwandtschaft folgen die Männer der Gemeinde. Von klein auf erleben Jungs in dem Fall, dass hier Männer mit Gott unterwegs sind, von Gott reden und ihrem Leben mit Gott abgewinnen, was sie brauchen. Das wird sie für ihr ganzes weiteres, eigenes Leben motivieren. Und Motivation ist überaus wichtig für Jungs. Männliche Mitarbeiter in der Arbeit mit Jungen zu haben, ist äußerst wertvoll.

Übergänge schaffen

Es ist ein guter Schritt einer gezielten Männermotivation, den Übergang unserer Jungs von einer in die nächste Gruppe zu beobachten und besonders zu begleiten. Wir sollten früh aufspüren, an welcher Stelle uns die Männer verloren gehen. So können Angebote entworfen werden, die genau diese Lücken füllen. So ein Angebot könnte sein, dass der Übergang von der Konfirmation in den Jugendkreis mit einer fetzigen Sommerfreizeit zelebriert wird. Oder es könnte eine Begrüßungsfeier in der Jungschar geben, wenn die Neuen aus der Kinderstunde herausgewachsen sind und dort aufgenommen werden.

Es ist gar nicht so schwer, den Anreiz und die Motivation für einen Jungen hochzuhalten, der weiter in der Gemeinde seine Schritte im Glauben machen soll und es lohnt sich sehr für die spätere Männerarbeit. Männer, die Junge Erwachsene geworden sind, und auch erwachsene Männer brauchen einfach deutlich *mehr* Motivationsanreize als alle anderen Personengruppen.

Besondere Motivation

Jugendliche Jungs brauchen diese besonderen Motivationsanreize, damit ihre Teilnahme und ihr Engagement geweckt werden. Das Kernanliegen ist, dass Jungs aufrichtig Gott folgen sollen, wahrhaftig ihr Leben nach seinen Maßstäben gestalten lernen und Persönlichkeit und Lebensstil biblischen Maßstäben gemäß entfalten. Aber es kommt leider oft gar nicht erst dazu, weil sie schon wieder weg sind, bevor sie das Durchbuchstabieren dieser Dinge als echtes Abenteuer erkannt haben. Um ihr Glaubensleben und den dazugehörigen Alltag überhaupt als ein solches Abenteuer zu entdecken, sollte es in der Gemeinde immer wieder abenteuerlich zugehen. Mit glatt gebürsteter Langeweile bewegen wir keinen Mann.

Es gibt eine überaus spannende Erkenntnis, die sich im Herzen eines Mannes festsetzen sollte. Das umschreibe ich gern wie folgt: Das große Abenteuer des heutigen Lebensstils ist nicht, sich anzupassen und so zu leben wie alle oder wie man es heutzutage eben tut. Das große Abenteuer ist vielmehr *die Herausforderung, Gott treu zu bleiben* und so zu leben, wie *er* es will.

In all den verwirrenden Prozessen, die auf dem Weg zum Mann-Sein ablaufen, wird es ganz schwer, das durchzuhalten. Und auch als erwachsener Mann ist es eine tägliche Herausforderung, die bewältigt sein will[166]. Ich habe den größten Respekt vor jungen Männern, die heutzutage konsequent an Jesus dranbleiben. Das mag schon immer schwer gewesen sein mit dem Kopf voller Zorn und den Adern voll rauschenden Testosterons. Aber mit ständiger medialer Überfütterung und allgegenwärtiger, öffentlicher Sexualisierung ist es in den letzten Jahrzehnten nicht eben leichter geworden.

Männer sollten wir in der Gemeinde von klein auf ganz speziell den höchst abenteuerlichen Charakter dieser Lebensaufgabe lehren und anleiten: Dein großes Lebensabenteuer ist es, Gott treu zu bleiben. Du bist kein Versager, wenn du nicht immer in *Perfektion* treu bleibst, viel wichtiger ist es zuerst, dass Gott *dir* treu bleibt (s. 2. Tim 2,13), dass er dich erlöst hat (s. Jes 43,1). Das aber ist gewiss! Allein daraus wachsen *deine* Treue und *deine* Stärke, das Leben zu bestehen.

Ich habe es erlebt, wie junge Männer sich ganz neu entscheiden, sich nach Gott auszurichten, weil sie die Erfahrung gemacht haben, dass es sich lohnt. Wie ist das geschehen? Es brauchte Zeit und Liebe, echte Zuwendung der bedingungslosen Art. Ich habe zu vermitteln versucht: Nicht alles, was du tust, finde ich gut, aber *dich selbst* finde ich immer gut. Viel Gebet und vorgelebter Glaube haben geholfen, ebenso manches gemeinsam erlebte Abenteuer[167] und eine sehr große Portion investiertes Vertrauen. All das ergibt eine gute Mischung mit viel Potential, einem jungen Mann zu zeigen, was gelebte Nachfolge ist. Eine Garantie auf Erfolg gibt es nicht.

Zentraler Punkt der Begleitung eines Jungen ist, dass eines der größten Ereignisse männlichen Lebens auf ihn wartet: Wenn durch seine Mitarbeit jemand zum Glauben findet. Ein junger Mann, der das erlebt hat, wird kaum noch gleichgültig den Weisungen Gottes gegenüberstehen. Der Schlüssel für Männer, und in diesem Fall in völliger Übereinstimmung auch für Frauen, zu einem hingegebenen Leben an Gott liegt darin, wie sie erleben, dass sie mit Gott etwas bewegen können, sodass durch sie und ihre Mitarbeit Menschen zu Gott finden.

Dieses Erleben mündet immer in die Erkenntnis, dass es letztlich Gott selbst ist, der das tut, und gibt uns doch einen tiefen Lebenssinn. So füllt Gott uns Menschen mit dem tiefsten Sinn, den man sich denken kann. Eine der Krönungen des Lebens mit Gott ist das Zum-Glauben-Kommen derer, die er uns über den Weg schickt.

Praktische Schritte,
um dieses große Lebensabenteuer zu erfahren und zu lehren:

Schritt 1: Von klein auf begleiten

Wir sichten unsere Jungs in der Gemeinde und begleiten sie bewusst. Spezifische Angebote für sie müssen nicht ständig sein, sind aber zwei- bis dreimal im Jahr hilfreich und fördern das Anliegen, den heranwachsenden Männern unter ihresgleichen und in der Gemeinde ein Zuhause zu geben.

Bei der Begleitung von Jungs achten wir darauf, dass männliche Mitarbeiter vorkommen. Geradezu ideal und ein starker Gegenentwurf zu dem, was fast überall im Alltag des Jungen passiert, ist es, wenn eine Jungengruppe von zwei oder drei Männern geleitet wird[168]. Es kann überraschend sein, welche hervorragenden Fähigkeiten Männer haben, mit Jungs oder generell mit Kindern umzugehen! Wenn wir es einrichten können, sollten wir das ermöglichen. Wo immer Männer mit Jungs umgehen, werden wichtige Zeichen für ihre Zukunft gesetzt.

Schritt 2: Vater-Kind-Arbeit

Wir schaffen Angebote, in denen Väter mit ihren Kindern, natürlich nicht nur mit Söhnen, andere Dinge als die Alltäglichen machen oder einfach Zeit für- und miteinander haben. Es müssen nicht immer die großen Sensationen sein: Wir laden ein zum gemeinsamen Abenteuer, zu Gesprächen, Bastelaktionen und Sport. In solchen Gruppen und mit diesen Aktionen wird Jungen ebenfalls von klein auf in natürlicher Weise das Leben und das Engagement in der Gemeinde lieb gemacht.

Die Nachhaltigkeit ist nicht zu übertreffen, wenn eine solche Arbeit über viele Jahre etabliert wird. Diesbezüglich genial sind Vater-Kind-Freizeiten.

Schritt 3: Aufgaben anvertrauen

Den Jungs in der Gemeinde vertrauen wir Aufgaben an, an denen sie wachsen können. Alles, was eine Herausforderung bietet, wird ihnen nahegelegt. Und das kann wirklich fast *alles* sein, wenn es nur begleitet wird. Ohne das Gefühl haben zu müssen, ständig kontrolliert zu werden, setzen wir Jungs ein, die in Kinderstunde, Jugendkreis und Gottesdienst feste Aufgaben übernehmen. Auch hier gilt: Keine Ewigkeitsjobs verteilen. Begrenzte Zeit, überschaubarer Dienst, ob Soundtechnik, Beamerbedienung, Präsentationen, Licht, Begrüßungen, Moderation und vieles mehr. Die Verantwortung sollte wirklich delegiert sein. Ein Junge muss die Herausforderung spüren können. Und wenn wirklich etwas schiefgeht, obwohl er sich von Herzen engagiert hat, dann sind wir Leiter dem jungen Mann ein echter Partner, kein nervender Oberlehrer.

Schritt 4: Zeugnis geben

Wir entdecken auf spielend leichte Art, ob ein junger Mann eine Gabe zur Verkündigung hat, wenn er ein Zeugnis seines Glaubens gibt. Wir lassen unsere Männer nicht aus der Verantwortung: Was du mit Gott erlebst, sollst du weitersagen (vgl. Mt 12,34).

Wir machen es so, dass es einen weit umrissenen thematischen Rahmen für das Zeugnis gibt. Ein erster schriftlicher Entwurf, der vom Zeugnisgeber angefertigt wird, wird geprüft und gegebenenfalls gemeinsam kurz korrigiert, dann einmal das Vorsprechen am originalen Ort geübt. Schon kann es losgehen.

Junge Männer wachsen an der Herausforderung, von ihrem Glauben zu erzählen. Je einfacher und alltäglicher das Erlebnis, desto besser und hilfreicher ist oft das Zeugnis für die Hörer. Niemals vergesse ich die Glaubenszeugnisse, die ein junger Kfz-Mechaniker immer wieder aus seiner Autowerkstatt erzählen konnte.

Schritt 5: Jungengruppen

Wir bauen Jungengruppen auf, in denen Jungs lernen, wie man als Mann lebt. Dazu gehört sowohl das, was in Schwaben „Bubenjungschar"[169] genannt wird, als auch geschlechtsspezifische Jugendgruppen. In dem Fall eher als Jüngerschaftsgruppe bekannt. Geschlechtsspezifische Gruppen, auch für Mädchen, haben eine riesige Liste von Vorteilen. Einer der größten davon ist, dass Jungs endlich einmal unter sich lernen, wie Männer abseits der medial-öffentlichen Darstellung leben, sich verhalten können und ihre Themen bewältigen. Für Mädchen gilt, das sei hier bemerkt, dass sie hier heranwachsen können, ohne sich hauptsächlich darüber zu definieren, wie sie auf Jungs wirken.

Schritt 6: Männerfrühstück/Männerabende

Etablierte Veranstaltungen, wie das typische „Männervesper" sind Modelle, mit denen hervorragend Männer bewegt werden können, sich in die Gemeinde einzubringen. Geeignete Referenten können hilfreiche und konstruktive Impulse setzen. Es ist nicht so, dass Männer sich diese Impulse nicht wünschen, wir benötigen bei ihnen aber ein wenig Fingerspitzengefühl.

Diese Veranstaltungen sind darüber hinaus auch aufgrund eines meist neutralen Ortes, z. B. einer Gaststätte, eine sehr gute Möglichkeit, Freunde, Bekannte oder Arbeitskollegen mitzubringen[170]. Wir achten aber auf das, was wichtig bei Männerveranstaltungen dieser Art ist: dass sie sich, bezogen auf die präsentierten Inhalte und laufenden Gespräche, nicht ewig um ihre ureigenen Themen drehen[171].

Das, was in der Gemeinde speziell von Männern bewegt werden kann, sollte hier auch wirklich mit allen dazugehörigen Fragen vorkommen: Wie können wir helfen? Was ist zu tun, was zu lassen? Wie begegnen wir selbst jüngeren Männern? Dazu kann gerne eine gute Portion Vergangenheitsbewältigung kommen, denn ein Heer von Männern leidet unter einer nicht aufgearbeiteten, unversöhnten Vergangenheit.

Gerade Männerkreise stehen in der Gefahr, den Blick nicht wirklich auf das zu richten, was ihre Aufgabe in der Gemeinde und an ihrer Persönlichkeit ist, sondern eine fromme Version des weltlichen Stammtisches zu bieten. Das kann auch mal nett sein. Auf Dauer gehen wir dann aber lieber gleich an den Stammtisch im örtlichen Wirtshaus und lernen ein paar Leute kennen, die wir irgendwann in die Gemeinde mitbringen können. Damit ist in jeder Hinsicht mehr gewonnen.

Kapitel 17

„Neue Gesichter fallen uns einfach nicht auf!"

Wie wir lernen Menschen wahrzunehmen

Zu einem Abend, der ganz im Zeichen von Lobpreis stand, kamen auch zwei neue junge Leute. Zum ersten Mal in ihrem Leben waren sie in einem Gemeinderaum. Nachdem der musikalische Teil vorbei war, saß man noch gemütlich zusammen. Die beiden „Neuen" waren mit zwei Gesprächspartnern gut versorgt. Man drängte sich ihnen nicht unangenehm auf, aber man ließ sich wohltuend auf sie ein.

Auch beim nächsten Mal waren sie wieder dabei, obwohl die Veranstaltungen fast sechs Wochen auseinander lagen. „Schön, dass ihr wieder hier seid", wurden sie von einem der aufmerksamen Mitarbeiter begrüßt. „Ja, wir fühlen uns wohl", kam die Antwort. Wenige Tage später waren sie sogar erstmalig in einer der wöchentlichen Gruppenveranstaltungen zu Gast. Aber überraschenderweise blieben sie dort nur kurz, schon nach einer halben Stunde waren sie unter fadenscheinigem Vorwand verschwunden. Warum nur? Die entsprechenden Ansprechpartner fehlten, in der Gruppe fielen sie nicht auf und empfanden sich als „nicht so richtig angenommen" – jedenfalls nicht so, dass sie sich wohlfühlten.

Ich habe mich wohlgefühlt

Wenn wir einen Menschen danach fragen, warum er zu einer Veranstaltung ein zweites Mal in unsere Gemeinde gekommen ist, wird er in aller Regel sagen: „Weil ich mich wohlgefühlt habe!"

Gerade wir christlichen Gemeinden, die auf dem Weg aus der reinen Wohlfühlgemeinde[172] aufbrechen müssen, werden mit dem hohen Gut des Wohlfühlfaktors immer dann konfrontiert, wenn es um *neue* Leute in der Gemeinde geht. Es scheint nicht unwichtig zu sein, sich wohlzufühlen. Der feine Grat zwischen „sich grundsätzlich wohlfühlen" und „angepasst die Füße hochlegen" muss immer wieder neu bewältigt werden. Die Anpassung an selbstzufriedene Gemütlichkeit vollzieht sich rasend schnell, und dennoch ist Sich-Wohlfühlen umfassend wichtig. Natürlich nicht nur für Menschen, die zum ersten Mal über die Schwelle treten, sondern für jeden von uns.

Was wir anbieten können, außer atmosphärischer Raumgestaltung, Dekorationen, Licht- und Tonqualität sowie einer standardisierten Begrüßung, ist, abgesehen von der schönsten Botschaft der Welt, also dem Evangelium von Jesus Christus, eine wirkliche „Kultur der Wahrnehmung".

Die „Kultur der Wahrnehmung"

Gleichgültig in welcher Gemeinde ich in den vergangenen Jahren zu Gast war[173], man ist überall mehr oder weniger freundlich zu mir gewesen, wenn man wusste, wer ich als offizieller Gast war. Meistens kam ich ja angekündigt, und so hatte ein kleiner Kreis von Menschen mitbekommen, dass „der da" der Referent ist.

Was mich von meiner Seite als Gast aus immer reizt ist, den anderen Anwesenden der anstehenden Veranstaltung zu begegnen. Dann kann ich darüber staunen, wie intensiv sie mich als Fremden *nicht* wahrnehmen. Wer eingeweiht ist in die allgemeinen Abläufe, kommt in seine Gemeinde als Familienmitglied ja quasi in sein Wohnzimmer. Meine Frage: Wie werde *ich* wahrgenommen als jemand, der zwar von anderen Teilen der Familie eingeladen wurde, aber dennoch in ein fremdes Wohnzimmer hinein marschiert?

Ich mag von Gott wunderbar geschaffen sein, dennoch bin ich äußerlich auch bei gesundem Selbstbewusstsein maximal ein Durchschnittstyp. Das ist hervorragend, denn dadurch falle ich nicht auf. Es ist ein Leichtes für mich, in einer Gemeinde zu Gast zu sein, und kein Mensch bemerkt mich. Ich werde einfach nicht wahrgenommen. Oder *kaum*. Oder liegt es gar nicht nur an mir? Ohne böse oder anklagend zu verurteilen, was viele Gemeinden sich an wohltuender Gastfreundschaft mühsam aufgebaut haben, mein Eindruck ist der, dass wir Christen unendlich viel mit uns selbst beschäftigt sind. So sehr drehen wir uns um uns und unsere Freunde, dass wir von einer fröhlichen „Kultur der Wahrnehmung" fremder Menschen oder zumindest von Gästen oft meilenweit entfernt sind.

Nun gut, mancher von uns hat eine wichtige, seine Konzentration erfordernde Aufgabe in Gottesdienst oder Gruppe, mancher von uns ist nicht so ein offener Charakter. Was ich mir trotzdem für mich wünsche, aber noch viel mehr für ein Heer von Menschen, die in unsere Gemeinden erst noch kommen sollen[174], sind äußerst einfache Dinge, Gesten, Worte:

Blickkontakt

Ein freundlicher Blick, der denen begegnet, die noch am Eingang stehen oder gerade hereinkommen. Meist ist es so, dass diejenigen, die sich schon im Raum befinden, sich sofort mit sich untereinander beschäftigen. Sie begrüßen sich, reden und lachen. Genau diese Leute müssen lernen, mit einem kurzen Augenkontakt wahrzunehmen, wer *nach* ihnen hereinkommt oder wer sich *außer* Bekannten noch im Raum befindet, wenn sie eintreten. Das tut einem Gast gut. Nicht dass alle ihn anstarren sollen. Aber ein über einige Stuhlreihen hinweg zugewandtes, freundlich nickendes Gesicht hilft einem Fremden durch seine Unsicherheit in den Raum hinein. Ein erster Blickkontakt mit einigen Menschen ist das Erste, was ich mir als Fremder wünsche, und gehört ganz nach vorne in die Liste dessen, was wir als gastgebende Gemeinde bitter versäumen können. Wahrgenommen zu werden läuft immer zuerst über das Sehen. So banal sich diese Sätze hier lesen und anhören mögen, eine solch aufmerksame Wahrnehmung ist nach meinen Erfahrungen in christlichen Gemeinden immer noch eher die Ausnahme als die Regel.

Begrüßung
Wir begrüßen jeden Menschen freundlich und mit Handschlag, soweit das nach der Größe der Gemeinde möglich ist. Vor allem, wenn ich selbst wahrnehme, dass die anderen es unter sich so machen, bin ich sofort ausgeschlossen, wenn ich selbst nicht so begrüßt werde. Natürlich ist es nicht nötig, dass wir uns drängelnd durch die Reihen wühlen, bis wir auch wirklich jeden erwischt haben. Der Gruß soll ein Zeichen der Freundlichkeit und Aufmerksamkeit sein. Es hilft uns, niemanden zu vergessen, freundlich zu begrüßen, wenn wir grundsätzlich *jeden* erreichbaren Menschen mit Blick und Hand begrüßen. Auch das ist leider alles andere als selbstverständlich.

Gespräch
Warum nur redet niemand mit mir, wenn ich in eine fremde Gemeinde komme, wo mich noch keiner kennt? Das habe ich etliche Male erlebt. Jeder hat irgendeinen Gesprächspartner, nur ich stehe oder sitze und warte stumm. Wie vielen Menschen ging es schon so, dass sie kamen und niemand sprach sie an. Manchen davon hat Gott trotzdem noch irgendwie zum Glauben geführt. Manchen wahrscheinlich nicht. Oft denke ich: Wir machen es Gott nicht leicht. Und vor allem unseren Gästen nicht. Niemand soll „vollgequatscht" werden, aber es muss doch möglich sein, jemanden zu fragen, ob er gut angekommen ist oder ob er einen bestimmten Platz wünscht oder schlicht „Herzlich willkommen, das ist schön, dass Sie heute da sind!" zu sagen. Ein klein wenig Kommunikation sollte machbar sein. Wir haben doch den Vorteil, dass wir uns zuhause in Ruhe einige Sätze überlegen können für den Fall, dass uns zum Beispiel im Gottesdienst tatsächlich ein Mensch zum ersten Mal begegnet. Das bedeutet, dass wir nicht einmal spontan sein müssen, sondern nur damit rechnen, dass Gott uns jemand anvertraut, der ihn sucht.

Eigene Interessen

Eine „Kultur der Wahrnehmung" wird am meisten dadurch gestört, dass wir so intensiv unsere eigenen Interessen verfolgen. Gerade bei Veranstaltungen in der Gemeinde dürfte neben dem Wunsch, Gemeinschaft mit Gott zu haben, auch das Interesse groß sein, unsere Freunde zu treffen. Es ist zwar in der Tat äußerst wünschenswert, dass unsere Gemeinde aus möglichst vielen guten Freunden besteht, es ist aber geradezu selbstzerstörerisch, wenn diese Freunde in entscheidenden Augenblicken mehr mit sich als mit ihren Gästen beschäftigt sind. Ich frage mich seit langem, woran das liegen kann, und kann nur Vermutungen anstellen. Vielleicht spüren wir tief in uns, dass sich gerade durch die Menschen, die neu in unsere Gemeinde kommen, auch am meisten ändern wird. Unsere Position, unser Freundeskreis. Unsere Aufgabe, unser geistliches Leben und Erleben. Der Veränderung preisgegeben. Es ist nur eine Vermutung, aber es liegt nahe, dass insgeheim etwas in uns rebelliert, wenn wir Boden preisgeben sollen. Es soll lieber alles so bleiben, wie es ist. Aber wenn Neue kommen, *wird* und *kann* es nicht bleiben, wie es ist.

Leider verraten wir durch diese introvertierte Eigenbrötelei die ureigensten Interessen Gottes und verpassen ausgerechnet einen der wunderbarsten Teile seiner Verheißungen: Wer sich seiner Selbst entäußert, wer seine Egozentrik aufgibt und sich selbst ganz in den Dienst Gottes stellt, gerade indem er völlige Kleinigkeiten wie Freundlichkeit und Gastfreundschaft den Fremden gegenüber wirklich liebevoll lebt, dem begegnet Gott, der wird von Gott gesegnet[175]. Wer sich bei Veranstaltungen, die von Gästen besucht werden könnten[176], ahnungslos und stur um sich und seinen Freundeskreis dreht, der hat die Versprechen Gottes noch nicht verstanden und wahrscheinlich noch nie erlebt, wie sie wahr werden.

Soziale Kompetenz

Eine Menge an Unfreundlichkeit und Ignoranz, die uns in Gemeinden begegnet, ist keine Frage von Christsein oder nicht Christsein. Ganz simpel freundlich zu sein und Menschen mit einer gesunden Wahrnehmung zu bemerken und zu begrüßen, entspringt schlicht und ergreifend einer ganz normalen Sozialkompetenz. Auf dem Gebiet scheint mancher von uns nicht viel von Zuhause mitbekommen zu haben. Wir haben es stattdessen sorgfältig gelernt, dass jeder sich selbst der Nächste ist. Es mag am Wandel der Zeiten liegen, dass man sich immer mehr um sich selbst dreht. Die Individualisierung mag voranschreiten und die Blüte der Ignoranz immer kräftiger austreiben. In unseren Gemeinden müssen wir Sozialkompetenz üben, vormachen und lehren. Bei Jesus gelten diesbezüglich andere Gesetze als in der Welt.

Praktische Schritte

Schritt 1: Bewusstsein schulen

Wir wecken zunächst das Bewusstsein für eine erwachende Sozial-kompetenz. Vielen unserer Gemeindeglieder ist es überhaupt nicht bewusst, dass sie schlicht ignorant sind. Dieses Aufwecken kann schwierig zu bewerkstelligen sein. Aber gute Kommunikation hilft. Wir tauschen uns aus über unser Verhalten, reflektieren uns selbst und andere. Ideal eignen sich dafür Hauskreise, Mitarbeiterkreise oder andere kleine Gruppen, in denen intensiv diskutiert werden kann, was auffällt und was geändert werden soll. Dabei müssen wir uns darüber klar sein, dass wir zwar viel reden können, aber eine gesunde Sozialkompetenz nicht aus langen Reden wächst, sondern aus praktischem Training. Deshalb begrenzen wir die Diskussionen darauf, praktisch umsetzbare Schritte zu formulieren, die dann auch umgesetzt werden.

Schritt 2: Wahrnehmung schulen

Wir lernen, uns gegenseitig freundlich darauf aufmerksam zu ma-chen, was im Raum geschieht. Das ist äußerst selten und unge-wöhnlich, obwohl es extrem einfach ist. Wir schulen gegenseitig unsere Wahrnehmung. Wenn wir uns erst einmal daran gewöhnt haben, dass wir Menschen wirklich wahrnehmen können, dann wird es ein Genuss werden! Wir sagen zueinander: „Sieh dir das an, ist es nicht unglaublich? Gott schickt uns heute einen neuen Gast! Ich geh mal auf ihn zu. Kommst du mit?" Wenn Gott uns jemand anver-traut, dann ist das immer ein kleines Fest. Es darf innerlich und still und leise gefeiert werden, das sollten wir nicht verpassen!
Ebenfalls hilfreich zur Schulung allgemeiner Wahrnehmung ist die Vorstellung eines Gastes. Diese Vorstellung kann äußerst kurz aus-fallen, sie muss aber *unbedingt* mit dem Betreffenden abgespro-chen sein! Wer neu in Jugendkreis oder Gottesdienst ist, möchte vielleicht lieber anonym bleiben. Das müssen wir akzeptieren. Des-halb fragt der Moderator neue Leute deutlich *vor* der Veranstal-tung, ob sie kurz begrüßt und/oder vorgestellt werden möchten. Die Frage verlangt ein gutes Maß an Fingerspitzengefühl. Wir müs-sen spüren, ob jemand das möchte oder nicht. Man soll sich ja nicht genötigt fühlen, vorgestellt werden zu müssen. Sind Gäste aller-dings offen dafür und werden auf diese Art positiv begrüßt, führt das zu einer gesteigerten Wahrnehmung der ganzen Gemeinde, was hilfreich für die Schulung der Wahrnehmung ist. Gerade nach der

Veranstaltung ist es dadurch für unsere Gemeindeglieder leichter, mit diesen Gästen in ein Gespräch zu kommen.

Grundsätzlich gilt: Je größer und öffentlicher die Veranstaltung ist, desto schwieriger wird es, diese Methode anzuwenden[177]. Mindestens eine allgemeine Grußformel, wie „Ganz besonders herzlich begrüßen wir alle, die zum ersten Mal hier sind!" zu Beginn einer Veranstaltung kann Gäste mit hineinnehmen. Das soll aber kein Alibi dafür sein, sie nicht persönlich zu begrüßen.

Schritt 3. Verhalten schulen

Die einfachsten Wege, unser Verhalten zu schulen, sind folgende Maßnahmen:

Wir *selbst* geben ab sofort jedem Menschen die Hand, wenn wir in unsere Gemeindeveranstaltungen kommen. Wir können kaum jemand übersehen, wenn wir *jeden* begrüßen. Das ist die einfachste Möglichkeit, eigenes Verhalten zu schulen. Was wir nicht können, müssen wir trainieren. Gute Vorsätze nützen nichts, wenn wir unser Verhalten ändern wollen. Ein weiterer sehr einfacher Schritt ist, dass wir unseren Aufenthaltsort im Raum bewusst wählen. Wer sich seitlich am Eingangsbereich aufhält, bekommt mit ein klein wenig Aufmerksamkeit mit, wer den Raum betritt. Leider ist es besonders bei Jugendlichen so, dass sie sich die Ecken und Nischen aussuchen, in denen sie sich ungestört über die neuesten Nichtigkeiten austauschen können[178].

In dem Fall kann es helfen, mit ein bisschen guter Laune die Situation, dass jemand neu in die Gruppe kommt, zu *üben*. Wir haben das sowohl mit dem Jugendkreis als auch mit Vorbereitungskreisen diverser Veranstaltungen richtiggehend nachgespielt, um ein Gefühl dafür zu bekommen, wie sich jemand fühlt, der bei uns ankommt.

Schritt 4: Vorbilder bieten

Wir machen es wie in allen anderen Bereichen auch: Die Leiter und Mitarbeiter gehen als Vorbilder voran. Zuerst sind wir Leiter selbst gefragt, Verantwortung übernehmen. Wer sich zu einem Dienst hat rufen lassen, muss nicht perfekt sein, aber doch bereit, die Veränderung, die er bewirken will, auch vorzuleben. Wenn Leiterteams mit einem Bewusstsein für die Situation von Gästen ausgestattet sind, bei sich selbst eine wache Wahrnehmung schulen und eine gesunde Sozialkompetenz vorleben, wird das viel bewirken. Auf jeden Fall mehr als viele gesetzliche Predigten über Nächstenliebe und Mission.

Kapitel 18

„Wir haben keine Beziehungen nach außen!"

Wie wir mit Nichtchristen leben

Eine Gemeinde organisierte eine Evangelisationswoche. Man wollte endlich wieder Menschen ansprechen, die kaum Glaubenshintergrund haben. Die Übertragung der Inhalte wurde per Satellit empfangen, ein kleiner Rahmen dazu selbst vorbereitet: Eine Moderation, um die Gäste zu begrüßen, ein kleines Team für Dekoration und eine weitere Gruppe von Mitarbeitern kümmerte sich um ein kleines, anschließendes Bistro. Damit die Veranstaltung bekannt wurde, gab man die nötigen Infos an die Presse weiter, teilte einige hundert Flyer aus und verzierte die Straßen mit Plakaten. Dann konnte es losgehen.

Die Woche begann. Der Besuch war nicht überwältigend, aber auch nicht schlecht. Die Auswertung ergab, dass an den Abenden immer zwischen fünfzig und siebzig Gäste gekommen waren, am letzten Tag waren es sogar fast neunzig. Was bei der Auswertung auffiel: Die Gemeinde hatte sich wirklich bemüht, alles zu mobilisieren, was sie an Menschen kennt. Sie hatte nach Kräften eingeladen. Auch die umliegenden Gemeinden wurden nicht ausgeschlossen, sondern auch dorthin Infomaterial weitergereicht.

Die tatsächlichen Gäste aber, die die Evangelisationswoche besuchten, waren mit wenigen Ausnahmen nur Menschen, die entweder zu ihrer eigenen Gemeinde gehörten, oder solche, die bereits in einer anderen Gemeinde zuhause sind. Einmal mehr merkte die Gemeinde, dass Menschen, die kaum einen Bezug zum christlichen Glauben haben, unter ihren Gästen fast gar nicht vertreten waren. Es war wohlgemerkt die eigentliche Zielgruppe! Nach der Evangelisationswoche stellte ihr Team ernüchtert fest, was sie auch bei vorherigen Veranstaltungen schon erlebt hatten: Im Wesentlichen blieb man mit den Christen unter sich.

Gut gemeint

Ein Phänomen: die Planung gibt fast schon selbstverständlich als Zielgruppe „Glaubensdistanzierte" an. Oder „Kirchenferne". Vielleicht „Nichtchristen". Sie sind ja die, die logischerweise durch Evangelisation in die Gemeinde finden sollen. Zu Jesus. Man will nicht drängeln, will niemand manipulieren. Man will einladen und den Glauben vorstellen, man meint es gut.

Aber die Zielgruppe ist schlicht und ergreifend nicht da. Oder nur in einer verschwindenden Minderheit anwesend. Wie kann es sein, dass eine ordentlich geplante und gut durchdachte Veranstaltung dermaßen an ihrer Bestimmung vorbeirauscht?

Mit den Menschen leben

Meistens liegt es gar nicht an einer Veranstaltung. Auch wenn wir unendlich sorgfältig planen, organisieren und durchführen, wird es Fehlerquellen und Schwachpunkte geben. Das ist bei sorgfältiger, guter Arbeit okay. Auch in der perfektionistischsten Megagemeinde pfeift mal ein Mikro oder es fällt ein Notenständer um. Das ist weder schlimm noch ungewöhnlich. Wer sich hochkonzentriert vorbereitet hat, der kann bei unvorhergesehenen Pannen ganz locker bleiben[179]. Das Problem liegt woanders.

Es liegt in der Art, wie wir die Beziehungen zu unseren Mitmenschen gestalten, noch schlichter gesagt, wie wir *leben*. Genau die Menschen, die wir uns in unseren Veranstaltungen wünschen, weil sie noch keine Christen sind[180], können kaum kommen. Denn der Anlass für ihre Teilnahme muss eingebettet sein in vertrauensvolle Beziehungen, die allzu oft nicht existieren.

Dazu eine kleine, erfundene Beispielgeschichte zur Illustration:

Ich käme niemals auf die Idee, mit dem Verein „Wanderlust" einen ausgedehnten Spaziergang zu machen[181], wenn nicht einer der Wanderfreunde ein Freund von mir wäre, der mich mitnimmt. Er wird neben all dem, was uns sonst verbindet, immer wieder mal ungezwungen davon schwärmen, wie herrlich es ist, durch die wunderbare Natur zu wandern. Zugegeben, es wird viel Freundschaft und Vertrauen brauchen, bis ich mitgehe, da ich ein ausgesprochen wanderunlustiger Mensch bin, kurz: spazierengehen ist meine Sache nicht. Aber wenn mein Freund überzeugend und fröhlich sein Angebot einer gemeinsamen Wanderung immer wieder vorbringt, ohne mich damit zu nerven, weil er ein klein wenig Gespür für Situationen hat, dann werde ich ihn vielleicht eines Tages einmal begleiten.

Ich werde mir die Wanderschuhe anziehen und mitgehen. Selbst wenn ich mich schon nach 10 Minuten Wanderschaft auf die erste Bank setze oder ihn nach 20 Minuten überrede, den einladend am Weg auftauchenden Gasthof aufzusuchen, eines wird deutlich: die gute und aufrichtige Beziehung zu meinem Freund hat es möglich gemacht, dass ich mir ein eigenes Bild von der Sache machen konnte. Unverfälscht durch all die, die seit Jahren vom Wandern schwärmen und denen ich ignoranter Mensch nie geglaubt habe. Vielleicht wird meine Erfahrung nur ein kleines Mosaiksteinchen meiner sonstigen Lebenserfahrungen sein. Es kann aber auch definitiv passieren, dass ich zum leidenschaftlichen Wanderer werde.

Was hier mit einem banalen Beispiel formuliert wird, ist ganz enorm grundlegend. Genau *so* werden wir Menschen in eine Gemeindeveranstaltung mitbringen können, wenn die Beziehung stimmt. Ich betone immer wieder, wie wichtig gut gemachte, bunte und lebendig-tiefgehende Veranstaltungen sind. Richtig gut gemachte Programme sind etwas Wertvolles. Solche Veranstaltungen können Schritte zum Glauben sein. Oder wenigstens *ein* Schritt. Möglicherweise ein kleiner Schritt für einen Menschen, aber ein großer Schritt für seinen Glauben. Aber ohne einen gemeinsamen, vertrauensvollen Weg mit den Menschen, mit denen wir leben, sind alle diese Veranstaltungen reichlich überflüssig und bleiben leer und hohl (s. Kapitel „Keine Frucht: Hohle Events und leere Programme!").

Nicht mit jedem Menschen seines Umfelds kann man auf eine Art befreundet sein, die ermöglicht, dass man ihn irgendwann in die Gemeinde mitbringen kann. Aber eines dürfte klar sein: Wenn wir nicht mit den Menschen unserer Umgebung zusammen*leben*, werden wir sie überhaupt nicht mit auf den Weg nehmen können.

Kein zusätzlicher Aufwand

Die ganze Sache mit den Beziehungen beginnt immer im Alltag. Ehepartner und Kinder, Nachbarn und Arbeitskollegen, sie alle bilden für gewöhnlich unser natürliches Beziehungsumfeld. Im Wesentlichen geht es um nichts anderes, als in all diese Beziehungen Jesus mit hineinzunehmen[182].

In der Tat ist unser Leben in alltäglichen Beziehungen mehr eine Frage der Liebe zu einer großen Welt voller Menschen (vgl. Joh 3,16) und unseres Bewusstseins dafür, dass wir für andere da sein können, als eine Frage christlich aufgesetzter Frömmelei, die letztlich künstliche Verstellung ist. Jemand zu sein scheinen, der wir nicht sind, macht keinen Zweck. Wenn wir nicht authentisch, nicht natürlich *sind*, können wir auch nicht vorspielen es zu sein. Der Begriff „authentisch" ist arg strapaziert, das allein macht ihn allerdings nicht unwichtiger. Echt sein, ich selbst sein, das ist zeitlos gefragt. Bleibt die Frage, was ich tun kann, wenn ich nicht so bin, oder: Wie soll ich denn sein?

Die gute Nachricht: Wir können es lernen. Wir können lernen, mit uns und anderen umzugehen. Wir sind nicht hilflose Opfer der Umstände, sondern lernfähige Individuen.

Ein Beispiel: Es ist nicht einfach, konzentriert und locker zugleich, also gelassen zu sein. Wir können auch *echte* Gelassenheit nicht vorspielen. Aber lernen können wir auch sie. Und lernen tun wir nur durch Übung, durch Training. Zu trainieren[183], mit den uns umgebenden Menschen ehrlich gelassen oder freundlich, tolerant, liebevoll, ehrlich ... umzugehen, das macht absolut Sinn[184]. Es ist der folgerichtige Schluss, dass Jesus es mit jedem Menschen genau so gemacht hat. Gerade auch mit uns selbst!

Gelassener, freundlicher, liebevoller Umgang schafft Beziehungen und das Verrückte daran ist: der Besuch des befreundeten Skeptikers in unserer Gemeinde wird möglich, ganz ohne zusätzlichen evangelistischen Aufwand. Wenn wir unsere täglichen, ganz normalen Beziehungen als Christen authentisch leben und hier und da ein klein wenig gestalten, dann ist das der elementarste Beitrag, den wir leisten können.

Beziehungen gestalten

Die meisten Menschen, mit denen ich darüber gesprochen habe, sagen: Je näher man sich steht, desto schwieriger wird es, Beziehungen authentisch *christlich* zu gestalten. Das kann ich bestätigen. Aber das weckt Widerspruch. Wir wollen doch *gerade* durch authentische Beziehungen Menschen mit Jesus in Kontakt bringen. Pflegen wir diese Beziehungen aber und werden sie intensiv, dann wird das schwerer?

Es wird nicht schwerer, weil wir einfach nur die Menschen intensiver kennen lernen. Es wird vielmehr schwerer, weil wir unsere Defizite nicht mehr verbergen können[185]. Ein Leben in solcher charakterlichen Transparenz ist nicht mit allen Menschen unseres Beziehungsumfeldes einfach[186], aber es ist erstrebenswert.

Unsere Beziehungen so zu gestalten, dass wir ehrlich werden, macht uns aber nicht nur transparenter, sondern auch verletzbarer, angreifbarer. Manche werden das ausnutzen. Aber nicht alle. Man wird uns als aufrichtige, authentische Freunde, Partner, Kollegen, Bekannte erleben[187], wenn uns die, sagen wir ruhig christlichen Tugenden in Fleisch und Blut übergegangen sind und unser Handeln in natürlicher Weise bestimmen. Nur das ist letztlich eine überzeugende Lebensart, alles andere ist Theater.

Alle Beziehungen gestalten sich dann über unseren ganz alltäglichen Lebensstil. Dazu gehört vor allem all das, was einerseits zu einer gesunden Sozialkompetenz, andererseits untrennbar zu christlich motivierter Sozialdiakonie gehört (s. Kapitel „Wir sind sozial-diakonisch zu wenig aktiv!"). Außerdem achten wir darauf, wie und was wir reden. Wir machen so unglaublich schnell mit beim spöttischen, lästerlichen, auch beim sexistischen Geschwätz der Masse[188]. Man rutscht einfach so da rein. Man will nicht engstirnig oder uncool sein. Letztlich bewirkt man so aber keine Veränderung.

Die schrittweise Veränderung aber, die vor sich geht, wenn wir auf die vorher beschriebene Art das Leben üben, ist letztlich weder von sklavischer Unterwürfigkeit noch von heroischem Aktionismus bestimmt. Sie ist genuines Kennzeichen der Freiheit der Kinder Gottes (vgl. Joh 8,36). Dann besteht unser Leben als starke Mitarbeiter nicht mehr darin, krampfhaft alle Welt zu Jesus zu bekehren oder noch schlimmer bekehren zu müssen. Das können wir bei keinem einzigen Menschen (vgl. Phil 2,13). Aber Zeichen setzen für einen neuen Lebensstil können wir, damit sie umkehren wollen (vgl. 1. Petr 2,1f.).

Bedingungslose Freundschaft

Beziehungen nach außen zu pflegen, also nicht in der Gemeinde unter sich zu bleiben, bedeutet vor folgende Fragen gestellt zu werden: Was passiert, wenn jemand *nicht* Christ wird? Wenn er sich nicht in die Gemeinde mitbringen lässt?

Es gehört zu den elementaren Kennzeichen guter Beziehungen, dass sie auf freiwilliger Basis, ohne Manipulation und Zwänge gestaltet sind. Dass jemand nicht Christ werden *muss* bzw. dass meine guten Beziehungen erhalten bleiben, auch wenn sich die Menschen nicht für einen Gemeindebesuch gewinnen lassen, sollte selbstverständlich sein[189]. Mich fragte ein befreundetes Ehepaar, das bereits einige Male im Gottesdienst war, einmal ganz direkt: „Ihr seid Christen, das wissen wir, aber was passiert eigentlich, wenn wir nicht auch irgendwann Christen werden?" Ich habe gesagt: „Dann bleiben wir genau solche Freunde, wie wir es jetzt sind."

Auch dieses Verhalten befreit uns. Es befreit uns von der Vorstellung, dass *wir* diejenigen sind, die den Glauben machen, es befreit von Krampf und Druck. Das Zählen und Vergleichen, das Wiegen der Frucht hört auf, wenn immer Gott derjenige ist, dem wir alles zu- und anvertrauen und dem wir in aller inneren Freude dankbar zurückgeben, was sowieso von ihm kam (vgl. Phil 2,13).

Mitbringen statt einladen!

Wer Leute kennt und gelebten Glauben praktiziert, hat sicher schon eingeladen: zu einer Gemeindeveranstaltung in ihre oder außerhalb ihrer Räume, zu einem Gottesdienst. Das ist von der Sache her nett. Aber auch ebenso harmlos und meist erfolglos. Eine Einladung darf ausgesprochen werden, keine Frage. Aber sie ist immer unverbindlich. Was also ihr großer Vorteil ist, nämlich dass wir mit einer wirklich freundlichen Einladung für gewöhnlich niemandem vor den Kopf stoßen, ist gleichzeitig auch ihr großer Nachteil.

Ein Ausweg ist es, den Menschen, die wir gerne einladen möchten, anzubieten, sie mitzunehmen. Wir laden nicht nur ein, wir bringen sie mit. Jemand zuhause abzuholen, mit ihm in unsere Räume zu gehen, sich neben ihn zu setzen und auch hinterher noch ein wenig Zeit zu haben, das alles ist soviel angemessener, als lediglich eine Einladung auszusprechen. Vor allem, wenn diese hauptsächlich in einem hastig überreichten Flyer besteht.

Ein echtes Spezialgebiet: Schule

Einen extra großen letzten Abschnitt in diesem Kapitel widme ich dem Bereich „Schule". Das hat viele Gründe. Der wichtigste ist, dass kaum ein Beziehungsfeld so erschütternd brach liegt wie dieses.

Zurzeit können wir rein rechtlich gesehen sagen: Nicht *wir* laden zu irgendetwas ein, sondern wir *sind* eingeladen! Das bedeutet, dass nach Bundes-, Landes- und Schulgesetzen die Zusammenarbeit zwischen Kirchen und Schulen grundsätzlich vom Gesetzgeber erwünscht ist. Das bedeutet wiederum nicht, dass wir einfach hineinspazieren und den öffentlichen Raum als Missionsfeld beackern, wie wir lustig sind[190]. Wenn aber je nach Beziehungen und Vertrauensbasis gilt, dass die Türen der Schule offen sind, dann müssen wir dankbar und zügig ein Angebot anbieten, das man dort nicht ablehnen kann.

Ein buntes Programm

Was an den Schulen, vor allem im Ganztagsschulbereich von Gemeindeseite aus fehlt, ist ein ganz schlichtes, aber buntes Programm. Das liegt einerseits daran, dass gewöhnliche Menschen nicht um 14.30 Uhr in die Schule gehen können, um dort einen Gitarrenkurs anzubieten, andererseits daran, dass wir nicht überlegen, wer diesen Kurs alternativ anbieten könnte. Wenn wir Freiwillige oder andere Mitarbeiter haben, mit denen wir etwas an der Schule tun können, dann entfaltet sich ein buntes Kaleidoskop der Möglichkeiten. Das reicht vom erwähnten Gitarrenkurs über andere musikalische Angebote, vom Tanzbereich bis zu sportlichen Aktivitäten ohne Musik. Wir haben äußerst beliebte Trendsportarten wie Einradfahren genauso auf dem Zettel wie Volleyball, Badminton und den guten alten Freizeitkick. Hausaufgabenbetreuung ist ebenso gefragt, wie Leseförderung und Lerntechniken zu vermitteln und reine Spielgruppen in der Grundschule.

Sind noch keine Beziehungen zu einer Schule geknüpft, genügt ein Anruf bei der Schulleitung. Viel besser ist aber eine vorherige Beziehungsbasis. Dafür sollten wir im Alltag der Schule aber an irgendeiner Stelle schon einmal positiv vorgekommen und aufgefallen sein. Ganz einfach: ohne Kontakte keine Beziehung. Bei all dem geht es nicht um die Art von Mission, wie das Wort heutzutage leider meistens gehört wird: „Da wird mir etwas aufgezwungen, was ich nicht will!" Sondern es geht um gemeinsam gestaltetes Leben, Mission im Sinne von Auftrag: Wir leben mit den Menschen und durch dieses gemeinsame Leben wird – wenn wir wirklich authentische Christen sind –, der Glaube deutlich. Und so knüpfen wir Kontakte, bauen Beziehungen. Das ist allein schon um der Kontakte willen wertvoll. Es ist überhaupt nicht nötig, geradezu kontraproduktiv, darauf eine zusätzliche Predigt aufzuladen. Das gemeinsame Leben, genau das *ist* die Predigt! Und die muss dorthin, wo die Türen offen sind: in die Schulen.

Tun und Lassen

In der Schule gibt es alles zu beobachten, was wir als Christen vermeiden sollten: Als gläubiger Jugendlicher bleibt man in der Pause unter sich, im Unterricht merkt möglichst niemand, dass man auch dazugehört, und bei den meisten Dingen, die andere tun, macht man mit.

Ein authentisch gelebtes Christsein scheint für Jugendliche besonders schwer. Es beschreibt oft ein Pendel. Man schwankt zwischen Ignoranz und Unterdrückung des eigenen Glaubens in die eine oder gesetzlicher Abgrenzung in die andere Richtung. Schade! In der Schule sind ja nicht ein paar Jugendliche, die nichts mit Glauben zu tun haben (wollen) und auf die es nicht ankommt. Es sind alle Jugendlichen dort. An welchem Ort sollte es sich mehr lohnen, ein lebendiges Christsein zu entfalten?

Bevor ich drei Dinge nenne, in denen wir unsere jugendlichen Mitarbeiter motivieren, schulen und begleiten müssen, soll das auch noch erwähnt sein: Es gibt sie, die tapferen und fröhlichen Bekenner des Glaubens. Sie fallen besonders durch folgendes Auftreten auf:

Sich im Unterricht äußern

Es gibt Augenblicke, da darf sich christliche Identität nicht verleugnen. Im Religionsunterricht, aber auch in anderen Fächern mit hohem Diskussions- und Allgemeinwissensgrund wird das für gewöhnlich öfter der Fall sein, dass eine Situation eintritt, in der sie wirklich gefragt ist. Das sind Gottes Augenblicke[191] für seine Leute. Darauf warten wir als Christen.

Es wird nicht ohne ein wenig Mut gehen. Aber in den Gesprächen um Schöpfung, Theodizee[192], Ethik, Ehe, Gott und tausend andere Themen müssen wir etwas zu sagen haben. Mündige Christen in der Schule können nicht dauerhaft auf Tauchstation gehen. Zu lange ist „die Kirche" vor allem dadurch aufgefallen, dass sie nicht auffällt. Je älter Schüler werden, desto pointiertere Aussagen dürfen erwartet werden. Dass sie darin begleitet werden müssen, habe ich schon erwähnt. Wir müssen unsere jungen Leute ermutigen, sich zu äußern. Das ist nicht leicht in einer Welt, in der jeder Unsinn interessant sein kann, nur was gelebter Glaube bedeutet, ist für Leute von heute unklar und offensichtlich unwichtig.

Dazu kommt, dass es eine gewisse Haltung erfordert, sich im Unterricht zu äußern. Wer besserwisserisch und überheblich auftritt, muss sich nicht wundern, wenn man allgemein keinen Bock auf diese Art Glaube bekommt.

Um noch einmal positiv zu werden: Ich habe dem entgegen auch schon Abiturienten erlebt, die durch die Mischung ihrer sachlich konsequenten Art, sich zu äußern, und durch ihr freundliches, natürliches Auftreten der christlichen Sache genau das Ansehen gegeben haben, das wir aus manchem Bibeltext herauslesen können (vgl. Apg 2,47). Übermäßige Weisheit war dazu übrigens nicht erforderlich, gelebte Authentizität durchaus.

Nicht alles mitmachen

Mit „nicht alles mitmachen" sind nicht zwingend Klassenfahrten oder Abschiedsfeste gemeint. Im Gegenteil. Gerade dort kann sich zeigen, wo der Christ in kleinen Dingen den Unterschied macht. Dort bieten sich Lebenssituationen außerhalb der Gemeinderoutine wie auch des Klassenraums an. Wie bereits erwähnt, geht es hier um Lästereien und Spott, Mobbing, sexistische Ausdrucksweise und allgemein üblichen Umgang mit Alkohol. Die Liste kann beliebig fortgesetzt werden. Ganz ohne erhobenen Zeigefinger haben wir als Christen die Freiheit, auf manche Dinge zu verzichten. Das sagt mehr als ein gesetzlicher Vortrag. Bei aller Freiheit wird der eine oder andere Ausrutscher unvermeidlich sein. Das ist aber kein größeres Problem. Wer zu seinen Fehlern und Schwächen steht und daraus lernt, wird spätestens beim nächsten Mal nicht mehr alles mitmachen. Ein auf diese Art fröhlich und konsequent gelebter Glaube wird schon allein deshalb außerordentlich auffällig sein, weil er so außerordentlich selten ist.

Sich engagieren

Es bieten sich unzählige Möglichkeiten an, die Schule mitzugestalten. Beispielsweise ist einen Schülerbibelkreis zu organisieren eine der ganz einfachen Möglichkeiten, sich im gewünschten Rahmen des Gesetzgebers an der Schule zu engagieren. Man trifft sich einmal wöchentlich in der Pause und betet. Dazu ist wirklich kein großer organisatorischer Aufwand nötig. Warum geschieht das trotzdem so selten, wo es doch an jeder Schule wenigstens ein paar jugendliche Christen gibt?

Aber Christen dürfen nicht nur vereinzelt, sondern auch als Bewegung wieder wahrgenommen werden. Vor allem daran, dass sie sich für andere engagieren. Dann heißt es: Das sind doch die, die sich für die Schülerzeitung, die Sofaecke, die Schülermitverwaltung so positiv eingesetzt haben. Cool!

Wenn wir so unterwegs sind, ist es auch deshalb zunächst nicht nötig, im herkömmlichen Sinn predigend aufzutreten, weil unsere guten Beziehungen ganz von selbst und außerordentlich natürlich in die Gemeinde führen werden. Wenn Beziehungen vorhanden sind und wenn sie gepflegt werden, dann wird man sich früher oder später[193] dafür interessieren, woher wir kommen. Und wen wir in die Gemeinde mitbringen, der wird hier und da sicherlich auch bald die unübertroffen lebensverändernde Art Predigt hören, die wir Christen jeden Sonntag genießen.

Zuerst gilt es aber, anderswo anzusetzen: Aus der Ecke „komischer Haufen", in die wir uns teils selbst manövriert haben, teils durch ein Heer von Lobbyisten getrieben wurden, kommen wir nur dann heraus, wenn wir uns von Herzen für andere und mit anderen engagieren. Auch für Jugendliche gilt: sozial-diakonisches und sozial-kompetentes Engagement ist nicht etwas, was wir auch noch tun, sondern es ist unser Kennzeichen.

Wie in den beiden vorher genannten Bereichen „Sich äußern" und „Nicht alles mitmachen" ist auch bei „Sich engagieren" der Vorteil: Wir dürfen üben und lernen, dürfen das Abenteuer wagen[194]. Wir müssen nicht perfekt sein, wir können uns beraten und begleiten lassen. Vor allem in der Gemeinde! Aber *loslegen* müssen wir.

Praktische Schritte

Schritt 1: Bewusst leben

Wir leben bewusst mit den uns umgebenden Menschen und lernen, ihnen authentisch zu begegnen. Der erste Schritt zu gelebter Beziehung ist nie eine Einladung oder eine Veranstaltung. Der erste Schritt fängt immer bei uns selbst und unserem veränderten Bewusstsein an.

Schritt 2: Bedingungslos lieben und mitbringen

Bei aller Intensität, mit der Beziehungen, aber auch ein gelebter Glaube auf uns und unsere Mitmenschen wirken können, behalten wir die Bedingungslosigkeit der Liebe im Blick. Gott zwingt nicht, manipuliert nicht, drängelt nicht[195]. Er liebt bedingungslos und genau das müssen wir lernen. Daneben gilt: Wir hören auf, Menschen permanent unverbindlich einzuladen, und lernen, wen wir aufgrund einer guten Beziehung konkret mitnehmen können. Natürlich setzt das auch eine Art Einladung voraus. Diese ist aber gekoppelt an das Angebot, denjenigen abzuholen, zu begleiten, für ihn da zu sein.

Schritt 3: Öffentliche Räume und Schule

Wir begeben uns dahin, wo die Menschen sind. Was meist gar nicht nötig ist, weil wir sowieso schon jeden Tag dort mit ihnen in Kontakt kommen. Auch wir sind Schüler, Studenten, Arbeiter, Angestellte, Vereinsmitglieder, Nachbarn. Genau dort leben wir erkennbar als Christen. Das genügt zunächst.

Wenn wir so unterwegs sind, fangen wir an, gute und gezielte Angebote zu starten. Wir bieten an, was das Gaben- und Mitarbeiterpotential der Gemeinde hergibt, um uns in der Öffentlichkeit zu engagieren - ununterbrochen im Rahmen der gesetzlichen Möglichkeiten.

Kapitel 19

„Bei uns sind viele so unmotiviert!"

Was uns neue Motivation gibt

Man sitzt zusammen im Mitarbeiterkreis. Die verschiedenen Anliegen werden besprochen, man organisiert sich wieder für ein Weilchen. Was gegen Ende bleibt, sind ein paar Aufgaben und Dienste, die noch Verantwortliche brauchen. Jemanden, der es macht.

Die Leiterin der Mitarbeiterrunde fragt also einen Punkt nach dem anderen ab, um die wenigen Jobs zu vergeben. Aber immer, wenn die Frage im Raum steht, wer einen Auftrag übernimmt, gibt es eine Pause, die sich fast zur meditativen Stille ausbreitet. Niemand meldet sich, niemand sagt „Hier!". Es ist nicht so, dass nur keine Zeit ist. Es ist auch nicht so, dass man nur überlastet oder kraftlos ist. Das sind viel zu oft nur vorgeschobene Gründe.

Oft ist es schlicht so, dass man einfach keine Lust hat.

Identifikation und Notwendigkeit

Kein Seemann, dessen Schiff zwar untergeht, aber noch zu retten ist, wird lustlos übers Deck schlendern und sich schließlich an die Reling lehnen, um den schönen Ausblick zu genießen. Er ist mit dem Schiff verbunden, im besten Fall ein Teil davon. Er will also möglichst nicht nur das Schiff selbst retten, sondern auch die, die darauf unterwegs sind. Und natürlich sich selbst.

Wenn das Bild auch hinkt und wir weder selbst die Retter sind noch die Rettung machen können, so sind wir doch als Nachfolger von Jesus in seinen Rettungs*plan* verwoben. Gott könnte alles ohne uns machen, *alles* könnte ohne uns laufen. Aber er wollte es nicht so. Er *will* uns als Leichtmatrosen auf seinem Schiff! Wir dürfen in die großartigste und spannendste, tiefgreifendste und schönste Aufgabe der Welt einbezogen sein: die Rettung der Welt aus Gottlosigkeit und Verlorenheit. Unser Teil daran, nämlich die Ausbreitung der Botschaft, *wer* der eigentliche Retter ist, ist außergewöhnlich abenteuerlich. Immer da, wo sich jemand in seiner Rolle als Mitarbeiter darüber klar ist, dass er zuerst ein Mitarbeiter *von Gott* ist, wird's interessant.

Vorsicht! Diese Sicht der Dinge kann theologisch schnell ins Rutschen kommen. Denn in Erlösungsfragen gibt es keine Mitarbeit von unserer Seite. Wir sind nicht in der Lage, auch nur ein Gramm Erlösung zu machen. Jesus schafft das ganz allein am Kreuz (s. Röm 3,23f.). Sozusagen 100%. Es bleiben nicht 0,01% für uns. Jesus *allein* erlöst.

Gottes Mitarbeiter aber sind wir dort, wo es darum geht, seinen Auftrag anzunehmen, weiterzugeben, zu sagen, zu leben. In Wort und Tat. Ich werde nicht müde darin, Menschen dafür zu begeistern. Sie zu motivieren, dass sich das lohnt, dass das großartig ist. Ihre volle Identifikationsfähigkeit ist gefragt. Denn wer sich damit identifiziert, der macht sich auf die Socken. Er wird im Rahmen aller seiner Möglichkeiten so transparent leben, wie es eben geht, damit Menschen zu Jesus finden. Er wird seine Kraft, sein Geld und seine Gaben investieren.

Diese Identifikation trifft auf die *Notwendigkeit* der Sache. Es ist absolut *nötig*, dass wir als diese Botschafter leben, weil Gott es so geplant und sogar befohlen hat (s. Mt 28,19f.). Er hat das so mit uns Menschen gewollt[196]. Gerade die Tatsache, dass Gott sein Heiliges in derart Irdisches wie uns verpackt und weitergibt, ist ein Ausdruck seiner sich verschenkenden Größe. Er hätte es doch gar nicht nötig. Aber er liebt und gibt mit Vorliebe im Kleinen weiter. Durch kleine Menschen an kleinen Orten. Wie bereits in der Einleitung geschildert ist seine Stärke nicht die Gewalt des Diktators, sondern seine Stärke ist sein Mut zum Kleinen, zum Schwachen, zum Ohnmächtigen (vgl. Mi 5,1). Unsere Identifikation genau damit und die klare Sichtweise, dass wir in diesem Geschehen ausdrücklich erwünscht sind, bilden eine sprudelnde Quelle der Motivation.

Wenn Menschen zum Glauben kommen

Ein gemütlicher Abend mit Freunden, ein gutes Essen, ein lustiger Kinoabend, ein ersehnter Urlaub, eine herausfordernde Aufgabe, ein Spaziergang, ein spannendes Fußballspiel. Jeder kann für sich hinzufügen oder aus der kleinen Liste wegstreichen, was er motivierend oder demotivierend erlebt. Wo Weltliches und Geistliches zusammenkommen, kann diese Liste sehr lang werden. Dabei müssen die Kategorien gar nicht unbedingt so getrennt werden. Gott liebt es geradezu, geistliche Wahrheiten in alltägliche Begebenheiten zu gießen.

Darum ist es auch möglich, dass sich eine der größten Motivationsquellen, die es gibt, mit vielen unserer liebsten Dinge verbinden lässt. Wenn Menschen zum Glauben kommen, dann gibt es im Himmel ein Fest (vgl. Lk 15,7). In unseren Herzen auch? Lassen wir uns mit hineinnehmen in dieses Fest? Wir dürfen es nicht selbstverständlich hinnehmen, wenn Menschen zu diesem Fest unterwegs sind. Wir müssen erkennen und sehen, wann es so weit ist. Sonst verpassen wir glatt die intensivsten Augenblicke des Glaubens.

Hier ein paar Hinweise als Motivation zum Mitfeiern:

Wenn jemand Gott sucht.
In vielen kleinen Bemerkungen und Taten entdecken wir, dass Gott gesucht wird. Wir müssen sie wahrnehmen. Die Suche nach Gott läuft natürlich ganz hinter anderen Vorzeichen versteckt ab, als dass man sich öffentlich hinstellt und sagt: „Ich suche Gott!" Dennoch bleibt erkennbar, dass die Welt bevorzugt immer dann beginnt, zu Gott aufzubrechen und etwas von ihrer Suche nach ihm transparent zu machen, wenn sie Probleme hat. Immer dann, wenn Steine im Weg liegen, oder, sagen wir es, wie es ist, wenn kleine oder große Katastrophen hereinbrechen.
Werden wir dann da sein? Kennen wir die Menschen um uns, die Gott suchen? Es sind viel mehr, als wir denken.
Die Szenarien der Welt sind der Boden, auf dem wir für die Menschen, die Gott suchen, da sein dürfen. Eine unglaubliche, über die Maßen motivierende Herausforderung! Wir werden Weisheit brauchen und erbitten müssen. Wir werden Fehler machen oder unsere Begleitung wird sich in gemeinsamem Schweigen äußern. Wir werden ins Fettnäpfchen tappen. Was wir nicht tun sollten: demotiviert und gleichgültig die Hände in den Schoß legen und lustlos resignieren.

Wenn eine aufrichtige, vielleicht neugierige Frage nach Jesus gestellt wird.
Neugier ist ein hervorragender Anfang. So fangen echte Glaubenswege an, aus purer Neugier[197]: intensives Begutachten von Jesus, in einer Welt, die allen möglichen Käse anhimmelt, nur nicht den König des Himmels!
Was ist eine aufrichtige Frage nach Jesus doch für ein großartiges Zeichen! Jesus selbst war verrückt danach, dass die Leute ihn etwas fragen. Er hat sich dafür Zeit genommen und geantwortet, geholfen, diskutiert, gestritten. All das und noch viel mehr ging von Jesus aus. Nur eines nicht: gleichgültige Langeweile[198].

Wenn ein Mensch mit Herz und Mund bekennt, dass er zu Jesus gehören will.
Die Augenblicke, in denen unsere Gemeindeglieder zum ersten Mal ein Zeugnis von ihrem Glauben geben, sollten zu den Höhepunkten des Jahres zählen. Wenig ist beeindruckender und intensiver, als zu hören, was Gott im Leben eines Menschen getan hat. Wenig ist herrlicher als das Bekenntnis: Jesus ist mit begegnet, er hat an mir gehandelt, sein Name sei gelobt! Kommen diese Augenblicke in unseren Gemeinden vor? Kommen solche Leute zu Wort, gibt es sie überhaupt bei uns?

Schritte zu bleibender Motivation

Nachfolgend einige Schritte, die über die bereits genannten Dinge hinaus reinste Motivationsspritzen sind. Es wird zwar schwer, vielleicht sogar unmöglich sein, diese Motivation einfach so abzurufen. Man kann sich nicht künstlich motivieren[199]. So gesehen stellt sich die Frage, wie tiefgreifend die biblische Botschaft unser Leben, Denken, Fühlen und Handeln wirklich durchdrungen hat. Im Grunde sollte es genügen, wenn wir den oft zitierten Ausdruck „von Herzen" wirklich be-herzigen. Was im Herzen drin ist, kann nicht folgenlos bleiben. Es kann wohl durch die Lebensumstände, durch Krisen und Probleme angegriffen sein[200]. Auch tapfere und fröhliche Nachfolger Jesu sind angefochtene Leute. *Gerade* sie sind es. Aber das macht sie nicht permanent mutlos, nicht dauerhaft verzweifelt. In all dem, was Jesus tut, wie er Zugesagtes wahr macht und was noch zu erwarten ist, liegt die erwähnte Motivationsquelle. All das bringt uns zum Feiern und in die gesungene Anbetung, das schweißt uns zusammen, wenn es hart wird, und das lässt uns außergewöhnliche Risiken in Kauf nehmen.

Vielleicht ist es nicht nötig, sich immer wieder neu zu motivieren. Vielleicht können wir dauerhaft motiviert *sein*, weil unsere Gemeinden und unser Mitarbeiterteam grundsätzlich so motivierend *sind*. Ist es nicht so, dass viel Unlust und Resignation aufkommen, weil es gerade im Team klemmt? Weil die Gemeinde nicht so läuft? Dauerhaft motiviert zu sein hieße, dass trotz gelegentlicher Tiefpunkte, die definitiv nicht ausbleiben, grundsätzlich eine spürbare Freude und positive Spannung den Alltag durchdringen.

Eine motivierende Nachricht dazu, vor einigen praktischen Schritten: Ich habe in mir bekannten Gemeinden dutzende, ja hunderte in diesem Sinn motivierter Christen aus allen Generationen kennengelernt. Und es ist wirklich motivierend, sie kennengelernt zu haben. Denn sie strahlen viel aus von dem, was Gott für die Welt bereithält. Sie sind wirklich starke Mitarbeiter (vgl. Neh 8,10).

Praktische Schritte

Schritt 1: Die Bibel mitten im Leben

Wir nehmen die Bibel wirklich konsequent in unser Leben hinein. Weil sie in manchen Gruppen oder Aktionen im Erstkontakt den Menschen nicht angeboten werden *kann*, müssen wir sie im Herzen haben. Die intensive Auseinandersetzung mit der Bibel ist als Motivationsquelle durch nichts zu ersetzen. Eine Spur motivierender wird dieser Schritt noch, wenn wir das, was in der Bibel geschildert wird, auch um uns herum erleben: Glaubenswachstum, Freude, Ermutigung, Trost, Leben.

Schritt 2: Feiern

Inzwischen gibt es sogar Bücher nur zum Thema „Feiern in der Gemeinde". Hier nur ganz kurz: Zusammen zu feiern kann wunderbar motivierend sein. Wir machen gemeinsame Feste und Feste in den einzelnen Gruppen zum Ausdruck unseres gemeinsamen Glaubens. Nicht zu vergessen die Komponente des gemeinsamen Singens. Dieser Form des Feierns geben wir besonders viel Raum[201], weil gerade sie besonders motivierend wirkt.

Schritt 3: Durch Tiefen gehen

Wir begleiten unsere Trauernden, besuchen unsere Kranken, trösten unsere Traurigen. Was hier steht, mag selbstverständlich für eine christliche Gemeinde erscheinen. Ist es aber nicht. Denn in vielen Gemeinden ist dafür nur der Hauptamtliche zuständig. Der Pastor macht das schon! Starke Mitarbeiter aber sind stark darin, sich auf die Nöte der Gemeinde einzulassen, und wissen, dass *sie alle* berufen sind, das ebenfalls zu tun.

Wer gemeinsam durch schwere Zeiten gegangen ist, wird motiviert weitergehen. Die Zuwendung einer Gemeinde, die sich darin ausdrückt, dass *sie* für die Menschen da ist, wenn andere kneifen, gehört zu den Dingen, die außerordentlich motivieren. Denn Gewinner der Hingabe sind nicht nur die, die besucht, getröstet und begleitet werden. Gewinner sind auch die, die das tun. Sie werden gesegnet sein.

Schritt 4: Außergewöhnliches riskieren

Wer in einem sicheren Haus mit festem Grund wohnt, der kann sich auch weit aus dem Fenster lehnen. Wir riskieren darum zu lieben, wo andere hassen. Wir gehen dahin, wo keiner hin will. Wir beschäftigen uns mit Alkoholikern, gehen freiwillig in die Schule (!), investieren Zeit für Verzweifelte und feiern Gottesdienste in Autohäusern. Wir gestalten unser Gemeindeleben einladend fröhlich und intensiv seelsorgerlich; wir gehen bis hinein in den „Dreck" der Welt, um ein bisschen von der Reinheit Jesu hineinzutragen, und wir lassen zu, dass Räume und Sitten, Traditionen und Denkmuster auf den Kopf gestellt werden, damit der Name Jesus in diese Welt kommt.

Das wahre Abenteuer des Lebens ist, nicht mitzumachen bei vielem, was uns so alles angeboten wird. Das wahre Abenteuer ist es, zu verdeutlichen, was wirklich wichtig ist. Selbst wenn wir uns dazu vieler ungewöhnlicher und gewöhnlicher Methoden bedienen werden, sind sie nur Mittel zum Zweck. Sie sollen auf Jesus zeigen. Sie dürfen aber riskant sein, denn sie müssen mithelfen aufzuwecken, damit die Botschaft selbst greifen kann.

Das wird nicht ohne Widerstand ablaufen. Darauf können wir uns verlassen. Einfach wird es nicht sein und bequem auch nicht immer. Aber es wird motivierend sein!

Missionarische Gemeinde sein

Missionarische Gemeinde zu sein heißt nicht, dass wir auch „mal etwas Missionarisches machen". Vielmehr ist es so: *Alles* an der Gemeinde *ist* Mission (lat. „Auftrag"). Alle unsere Gruppen und Veranstaltungen, wie auch unsere ganze Existenz als Christen wird davon durchdrungen. Ob wir wollen oder nicht. Selbst wenn wir uns dessen nicht bewusst sind, sind wir Beauftragte, also Missionare. Selbst wenn wir nicht so handeln, wie wir es sollten, sind wir's. In dem Fall sind wir eben schlechte Missionare.

Darum ist der Titel „Missionarische Gemeinde" eigentlich Unsinn. Die Gemeinde Jesu ist immer missionarisch, denn sie ist immer beauftragt. Anders ausgedrückt: Dies wird immer Folgen haben. Entweder, dass Menschen zum Glauben an Jesus kommen, hineinfinden in die Gemeinde und sie mitgestalten. Oder eben nicht. Auf Dauer gibt es keinen Zwischenzustand. Entweder wächst die Gemeinde oder sie schrumpft.

Niemand aber, der es nicht selbst erlebt hat, wird ermessen können, was für ein großes und nachhaltiges Motivationspaket ausgepackt werden darf, wenn die Gemeinde wirklich über lange Zeit hinweg wächst.

Kapitel 20

„Wir sind sozial-diakonisch zu wenig aktiv!"

Wie wir diakonisches Handeln leben

Ein Pastor hat eine neue Gemeinde und der eine oder andere Hausbesuch steht auf dem Programm zum Kennenlernen. Er geht auch dahin, wo aktuelle und ehemalige Gemeindeglieder wohnen, die weniger reich, weniger gesund, weniger aktiv sind.

Ein Mann mittleren Alters, verwitwet, weckt bei seinem Besuch den Gedanken des Pastors, sozial-diakonisch mehr Aktivität zu entfalten. Der Mann wohnt allein und zurückgezogen in einem kleinen Apartment eines großen Wohnblocks, kann nicht gut gehen, er kommt auch deshalb nicht mehr in Gemeindeveranstaltungen. Schon der Weg ins Wohnzimmer führt nur über Berge von Kleidung, Pappkartons und Unrat. Nachdem seine Frau vor Jahren gestorben war, ist er im Laufe der Zeit mehr und mehr verwahrlost. Auch emotional macht er einen unsortierten Eindruck, redet kaum, ist von Fernseher und Bierflasche kaum abzulenken. Dabei war er früher ein engagiertes Gemeindeglied. Tief bewegt geht der Pastor nach Hause. „Wir müssen helfen!", denkt er. Aber das Tagesgeschäft nimmt ihn schnell in Beschlag. Der Gedanke an den Witwer ist zwar immer wieder da, aber eine konkrete Hilfe rückt in den Hintergrund. Angebote, ihn in die Gemeinde abzuholen, lehnt er ab. Nach längerer Zeit gibt es dann doch ein Wiedersehen. Zu einem Gemeindefest lässt er sich endlich doch abholen. Nach der Veranstaltung kommt der Pastor mit ihm über das Thema „Tontechnik" ins Gespräch. „Das habe ich früher immer gemacht", sagt er, „aber so gute technische Geräte hatten wir vor zwanzig Jahren nicht." In seine Augen kommt ein wenig Glanz. Später der Abschied vom Fest. Wieder bewegt den Pastor der Gedanke: „Wir müssen helfen, er braucht Gemeinschaft, braucht eine Aufgabe ..." Wieder wird eine konkrete Aktion aber verschoben. Der bestimmende Gedanke ist: „Bald werden wir etwas anbieten, werden wir etwas mit ihm tun." Darüber vergehen Monate. Schließlich bekommt der Pastor einen Anruf. Der alleinstehende Mann ist gestorben.

Was ist mit sozial-diakonischem Handeln gemeint?

Nicht der Pastor, sonst ein Hauptamtlicher, der Gemeindeleiter oder irgendeine andere Spezialperson ist in solchem Fall zuständig. Nicht Pflichtgefühl oder der fromme Wunsch sind die Grundlage. Und ebenso: Nicht irgendwann beginnt sozial-diakonisches Handeln, sondern es macht schon *immer* einen Teil unserer jüdisch-christlichen Identität aus. Nur das ist es, was uns an der einleitenden Erzählung betroffen machen sollte. Tragisch ist, dass es immer auch ein „Zuspät" gibt.

Eine besonders einfache Erklärung, die ich als Definition zugrunde legen möchte, was mit sozial-diakonischem Handeln gemeint ist, ist, wie Gott seinem Volk erklärt, wie er sich dessen Gottesdienst vorstellt: „Löst die Fesseln der Gefangenen, nehmt das drückende Joch von ihrem Hals, gebt den Misshandelten die Freiheit und macht jeder Unterdrückung ein Ende! Ladet die Hungernden an euren Tisch, nehmt die Obdachlosen in euer Haus auf, gebt denen, die in Lumpen herumlaufen, etwas zum Anziehen und helft allen in eurem Volk, die Hilfe brauchen" (Jes 58,6f.).

Gottes Anliegen ist Gerechtigkeit für die Elenden. Was wir zur Umsetzung beitragen ist Sozialdiakonie. Dieses Handeln gehört zu unserer Identität als Christen und somit auch zur Identität der christlichen Gemeinde (vgl. Lk 10,37).

Motivation

Diakonisches Handeln geschieht aus Liebe zu den Menschen, denen wir begegnen. Aus purem Pflichtbewusstsein heraus diakonischen Dienst zu starten ist sicher keine geeignete Motivation. Das Wort „Diakonie" bedeutet aber genau das: Dienst. Ein Diakon ist also ein Diener.

Das heißt in diesem Kontext aber nicht, stets gebückt nur unangenehme Aufgaben auszuführen. Einen Diener kennzeichnet, dass er den Auftrag, den er ausführt, von höherer Stelle bekommen hat. Im Fall eines diakonisch handelnden Christen kommt der Auftrag sogar von allerhöchster Stelle. Ja, vom Höchsten selbst! Das bedeutet eine echte Auszeichnung. Wir *dürfen* Gottes Auftrag ausführen und uns um die Menschen kümmern[202].

Eine Motivation ist also, dass Jesus uns anbietet, dass er uns mit allem versorgt, was wir brauchen, wenn *wir* zuerst dafür sorgen, uns seiner Herrschaft zu unterstellen und das zu tun, was er möchte (s. Mt 6,33). Wenn es also sein Wunsch ist, dass wir uns um die anderen Menschen kümmern, dann tun wir es aus unserem Selbstverständnis als seine Nachfolger. Das klingt nüchtern. Aber wenn wir die Liebe zu den Menschen und Jesus als den, der uns beauftragt, ernst nehmen, dann bedeutet das: Wir sorgen für die anderen[203] und Gott sorgt für uns. Wir kommen nicht zu kurz (vgl. Jes 58,8)!

Weil Gott es sich sehr wünscht, dass wir Menschen einander Gutes tun und er sich darüber freut, können wir mit fröhlichem Herzen dienen. Wer anfängt, anderen zu dienen, wird das bald merken, dass er selbst dadurch beschenkt wird. Mich persönlich motiviert das sehr, denn ich liebe es, von Gott beschenkt zu werden. Wer Gott seine Zeit, seine Kraft, seine Kreativität, sein Geld, sein Leben gibt, bekommt mehr zurück, als er investiert hat. Es wird uns nicht gelingen, Gott mehr zu geben, als er uns im Gegenzug empfangen lässt. Und außerdem: Alles, was wir haben, verdanken wir Gott. Wir geben ihm also nur zurück, was ihm sowieso gehört.

Eine andere und sehr richtige Motivation liegt darin, den Auftrag Gottes auszuführen (vgl. Lk 10,37). Viele Christen warten oft darauf, von Gott einen konkreten Auftrag zu erhalten. Das scheitert gerne daran, dass er möglichst so spezifisch sein sollte, dass im Auftrag sämtliche Anweisungen enthalten sind, was genau zu tun ist. Während diese Menschen auf ihren Auftrag warten, ihn herbeizubeten versuchen und mit den Gedanken ständig beim eventuellen zukünftigen Auftrag sind, verpassen sie es, im Jetzt zu leben und schlicht anzupacken, was vor ihrer Nase anzupacken ist.
Es gibt Menschen, die haben von Gott eine ausdrückliche Gabe des Dienens bekommen. Es gibt Menschen, die professionell diakonisch arbeiten. Und es gibt den Rest der Menschen. Aber für sie alle gilt: Die Not ist der Ruf. Sie muss uns motivieren. Wer mit geöffneten Augen und einem geöffneten Herzen durch die Welt geht, der wird so viel Not sehen, dass er bis zu seinem Lebensende damit beschäftigt sein könnte, mit Gott gemeinsam den Menschen zu dienen. Genau das ist es, was dran ist[204]. Hier kommt das Stichwort Verantwortung ins Spiel. Es gibt Not innerhalb und außerhalb unserer Gemeinden, für die wir als Christen eine Verantwortung haben.

Diakonie ist keine Methode!
Mit unserer persönlichen Motivation allein, mit unserer Lust oder Unlust sollte nicht alles stehen oder fallen. Darum behalten wir den einfachen Auftrag von Jesus im Blick, mit dem er uns Verantwortung überträgt: Jesus möchte, dass wir Hunger und Durst stillen, Leute aufnehmen, ihnen Kleidung geben, sie versorgen, sie besuchen, ihnen beistehen (vgl. Mt 25,31ff.).
All das ist keine Methode und sollte auch nicht als solche praktiziert werden. In vielen Bibeltexten, besonders bei Jesus selbst zeigt sich, dass Gebet, Mission/Evangelisation und andere genuine Grundsätze und Ausdrücke christlicher Existenz wie auch Diakonie keinen Sonderbereich darstellen, der methodisch abgearbeitet wird. Vielmehr macht all das christliches Leben aus, soll ganz praktisch im Lebensvollzug integriert sein[205].
Die Gemeinde kann geradezu beweisen, dass sie in der pluralistischen Welt vorhanden ist, wenn sie ganzheitlich ausgerichtet ist. Ganzheitlichkeit bedeutet hier, dass *alle* Ebenen des menschlichen Lebens angesprochen werden und im Gemeindeleben integriert sind: Kopf, Herz und Hand![206]

Probleme gelebter Sozialdiakonie

Es gibt eine Fülle von Dingen, die uns davon abhalten können, sozial-diakonisch aktiv zu werden. Die folgende, unvollständige Liste will das deutlich machen.

Trennung zwischen Alltag und Gemeinde

Schwierig wird es vor allem, wenn das Gemeindeleben getrennt von Alltagsleben stattfindet. Das Christsein zerfällt in Bereiche, und was praktisch werden sollte, ist irgendwann nur noch frommes sozial-diakonisches Wunschdenken. Übrig bleibt ein schlechtes Gewissen.

Die Nähe des Elends

Gelebte Sozialdiakonie hat immer etwas Unmittelbares. Wir haben es hautnah mit Menschen zu tun. Diese mit hilfreicher Tat zu unterstützen, zu lieben, obwohl sie nach unserem Ermessen krank sind, komisch aussehen, sich seltsam verhalten oder schlicht und ergreifend stinken, das fällt uns schwer. Die Schönheits- und Gesundheitsideologie, mit der wir alle seit Jahren beschossen werden, hat Spuren hinterlassen: Das Saubere, Starke und Gesunde ist es, was auch im Kopf vieler Gemeindeglieder festsitzt. Das ist bei Jesus aber grundlegend anders.

Falscher Perfektionismus im missionarischen Gemeindebild

Dieser Gedanke korrespondiert mit folgender Gefahr: Manches Gemeindeglied, das den Anblick der Gemeinde vor Augen hat, mag wohlmeinend denken: Die Menschen fühlen sich nur dann in unserer Gemeinde willkommen, wenn es körperlich, seelisch und geistig gesund zugeht. Wie sähen wir aus, wenn lauter Gebrechliche bei uns auftauchten?

Es schaudert uns hoffentlich, wenn wir das lesen, weil wir wissen, dass Jesus *gerade* die Gebrechlichen[207] liebt. Dennoch sollten wir auf Widerspruch auch innerhalb der Gemeinde gefasst sein, wenn wir uns mit der Gemeinde für gelebte Sozialdiakonie entscheiden, weil viele sich Perfektes, Heiles, Schönes und Unkaputtes wünschen.

Wer sich eine vor allem auf diese Art saubere und glückliche Gemeinde wünscht, dem sollten wir dringend eine Analyse seines Gottes- und Menschenbildes nahelegen und in der Folge zu bedenken geben, dass unsere Mitmenschen die Gemeinde *gerade* in den anderen Zeiten als nur den glücklichen brauchen.

Wir benötigen eine grundsätzliche Offenheit für Kaputtes, sonst sind wir nicht auf dem Weg von Jesus unterwegs. Aber verordnen können wir einen diesbezüglichen Sinneswandel kaum.

Man will keine Hilfe annehmen

Nicht jeder, dem es schlecht geht, *will* unsere Hilfe. Jemand nicht zu nahe treten zu wollen, gehört zum gesellschaftlich üblichen Umgang, der nicht immer so einfach durchbrochen werden kann. Und manchmal darf er es auch gar nicht. Wir dürfen niemanden zu seinem Glück zwingen. Einerseits müssen wir gesellschaftliche Zwänge überwinden, andererseits will mancher nicht, dass ihm geholfen wird. Das ist ein gewisses Dilemma. Es wird spannend, wenn jemand überhaupt keine Hilfe möchte, von dem wir denken, dass er unsere Hilfe nötig hat. Da sind Fettnäpfchen vorprogrammiert.

Die Frage nach dem Leid

Dazu kommen all die theologisch nicht hundertprozentig zu klärenden Fragen. Wie sollen wir all das ungelöste, schreckliche Leiden mit den Menschen gemeinsam ertragen? Warum gibt es überhaupt all dieses Leid?

Ein Patentrezept, all diesen Problemen zu begegnen, gibt es nicht. Aber ein Schlüssel ist in einem anderen *Denken* verborgen: Unsere Hilfe muss *partnerschaftlich vermittelt* werden und zu einem *Kreislauf des Helfens* werden. Die Rollen des Helfers und Hilfeempfängers wechseln sich ab. Da alle Menschen immer wieder Hilfe brauchen, sind *alle* auf Hilfe angewiesen. Heute bist du krank, morgen ich. Und bei der Begegnung mit behinderten Menschen frage ich mich sowieso immer wieder, wer eigentlich der Behinderte ist. Soviel Wichtiges gibt es zu lernen, so viele kostbare Begegnungen zu erleben und einen authentischen Umgang miteinander zu pflegen. Nicht zuletzt ist auch das für jedermann wichtig.

So eine partnerschaftliche Hilfe bedeutet auch, die Würde des Gegenübers zu wahren. Jeder entscheidet, was er annehmen oder ablehnen will. Hilfe wird nicht aufgezwungen. Sozialdiakonie ist ebenso wie zum Beispiel Evangelisation ein Angebot, ein Geschenk. Von unserer Seite aus keines, das je nach Belieben wegbleiben kann. Aber immer eines, das man auch ablehnen darf.

Facetten der Sozialdiakonie

Im Kontext der Gemeinde werden die Bedeutung und der Stellenwert von Sozialdiakonie durch ihre vielen Facetten lebendig:

Sozialdiakonie ist Mission

Was Sozialdiakonie mit Mission zu tun hat? Vereinfacht gesagt besteht Mission aus zwei hauptsächlichen Pfeilern: Der eine ist die Evangelisation, der andere das sozial-diakonische Handeln. Eine Gemeinde hat nur dann eine Daseinsberechtigung und eine Zukunft, wenn sie missionarisch ist, weil sie sonst ihr

Wesen verleugnet (vgl. Mt 28,19). Diakonisches und evangelistisches Handeln lassen sich nicht voneinander trennen und wirken gegenseitig aufeinander ein. Sozial-diakonische Gemeinde bietet den Menschen Hilfe an, die immer auch evangelistisch wirkt: praktisch, ideell, finanziell, seelsorgerlich. Ob wir wollen oder nicht, wir werden es gar nicht verhindern können, dass der eine oder andere Mensch auf diesem Weg zum Glauben kommt.

Gemeinde besteht aus einzelnen Menschen und ist deshalb natürlich nur so viel oder wenig diakonisch, wie diese einzelnen Menschen diakonisch *handeln*. Und sozial-diakonisches Handeln ist wie bereits erwähnt keine Methode, die man neben Anspiel, Begrüßungsteam, Dekorationsgruppe und Kinderferienprogramm *auch noch* praktiziert.

Vielmehr ist es so, dass Menschen, die sozial-diakonisch handeln, den diakonischen Lebensstil *leben*. Sie sind im Begrüßungsteam, *weil* sie gastfreundlich sind. Sie bieten ein Kinderferienprogramm an, *weil* sie ein Herz für Kinder haben. Sie verschanzen sich nicht hinter ihrem Gebet, das das Alibi unterstreicht, man könne gegen die übermächtige Not sowieso nicht viel tun. Sondern sie beten, *weil* sogar das Gebet zu den Formen praktischer Sozialdiakonie gehört, ja, sie erst ermöglicht[208]!

All das steckt an und schafft eine positive Ausstrahlung für Menschen und Gemeinden. All das kann einer der wirksamsten missionarischen Wege sein, weil Sozialdiakonie pure Mission ist[209], ohne zu einer berechnenden Methode verkommen zu müssen.

Sozialdiakonie ist Ausdruck von „Salz" und „Licht" (s. Mt 5,13ff.)

Dass die Gemeinde *Salz* sein soll bedeutet: Sie soll *wirksam* sein in dieser Welt. Salz würzt, es bringt eine Veränderung, es hilft, es unterstützt Geschmack. Salz kann aber auch fehlen. Wir haben zwar Verantwortung für die Menschen, die zu unserer Gemeinde gehören. Aber wir haben auch Verantwortung für die, die nicht einmal wissen, dass sie in der Gemeinde und letztlich auf diesem Wege bei Jesus selbst genau jene *wirksame* Hilfe finden können, nach der sie suchen. Wenn Salz das wirksame Mittel ist, um einen Eisblock aufzutauen, dann ist die Sozialdiakonie der wirksame Weg, um kalte Herzen aufzutauen.

Als *Licht* wird das Engagement der Gemeinde sichtbar, indem sie Orientierung, Wärme und Liebe schenkt, weil Jesus selbst genau das gibt. Wir brauchen uns nicht zu verstecken. Und wir sollen es auch nicht. Stattdessen darf gerade die Liebe durch das sozial-diakonische Handeln deutlich sichtbar werden. Licht bringt Helligkeit und durchleuchtet selbst die dunkelste Ecke. Wo Licht ist, werden Dinge aufgedeckt. Wo wir Licht sind, kümmern wir uns darum, dass Menschen wahrgenommen werden. Genau dort fängt diakonisches Handeln an: wo Bedürfnisse wahr- und ernst genommen werden; wo

Hilfe, Besuche, Gebet, Gemeinschaft angeboten werden; dort, wo für die Seele gesorgt wird (Seelsorge); wo Sinn und Frieden gestiftet, Hunger und Durst gestillt und Menschen ganzheitlich angenommen, geachtet und geförderdert werden.

Um Salz und Licht zu sein, muss also kein neues Diakonieprojekt gestartet werden, denn die ersten Menschen, die diakonischer Hilfe bedürfen, sind schon in unseren Gemeinden. Und wenn nicht, dann müssen wir mit geöffneten Augen und Herzen durch unsere Stadt gehen, zu unseren Arbeitsplätzen, in die Vereine, in die Schulen, Kindergärten, auf die Spielplätze, in den Supermarkt und zum Fußballplatz. Dort müssen wir mit den Menschen in Kontakt kommen, und ihre Bedürfnisse kennen lernen. Wir müssen mit ihnen darüber ins Gespräch kommen was sie sich von christlicher Gemeinde erhoffen oder wünschen.

Sozialdiakonie ist Kennzeichen der Familie

Familie, das ist klar, bedeutet nicht pure Harmonie und Glückseligkeit. Es besteht in unserer Gesellschaft immer noch eine Idealvorstellung von Familie, und es gibt *tatsächlich* gelebte Familienformen. Dazwischen können riesige Unterschiede sein!

Dennoch: Gemeinde ist auch eine Form von Familie. Das bedeutet, dass Menschen hier so angenommen werden, wie sie sind. Sie gehören einfach dazu, auch ohne Leistung. Wie in einer biologischen Familie. Menschen bekommen unbürokratische Hilfe. Wie in einer sozialen Familie. Es sind verschiedene Generationen vertreten, die, so ist es jedenfalls gedacht, nicht nebeneinanderher leben oder sich fertigmachen, sondern sich sinnvoll ergänzen.

Die Gemeindefamilie bietet Geborgenheit, Zusammengehörigkeitsgefühl, ermöglicht Vertrauen. Sie hilft, die eigene Konfliktfähigkeit zu verbessern. Sie besteht ohne eigenes Dazutun, denn sie ist einfach so da.

Bei all dem ist diese Familie in der Lage, allerlei Integration zwischen den unterschiedlichsten Menschen zu leisten. Es fällt in diesem Zusammenhang immer wieder auf, dass Menschen mit Migrationshintergrund in unseren Gemeindefamilien kaum oder überhaupt nicht integriert sind. Integration geschieht sicher von zwei Seiten aus. Von der Seite derer, die zu integrieren sind, und von Seite derer, die die anderen integrieren. Hier haben wir christlichen Gemeinden noch immer einen großen Handlungs- und Lernbedarf, denn eine gelingende Familie hat diese geheimnisvolle, von der Liebe Gottes gelenkte Integrationskraft.

Ein gutes Beispiel dafür bietet das, was wir über die Urgemeinde wissen. Also darüber, wie die ersten christlichen Gemeinden lebten (vgl. Apg 2,42). All das ist praktisch, lebensnah und geht auf spezielle Lebenssituationen ein. Man springt nicht von Allgemeinplatz zu Allgemeinplatz, sondern geht auf die konkreten Bedürfnisse, Fragen und Nöte der Menschen ein. Man bezieht die Menschen mit ein und ist davon überzeugt, dass alle Menschen, die zur Gemeinde gehören[210], in der Gemeinde sowohl Empfangende als auch Gebende sind.

Gelebte Sozialdiakonie bildet den Körper von Jesus[211] ab

Der menschliche Körper ist das biblische Bild von Gemeinde. Unsere Gemeinde ist in erster Linie als Körper ein Organismus, keine Organisation. Organisationen sind von Bürokratie, Hierarchie und Komplexität gekennzeichnet. Ein Organismus aber ist lebendig, nicht statisch. Er ist flexibel und empfindsam. Die Körperteile bilden untereinander ein davon bestimmtes Beziehungsnetzwerk, das ihren reinen Aufgaben vorangestellt ist. Zuerst kommt die Liebe, dann das Tun (vgl. 1. Kor 13,13).

Alle Teile gehören zum Körper dazu, ergänzen sich und dienen einander und dem Gesamten. Das habe ich an anderer Stelle schon geschrieben. Ein entscheidender Gedanke dessen muss aber nochmals betont werden: Alle sind *gleich* wichtig. Das gilt! Alle in der Gemeinde sind als gleich wichtig zu erachten. Und: „Wenn irgendein Teil des Körpers leidet, leiden alle anderen mit" (1. Kor 12,26). Das zu *leben* ist praktische Liebe. Das ist Sozialdiakonie!

Gemeinsam!

Sicherlich wird es aus dem bisher Geschriebenen deutlich: Die vielfältigen diakonischen Aufgaben können nicht von einzelnen Christen, von einzelnen Gemeinden, nicht einmal einzelnen Konfessionen getragen und bewältigt werden. Gerade im Bereich der Sozialdiakonie ist es dringend notwendig, dass alle Christen zusammenhalten und gemeinsam am zu Anfang des Kapitels erwähnten Ziel Gottes arbeiten und sich für Menschen in Not einsetzen. Und das über Gemeindegrenzen hinweg.

Starke Gemeinden mit starken Mitarbeitern sind mutig, experimentierfreudig, sie probieren etwas aus. Denn: Wir können Glaube zwar nicht machen, aber sehr wohl verhindern.

In kaum einem anderen Bereich wird es sich so deutlich entscheiden, was Menschen über Gott denken, als da, wo sie sehen, was Christen tun oder lassen. Wenn wir wirklich glauben, dass Gott die Liebe (s. 1. Joh 4,8) ist, dass er sich Gerechtigkeit für die Welt wünscht und dass wir Botschafter an Christi statt (s. 2. Kor 5,20) sind, dann muss das in und außerhalb unserer Gemeinden durch unser Christsein sicht- und spürbar sein!

Praktische Schritte

Schritt 1: Motivation tanken und Wege ebnen

Wir beginnen die Situationen zu erfassen, die uns motivieren. Sie dürfen nicht mehr an uns vorbeigehen, denn sie sind Wegbereiter dafür, dass wir beginnen, sozial-diakonisches Handeln in unseren Alltag zu integrieren und andere damit anzustecken.

Manchen Weg in der Gemeinde werden wir ebnen müssen. Was zur Vorbereitung gelebter Sozialdiakonie einer Gemeinde getan werden kann, tun wir: In Predigt, Gespräch und auf allen anderen Kommunikationswegen wird vorbereitet, was dann praktisch umgesetzt wird.

Schritt 2: Antworten formulieren

Folgende Fragen helfen uns, die Facetten der Sozialdiakonie zu entdecken: Wo sehe ich in meiner Gemeinde und ihrem Umfeld praktische, seelische und geistliche Not, die gelindert werden muss? Wie kann ich einen Zugang zu den Hilfebedürftigen finden? Wo kann ich einen praktischen Beitrag für die Gemeinde und die Gesellschaft leisten? Wo will Gott mir etwas schenken, in dem ich mich für seine Anliegen interessiere und einsetze?

Schritt 3: Konkret praktisch werden

Zu den Bereichen, in denen wir uns ganz praktisch engagieren, gehören: wohnungslose, einsame, arme, benachteiligte, kranke, sterbende, straffällig gewordene und suchtkranke Menschen. Im besten Fall, eigentlich im Normalfall gehören diese hilfsbedürftigen Menschen jedoch schon zur Gemeinde!

Wir bringen uns in der Nachmittagsbetreuung von Schülern ein, in Suppenküchen, organisieren Babysitterdienste, sind in der Telefon- oder Gefängnisseelsorge tätig und bieten Hilfe für Einelternfamilien an.

Wir nehmen Anteil am gesellschaftlichen und politischen Geschehen in dieser Welt. Das tun wir zuerst vor allem betend: Christen sind die einzigen, die Fürbitte leisten können für Menschen und Vorkommnisse in unserer Welt. Dies ist eine große Verantwortung, die wir nur gemeinsam tragen können. Wir bieten aber wo es möglich ist immer auch praktische Hilfe an. Sozialdiakonie darf nicht gegen Gebet ausgespielt werden, sondern die beiden Tätigkeiten gehören zusammen.

Zur langfristig tätigen Sozialdiakonie beachten wir, dass wir die kontinuierliche Begleitung der im Gemeindekontext *vorhandenen* und ebenso den stetigen Beziehungsaufbau mit *neuen* Menschen leben.

Ein praktischer, also gelebter sozial-diakonischer Lebensstil hat Auswirkungen auf unser ganzes Leben als Christen. Er kann bedeuten, Widerstand zu leisten wie die „Weiße Rose" und Dietrich Bonhoeffer, zu demonstrieren und zu boykottieren wie Rosa Parks und Martin Luther King jr., den Ärmsten der Armen zu helfen wie Mutter Teresa und bedeuten, an jedem nächsten Menschen in unserer Umgebung nicht vorbeizugehen, sondern ihm zu dienen.

Sozial-diakonisch zu leben kann auch heißen: fairen Handel unterstützen, die Umwelt schützen, rücksichtsvoll und Ressourcen schonend zu leben.

Fußnoten

1 Wie wir das machen, ist vielfältig und recht beliebig möglich; ob wir das machen, nicht.

2 Noch treffender wäre „schöpfungsbedingt"!

3 „Große" Aufgaben, zum Beispiel: staubsaugen, einen Kranken besuchen, Geschirr spülen, zu fremden Menschen freundlich sein usw.

4 Es sei denn, sie ist ausgewiesene Jugendgemeinde (vgl. z. B. das Leitbild der Jugendgemeinde „Tree", Leonberg).

5 Das reformatorische „Solus Christus" (Allein Jesus Christus) leuchtet in ihr auf.

6 Natürlich waren ein paar Menschen da, die etwas „gemacht" haben. Aber es ist ein Unterschied, ob Menschen „etwas machen" oder ob sie sich gezielt und gemeinsam für den Bau einer starken Gemeinde einsetzen. Die schon in der Gemeinde anwesenden Menschen haben „noch etwas zusammengehalten", was sonst früher gestorben wäre. Sie haben den Aufbruch von diesem Ausgangspunkt aus zwar erst möglich gemacht, ohne konsequenten Aufbruch aber wäre die Gemeinde - nach menschlichem Ermessen - in etwa 10-15 Jahren nicht mehr existent gewesen.

7 Ein schrecklicher Ausdruck für einen lebendigen Organismus, aber in gewisser Weise auch treffend, denn wir alle wissen, dass ein nicht funktionierender Körper meistens leidet. Was nicht gleichbedeutend damit ist, dass er keine Existenzberechtigung hat!

8 Ich denke hier immer wieder an das, was die Jünger in guten Tagen, aber vor allem auch in schweren Zeiten und angesichts von Not und Elend erlebten. Erleben wir nicht auch genau solche Dinge, wenn wir Jesus nachfolgen? Mit gewissen Abstrichen ist nichts von dem, was die Frauen und Männer um Jesus erlebten, nicht auch für unser heutiges Leben als Christen möglich. Mögen sich auch einige Lebensbedingungen gewandelt haben, im Wesentlichen wohl hin zu mehr Sicherheit und Bequemlichkeit. Dennoch bedeutet Nachfolge Jesu auch in dunklen Stunden das Leben zu haben (vgl. Joh 8,12).

9 Mit dieser Leitung ist vor allem die Leitung durch den Heiligen Geist gemeint (vgl. Joh 16,13). Aber auch die „menschliche" Leitung der Gemeinde muss ihren Teil dazu tun (vgl. 1. Kor 12,28).

10 Es ist nicht die Frage, ob Autorität nötig ist, sondern auf welchem Weg sie erlangt wird. Einen anderen Weg, als sie sich durch Dienst und Liebe, Zuwendung und positiv gelebte Leiterschaft zu verdienen, gibt es nicht (vgl. Joh 13,14.15). Ein gutes Beispiel gibt uns Paulus in Römer 15,25: „Jetzt fahre ich nach Rom, um den Heiligen zu dienen."

11 vgl. Klaus Göttler: „Für Jesus begeistern", Handbuch Jugendevangelisation, S. 25, SCM Hänssler und Born-Verlag 2009. Göttler macht deutlich, dass Evangelisation etwas ökonomisch höchst Zweifelhaftes ist. Gott ist eben kein „Erbsenzähler-Gott" (Luther), sondern Gott will Menschen retten: einzelne Menschen, für die er auch mal 99 warten lässt, wenn einer wirklich verloren zu gehen droht (Lk 15,1-7).

12 Der Begriff „Familie" wird in diesem Zusammenhang noch öfter vorkommen.

13 Oder „sündig"? Denn das hat Sünde so an sich, dass sie die guten Gebote Gottes verdreht, sodass aus gesunder Selbstannahme (Mk 12,33; Eph 5,28) ein egozentrisch ungesundes Kreisen um eigene Bedürfnisse wird.

14 Wenn man dann noch einen Blick darauf wirft, worüber gesprochen wird, ist das doppelt hilfreich. Ein Tässchen Tee nach einer Veranstaltung eignet sich ja auch hervorragend, um (schlecht) über die zu reden, die nicht anwesend sind. Diese Art Kommunikation ist nicht gemeint ...

15 Nicht nur für die christliche Gemeinde ist es eine entscheidende Grundlage, denn keine Kommune, geschweige denn ein Staat funktioniert ohne wenigstens ansatzweise gelingende Kommunikation.

16 Ein Zustand, der in unseren Breitengraden allgemein gesehen sicherlich der gesellschaftliche Normalfall ist.

17 Damit sind wiederum nicht allein Mauern gemeint, innerhalb derer etwas getan werden soll – es ist der große Gemeindekontext gemeint: Mission, Diakonie, Lob Gottes, Lehre ...

18 „Du bist von Gott geliebt" korrespondiert mit „Gott gibt dir sinnvolle Lebensaufgaben".

19 In der Leitung von Gruppen und Arbeitsbereichen wird das nicht schnell gehen, weil hier die geistliche Verantwortung ungemein größer ist. Vor allem junge, neue Leute können in geistlich verantwortlichen Positionen nicht ohne Weiteres eingesetzt werden. Aber um an einem Mischpult zu sitzen, muss man kein Christ sein, selbst wenn man den Ton in einem Gottesdienst mixt. Allerdings kriegt man dann den Gottesdienst mit und wird möglicherweise bald Christ ...

20 Dies sind die meiner Meinung und Erfahrung nach optimalen Zeiten für größere missionarische Aktivitäten, jedenfalls wenn es sich um etwas handelt, was nicht unter die Formel „generelles missionarisches Dasein" (= das ganz gewöhnliche Leben als Christ) fällt. „Missionarischer Frühling und Herbst" können einmalige Aktionen an Schulen, der weiteren Öffentlichkeit sein oder sonstige missionarische Events – siehe auch Kapitel „Unsere Zeit und Kräfte reichen nicht!".

21 u. a. Events, die bitte nicht ausgespielt werden dürfen gegen das stetige, bewusste Leben als Christ, das in fröhlich-ansteckender Form immer noch die beste und natürlichste Ausdrucksform der Mission bleibt (s. auch Kapitel „Wir haben keine Beziehungen nach außen!").

22 Mitbringen ist deutlich besser als nur einladen!

23 Etwas anderes wäre eine Ordination, die einmal erfolgt und für gewöhnlich lebenslang bestehen bleibt.

24 Was mit „allen" sicher kaum jemals erreichbar ist.

25 Im Fußball werden „Scouts" entsandt, um fähige Spieler (u. a. für den Nachwuchs) zu entdecken und gezielt einzusetzen.

26 Gemeint ist eine Familie wie folgt: leiblicher Vater, leibliche Mutter, Geschwister.

27 Die ganz schlichte Frage: „Möchtest du gerne in der Gemeinde eine Aufgabe übernehmen?" kann auch bei langjährigen Gemeindegliedern höchste Überraschung hervorrufen. Übrigens kann diese Überraschung nach beiden Seiten „ausschlagen": Freudige Zustimmung, aber auch entschiedene Ablehnung. Darauf sollten wir gefasst sein. Aber wenn wir nicht fragen, werden wir es nie wissen.

28 Das ist ein entscheidender Faktor. Aber nicht der alles entscheidende, sonst hätten viele Jünger sicher keine Chance gehabt.

29 Damit sind auch Gespräche mit Gott gemeint.

30 Diese Art Freiraum kann sich je nach Finanzstruktur besonders diffizil gestalten (siehe Kapitel „Wir haben kein Geld!").

31 Nachdem ein Jugendlicher, der noch nicht Christ war, mit unserer Gruppe einen weiter entfernten, evangelistischen Jugendgottesdienst besucht hatte, sagte er mir auf der Rückfahrt: „Schrecklich! Der Mann, der diese seltsame Ansprache gehalten hat, wollte immer, dass ich ein brennendes Herz habe. Echt ein schlimmer Gedanke, das will ich auf gar keinen Fall ... dass mein Herz brennt ..." Seitdem bin ich bei Außenstehenden mit diesem Ausdruck vorsichtiger wie auch mit vielen anderen (s.a. Kapitel „Wir haben keine Beziehungen nach außen!").

32 Was in diesem Zusammenhang ebenfalls klargestellt wird, ist, dass der Freiwillige weder ein neuer „Jugendreferent" noch sonst mit einem hauptamtlichen Mitarbeiter vergleichbar ist! Das sollte (allein rechtlich) klar sein!

33 Wir alle erinnern uns sicher an die vielen Tränen, die allein schon nach einer zweiwöchigen Freizeit vergossen werden. Der Freiwillige bleibt aber ein ganzes Jahr! Da heißt es beim Abschied: Taschentücher bereithalten!

34 Natürlich gelten für einen FSJ mit Freiwilligen aus anderen Ländern besondere Grundsätze und eine sorgfältige Prüfung von Begleitung, Finanzierung und Trägerschaft. Ein Freiwilliger aus dem Ausland soll nicht als „bunte Kuh" missbraucht werden! Trotzdem bietet die Tatsache, dass ein junger Mensch aus fremdem Land sich bei uns engagiert, einen großen Anreiz. Ich empfehle unbedingt, sich im Fall eines FSJ oder Praktikums mit einem erfahrenen Träger in Verbindung zu setzen.

35 Wir konnten während den vergangenen fünf Jahren auf Freiwillige aus Bayern, Baden-Württemberg, Hessen, Nordrhein-Westfalen, Schleswig-Holstein und Mecklenburg-Vorpommern zurückblicken.

36   Das FSJ kann z.B. auch als Vorpraktikum für ein sozialpädagogisches Studium anerkannt werden.

37   Bei manchen Trägern ist es nicht erwünscht, dass die Einsatzstelle selbst die Stelle ausschreibt. Beim Deutschen EC-Verband ist das extra anders geregelt, weil man dort weiß, wie wichtig es ist, dass Freiwilliger und Einsatzstelle zueinander passen.

38   Für Landeskirchliche Gemeinschaften zum Beispiel der Gnadauer Verband, für andere die entsprechenden Verbände.

39   Oder mit einem kleinen „Ausschuss", der für diese Aufgabe berufen wird.

40   Natürlich sind solche kleinen Zeichen keine Voraussetzung für ein FSJ. Man kann so etwas weder verlangen noch einklagen.

41   Die EC-Arbeit in Deutschland hat den Auftrag, junge Menschen zu Jüngern zu machen und sie zu prägenden Persönlichkeiten heranzubilden, durch die wiederum Menschen ihrer Generation zu Jüngern werden.

42   Alle Unterlagen sind downloadbar unter www.ec-fsj.de.

43   In öffentlich-weltlichen Kreisen sollten wir damit sehr bewusst und überwiegend zurückhaltend umgehen. So gesehen gilt dieser Rat gemeindeintern.

44   Wenn es so etwas gibt. Ich kenne Gemeinden, da redet man fast überhaupt nicht miteinander. Dafür ziemlich viel übereinander.

45   Damit sind ausnahmsweise tatsächlich nur Räumlichkeiten und Beziehungsumfelder gemeint.

46   Auch ein Mecklenburger benötigt für gewisse Konkretionen ein wenig Bayerisch.

47   Zu manchen Zeiten sollte er übrigens unbedingt nicht erreichbar sein. Aber diese Zeiten sollten relativ konkret festgelegt sein, damit die Gemeinde weiß, woran sie ist. Ein Leiter wird sie sich als Freiräume zwar unter Umständen erkämpfen müssen, aber das lohnt sich. Zu dem Thema sollte man allerdings ein anderes Buch kaufen...

48   An dieser Stelle kann ich nur den großartigen Bericht aus 2. Mose 18 empfehlen, in dem Mose von seinem Schwiegervater Jitro die Grundsätze der Gemeindeorganisation erklärt bekommt. Nicht nur das Problem ist älter, als wir denken, auch seine Lösung ist es. Darüber hinaus lernen wir, dass weise Schwiegerväter sehr kostbar sind.

49   Wenn auch sicher nicht jeder in besonderer Form offiziell dazu erklärt wurde.

50   Das ist (ganz im Sinne der Einleitung dieses Buches) nicht nur rein zahlenmäßig gemeint.

51   Manche Gemeindebauexperten raten in der Tat dazu, mehr darauf zu achten, was man lassen sollte. Oft halten die Dinge, die wir tun, viel eher die Menschen davon ab, in die Gemeinde zu finden, als das, was wir nicht tun. Mit anderen Worten: Wir denken, wir müssten immer neue Veranstaltungen starten, aber tatsächlich wäre es besser, die eine oder andere Veranstaltung nicht mehr durchzuführen oder sie zu verändern.

52   Eine hervorragende Grafik dazu gibt es in Michael Noss: „Aufbrechen - verändern - gestalten: auf dem Weg zu einer einladenden Gemeinde", Seite 100, Oncken 1999.

53   Ich möchte nicht den Eindruck erwecken, dass alte Menschen in der Gemeinde ein bisschen „dumm" sind und bevormundet werden sollen. Es geht darum, dass Veränderungs- und Wachstumsprozesse nicht ausgebremst werden dürfen, bevor sie beginnen. Das habe ich in Gesprächen, in denen ich alten Menschen große Entwürfe erläuterte, einige Male erlebt. Es war in den meisten Fällen vollkommen überflüssig. Haben wir aber eine Veränderung einfach mit einem kleinen Team begonnen und im Lauf der Zeit positive Ergebnisse erlebt, dann zeigten oft auch die Älteren oder Skeptischen Freude - oder sogar Begeisterung.

54   Natürlich kann das auch sehr anstrengend sein ... aber man muss sich ja nicht immer denen aussetzen, die einem im Gebet ihre vergangene und gegenwärtige komplette Lebensgeschichte erzählen. Auch Gebetsbesuche dürfen geplant und ausgewählt werden.

55   Im Gegenteil zu einem Jugendabend oder Veranstaltungen, für die durchaus gelten darf: Gute Musik muss nicht leise sein.

56   Das kommt natürlich auf die Arbeit an. Und auf Klarheit in der Tatsache, dass für manches Gebet unbedingt ein wenig Stille verheißungsvoll ist (vgl. bspw. Ps 62,6, Jes 30,15 u.v.a.m.), es schlicht Stille braucht. Wobei ich unbedingt dafür bin, dass solche Stille

auch „innen" sein kann. Bei einem stillen Gebet kann es um mich herum ziemlich laut sein, aber in mir ist es trotzdem ganz still.

57 Zum Beispiel 4 Stück PAR 56 Scheinwerfer mit Stativ und kleiner Dimm- und Steuereinheit gibt es oft schon für deutlich unter 150,00 Euro.

58 Die Rede ist nicht von „einer Woche", sondern einem grundsätzlichen, gezielten und dauerhaft konsequenten Aufbau der Jugendarbeit.

59 Ich scheue den Ausdruck ein wenig, denn Gott ist der, der „baut". Dennoch sind wir im „Bau" zweifellos als Mitarbeiter erwünscht und demzufolge einbezogen (vgl. Apg 9,31).

60 Was übrigens nichts über den geistlichen Gehalt des Kreises sagt, noch ihn sonst in irgendeiner Weise abwertet. Wenn es aber einstmals „viele" waren, dürfte die Tatsache, wenn es heute noch 3 bis 5 sind, durchaus schmerzen.

61 Es gibt Ausnahmen, denn es gibt ja auch in Gegenden mit hoher Arbeitslosigkeit solche seltenen wie segensreichen Einrichtungen wie Universitäten, die wirklich viele Junge Erwachsene auf „einem Haufen" zusammenbringen. Demzufolge tauchen auch die Leute irgendwo wieder auf, die einst aus ihren Gemeinden auszogen. Leider haben nur wenige Gemeinden davon einen Vorteil – was ihnen aber gegönnt sei.

62 Rein auf die möglichen Schritte bezogen. Ein Programm, mit dem die Leute zum Glauben kommen, gibt es nicht.

63 Wenn das so gewollt ist. Möglicherweise endet mit einem ausscheidenden Mitarbeiter auch eine Gruppe oder ein Arbeitszweig. Für gewöhnlich wird es aber nicht so sein.

64 Der Begriff wird von fast allen Menschen außerhalb der christlichen Gemeinde negativ empfunden, weil er negativ definiert wird. Es ist an der Zeit, ihn neu und positiv zu füllen (was nicht einfach, aber auch nicht unmöglich ist).

65 Ein Team von Freiwilligen ist dazu fast unerlässlich (s. auch Kapitel „Uns fehlen junge Erwachsene als Mitarbeiter!"). Es sei denn, eine Gemeinde hat viele Lehrer ...

66 S. Schulgesetze der Länder und weitere gesetzliche Grundlagen von Bund und Ländern.

67 In fast allen Kindergärten und Tagesstätten ist diese Mithilfe der Kinder ein selbstverständlicher Teil ihrer Erziehung zur sozialen Kompetenz.

68 Immer wenn es Gott gefiel, auf Erden Großes zu tun, hat er mehr oder weniger den Pfad des Gewohnten verlassen. (John Wesley)

69 Diese Aktivität kann sehr passiv aussehen. Viele kommen ja zu ihm. Aber letztlich begibt Jesus sich immer wieder an diese Orte, wo die Menschen sind – so können sie ihn erreichen. Dieses Hingehen und Erreichbar-Sein – vielleicht können wir es auch „Leben teilen" nennen – ist etwas Aktives. Wir sollten es nachmachen.

70 Es gibt immer noch so entsetzlich schlecht dargebotene Anspiele. Zu leise, zu undeutlich oder zu schnell angesprochen, überhaupt kein Ton, schlecht und lieblos gespielt oder am schlimmsten: Anspiel und Verkündigung haben unterschiedliche Pointen bzw. völlig unterschiedliche Themen. Dann bitte lieber gar kein Anspiel.

71 Zu der Veranstaltung kamen 350 Gäste, darunter eine Person, die damals unbewusst auf der Suche nach Gott war – und heute Mitglied in unserer Gemeinde ist.

72 An deren Notwendigkeit und Berechtigung es für mich nach knapp 10 Jahren Unterricht nicht den geringsten Zweifel gibt.

73 Oder in Zeiten, die von einem anderen Rhythmus als dem üblichen Alltag geprägt sind.

74 Ein solches Team hat den Freiraum, sich vorzubereiten und in der Schule solche Aktionen auch vormittags anzubieten. Sie können Theaterszenen, Musik oder Bastelangebote durchführen.

75 Dennoch hängt nicht viel davon ab, dass möglichst schnell zahlreiche neue Menschen in einen Gottesdienst kommen, geschweige denn zum Glauben. Wichtig an den missionarischen Jahreszeiten ist vielmehr, dass die Gemeindearbeit eine hilfreiche und übersichtliche Struktur bekommt. Das bedeutet dann in diesem Fall, dass wir in einem geplanten Zeitraum bewusst in und um die Gemeinde herum besonders präsent sind und uns lebendig zeigen (s. auch Kapitel „Wir haben keine Beziehungen nach außen!"). Wo gute Beziehungen entstehen, kann auch später noch jemand in die Gemeinde mitgebracht werden – es ist weder nötig zu drängeln noch überhaupt einzuladen. Wichtig ist nicht „Einladung", sondern „Mitbringen" (ebd.). Bevor sich jemand nicht mitbringen

lassen möchte, macht auch eine meist völlig unverbindlich in den Raum gestellte Einladung kaum Sinn, sie wirkt dann eher irritierend.

76 Damit ist nicht eine gesunde Portion Perfektionismus gemeint, der uns Christen bei der Durchführung manch öffentlicher Veranstaltung immer noch fehlt, sondern nächtelanges Durcharbeiten, Sich-Fertigmachen und Nicht-mehr-schlafen-Können, weil alles immer noch nicht perfekt genug ist.

77 Ich hörte von einer Gemeinde, die für allerlei fest installierte Wanddekorationen im Gemeindesaal tausende von Euro ausgab. Daran ist man dann leider für die nächsten Jahrzehnte gebunden ... und das Geld ist auch weg.

78 Selbstverständlich nicht ohne die gewaltigen missionarischen Herausforderungen vor der eigenen Haustür zu vernachlässigen.

79 Kontakt über Missionswerk Jugend für Christus Deutschland e. V., Mühltal, www.yfc.de

80 Zum Beispiel aus dem ESF (Europäischer Sozialfonds).

81 Mir sagte ein professioneller Projektmanager kürzlich: „Für Ihre missionarische Arbeit interessiert sich kein Mensch, wenn Sie Geld brauchen. Aber wenn Sie sagen, Sie tun was für Kinder ohne Beine, dann können Sie an Geld kommen." Diese krasse Aussage ist wohl wahr. Sie zeigt aber letztlich nur, dass wir in unseren Gemeinden klare Zielgruppen brauchen, wenn wir an manche Fördergelder kommen wollen. Alles andere wird kaum Gehör finden, geschweige denn Erfolg haben. Wir müssen uns also intensiv darüber beraten und klar werden, was wir wollen bzw. wie weit wir in einer gewissen Anpassung an Förderrichtlinien gehen wollen und können.

82 Es gibt Bücher darüber, die meist nur sehr temporären Wert haben. Förderrichtlinien sind äußerst kurzlebig. Dieses Buch soll kein solches sein, daher empfehle ich das Internet oder lieber gleich den Fachmann.

83 Eine Bewerbung bzw. Teilnahme an einem Wettbewerb sollte möglichst professionell aufgemacht sein. Weil dazu meist wenig Zeit ist, kann es z.B. ein Freiwilliger machen.

84 Diese Formulierung hat den Vorteil, dass auch eine zeitliche Begrenzung möglich ist, denn solch ein gemeinsamer Weg kann lebenslang, aber auch kurzzeitig sein.

85 Zweifellos gibt es eine Fülle von ebensolchen Mitarbeitern in West und Süd. Aber die Bedingungen sind äußerst unterschiedlich. Wir können viel voneinander lernen.

86 Ich finde diese Gemeinden meistens durch die Kontakte über unsere Freiwilligen (siehe Kapitel „Uns fehlen Junge Erwachsene als Mitarbeiter!").

87 Es muss nicht missionarische Motivation, missionarisches Know-how oder überhaupt etwas Missionarisches sein. Ich erlebe nur, dass der Hunger danach groß ist.

88 Wobei es wohlgemerkt nicht nur um Glück und Zufriedenheit geht. Aber eine Mischung von Jungen und Alten, v.a. wenn wirklich viele Kirchen- und Glaubensferne in unsere Gemeinde kommen, birgt eine Menge Zündstoff. Die Rede ist also nicht von einer Gemeinde, in der Enkel und Oma auch mal zusammen zum Gottesdienst gehen, sondern von einer aufbrechenden Jugend, die laufend in sich neue Jugendliche aufnimmt.

89 Ich scheue mich nicht, den Ausdruck „wohlfühlen" zu verwenden, obwohl er unter Kritikern der „Wohlfühl-Gemeinde" (negativ auch „Kuschelclub" genannt) äußerst verpönt ist. Ich entschuldige mich trotzdem nicht dafür, dass ich mich in meiner Gemeinde wohlfühlen möchte und verstehe, dass es andere Menschen ebenso wollen. Schlimm ist nicht das „Wohlfühlen", schlimm ist das Stehenbleiben beim Wohlfühlen.

90 Ich erinnere mich, wie ich es als Kind liebte, eine alte Frau in meinem Heimatdorf regelmäßig zu besuchen. Es gab dann immer Bratapfel aus ihrem Kaminofen. Ihre Güte und Freundlichkeit haben mich für mein ganzes Leben reich beschenkt. Das gönne ich anderen jungen Leuten in ähnlicher Form auch.

91 Die geradezu sensationelle Wirkung ganz simpler Freundlichkeit erlebten zwei Seniorenehepaare, die eine Praktikantin in unserer Gemeinde besuchten. An diesem Sonntag im Gottesdienst hatten viele junge Leute offenbar einen guten Tag erwischt und grüßten diese Gäste vorher fröhlich mit Handschlag. Das Erstaunen und die Freude waren groß.

92 Zu fast allen Themenbereichen in diesem Buch gibt es Fachliteratur, bei „Alt und Jung" geht es diesbezüglich eher sparsam zu. Umso wichtiger ist es darum, dass wir alle greif-

baren Arbeitshilfen wahrnehmen. Die beste Aktion der letzten Jahre ist „Zahnrad", eine Initiative des Ev. Gnadauer Gemeinschaftsverbandes. Auf www.zahnrad.org gibt es Projektvorschläge, Texte und Materialien, außerdem ist das Buch „Edition Endeavour Basics: Miteinander – voneinander" von Thorsten Riewesell (Born-Verlag 2005) dazu erschienen.

93 Hier: Sympathie für, Neigung zu Altersgruppen, bestimmten Beschäftigungen, sozialen Bereichen …

94 Besonders tragisch ist, dass viele Menschen in Bundesländern mit horrender Arbeitslosenquote kaum die Möglichkeit haben, sich ihre Arbeitsstelle auszusuchen.

95 Wir können unterscheiden zwischen Geistesgaben und herkömmlichen Fähigkeiten, aber das führt hier nicht weiter. Menschen sollen sich, egal wie geistlich reif sie sind, in irgendeiner Weise mit Begabungen in die Gemeinde einbringen können. Zum Thema „Geistesgaben" empfehle ich einschlägige Literatur.

96 Oder der Gedanke, es könnte ein Ärgernis für andere sein, beherrscht denjenigen und deshalb verzichtet er schweren Herzens darauf.

97 Eine meiner liebsten Beobachtungen in der Gemeinde ist immer wieder die Dynamik. Wenn ich sehe und erlebe, dass sich etwas bewegt, dass im Großen und Ganzen Leben drin steckt, die „Suppe köchelt", dann beruhigt mich das nicht nur, sondern es begeistert mich neu. Rückschritte an der einen Stelle lassen sich aushalten, wenn Gott an anderer Stelle bei der Arbeit erlebt wird und wenn sie Übergänge zu etwas Neuem sind.

98 Es entbehrt nicht einer gewissen Tragik, wenn eine Gemeinde die Sitzmöbel an Ort und Stelle fixiert hat. In dem Fall kann ich nicht helfen, es sei denn, man ist bereit, die Brechstange auszupacken.

99 z.B. an spannenden Glaubensfragen, lebendigem Umgang mit der Bibel, Gebetstreffen, Interesse an Veranstaltungen mit Gott im Mittelpunkt, nach Gemeinschaft mit Christen …

100 Gerade das, was am meisten zusammengehört, unser Glauben und unser Handeln, wird so miteinander verquickt, dass der eben noch „alles neu machende Glaube" in „alles nachmachendes Verhalten" mündet. Das muss gar nicht immer schlecht sein, wie später noch erläutert wird.

101 Nirgendwo wird immer noch so seltsam gesprochen wie unter gläubigen Leuten. Eine Aufzählung unterbleibt an dieser Stelle aus Sicherheitsgründen!

102 Rituale spielen in der Pädagogik eine überragende Rolle. Fehlende Rituale im Kindesalter sind später kaum noch gutzumachen, wir brauchen sie, sie gehören zum Menschsein und zur Persönlichkeitsbildung. Sie schaffen „Übergänge" (pointiert nachzulesen bei John M. Hull, „Wie Kinder über Gott reden!", Gütersloher Verlagshaus), die eine weitere Entwicklung erleichtern oder ermöglichen. Genau so sollten wir sie in der Gemeinde einsetzen.

103 Es kann erstaunlich sein, wie schnell ein junger Mensch nach nur einem Jahr Glaubenspraxis das komplette Gebetsvokabular einer älteren Gemeindepersönlichkeit übernimmt.

104 Es sei denn, es sind Dinge, die wegen ihres Inhalts bei den Menschen auf Ablehnung stoßen! Wo Gott etwas ausrichten lässt, gibt es ziemlich oft auch Unmut und Ablehnung; der Mensch will ja generell lieber selbst bestimmen. Diese Ablehnung ist aber meist eher eine Frage des Inhalts, der sehr genau verstanden wurde, nicht eine Ablehnung aufgrund Missverstehens, beruhend auf der seltsamen Art sich auszudrücken. Das ist ein diametraler Unterscheid.

105 Dies kann in größeren Gemeinden schwierig scheinen. Aber selbst dort können Menschen sich wahrnehmen. Es geht ja nicht nur um den Händedruck an sich, sondern um die Wertschätzung und Freundlichkeit, die man erleben soll. Um Blickkontakte, freundliche, natürliche Aufmerksamkeit. Viele größere Gemeinden haben dafür an den Eingängen ihrer Räume extra Begrüßungspersonal. Auch das ist eine Lösung, die Vorteile bietet. Zum Beispiel: Wer zum ersten Mal da ist, hat gleich jemanden, den er als Ansprechpartner für Fragen zu Ort und Ablauf findet. Nachteilig wird es dann, wenn alle anderen Gemeindeglieder außer dem beauftragten Begrüßungsteam die Sache am Eingang als erledigt betrachten und sich selbst für eine diesbezüglich freundliche Atmosphäre nicht mehr zuständig fühlen. Auch das habe ich schon öfter erlebt.

106 Die wenigsten Menschen kommen nur durch Einladung in die Gemeinde. Meistens bringt sie jemand mit.

107 Wie fremd ist das so vielen Christen, dass sie sich von sich selbst weg anderen Menschen zuwenden, dass sie wirklich unaufdringlich aber von Herzen für sie da sind. Nicht nur eine halbe Minute am Eingang, sondern freundschaftlich verbunden, während einer kompletten Veranstaltung. Es ist ein Traum, dass wir uns wenigstens stundenweise mehr um andere Menschen, Neue, Gäste, Freunde, Suchende kümmern als um uns und unseren kleinen, intimen, christlichen Freundeskreis, mit dem wir sowieso auch sonst die ganze Zeit über in Kontakt sind.

108 Gerade in den pädagogischen Berufen lernt man eine Fülle von Methoden, die später im Berufsalltag selbstverständlich sein müssen. Sie werden darum während der pädagogischen Ausbildung so oft schriftlich in Ausarbeitungen fixiert, hinterfragt und bis zum Gehtnichtmehr reflektiert, dass es fast weh tut. Aber diese Vorbereitung macht Sinn: Keine Erzieherin lässt ihre Kinder bei einer Bilderbuchbetrachtung in einem überhitzten Raum in die durchs Fenster blendende Sonne schauen, denn sie hat die Methoden der Sitzordnung „inhaliert". Sie weiß, dass die Kinder nicht aufpassen können, wenn sie diese Methoden nicht berücksichtigt. Ganz selbstverständlich werden Raum, Situation, Zielgruppe und Ziele in Einklang gebracht, damit die Botschaft ankommt. Wir sollten davon lernen, wenn unsere Botschaft ebenfalls ankommen soll.

109 Eine kleine Gruppenaufgabe, zum Beispiel eine bestimmte Figur aus Menschen zu bilden, ein witziges Spiel oder eine Aufgabe mit gemischten Personen.

110 Ein junges Mädchen kam in unserer Gemeinde vor vielen Jahren zum Glauben, schaffte es aber nicht, sich aus ihrer Punkszene abzunabeln. Weder wollte sie dort als Missionarin auftreten, noch konnte sie destruktive Gewohnheiten ablegen. Das Problem war nicht, dass sie Punkerin bleiben wollte, das Problem war, dass sie keine neue Identität im Glauben fand, über die sie ihre Identität als Punkerin definieren wollte. Sie ging nach kurzer Zeit ganz zurück in die Szene. Kein Einzelfall.

111 Es ist ein Phänomen, dass die meisten neuen Leute von denen mitgebracht werden, die noch nicht sehr lange oder noch gar keine Christen sind. Wenn sie wirklich von dem, was sie in der Gemeinde erlebt haben, angetan sind, werden sie sofort als ganz natürliche Reaktion ihre Freunde mitbringen.

112 Jedenfalls nicht durch gelegentliche, sporadische Evangelisationen. Ohne Freundeskreis unsererseits und unser Mitbringen desselben wird auch dort kaum jemand hinkommen, der dann in die Gemeinde, geschweige denn zum Glauben findet.

113 Wie schön, wenn es das schon in der Familie gegeben hat. Paulus schreibt über seinen Mitarbeiter Timotheus: „Denn ich erinnere mich an den ungefärbten Glauben in dir, der zuvor schon gewohnt hat in deiner Großmutter Lois und in deiner Mutter Eunike; ich bin aber gewiss auch in dir" (2. Tim 1,5).

114 Auch das will gelernt sein. Denn die Versorgungsmentalität der Gläubigen sitzt tief. Wir sollten realisieren, dass für unser geistliches Leben vor allem eine Person zuständig ist: Wir selbst.

115 Ich schreibe das hier jetzt einfach mal so, ohne Rücksicht auf die moderne Geschlechterforschung. Ich weigere mich auch, den angesichts von Verliebtheit verwirrten Ausdruck menschlicher Existenz nur Jugendlichen zuzugestehen. Als ich mit 26 Jahren meine Frau kennenlernte, habe ich genauso gesponnen.

116 Mit allem, was an Schmerz und Schwierigkeiten, Kämpfen und auch Freuden dazugehört.

117 Damit sind hier Freundschaften gemeint, wie sie unter Jugendlichen heutzutage ab 12/13 Jahren üblich sind; der geschlechtliche Kontakt ist - darin früher oder später - mehr oder weniger selbstverständlich.

118 nach Joshua Harris: „Ungeküsst und doch kein Frosch", Gerth Medien.

119 Für alle Lebensbereiche, die besonders gefährdet sind, hat Gott auch besonders gute Ideen. Er will ja, dass wir ihre positiven Seiten genießen können und nicht an den Schattenseiten kaputtgehen.

120 Oder aus situationsorientiertem, gegebenem Anlass.

121 Nicht unterschiedlich bewertet, unterschiedlich geschaffen, begabt, anatomisch geformt.

122 Es ist ja nicht so, dass diese Begegnungen sonst nicht stattfinden. Im Grunde sind zu-

mindest Jugendliche die meiste Zeit des Tages in der Schule vom jeweils anderen Geschlecht umgeben. Allein deshalb schon lohnt sich in der Gemeinde ein Experiment mit geschlechtsgetrennten Gruppen.

123 Wenn ich mit meinen Söhnen auf den Fußballplatz gehe, kann (noch) kein Fernsehprogramm mithalten. Wo im gemeinsamen Spielen „die Post abgeht", haben Oberflächlichkeiten weniger die Chance, sich permanent aufzuspielen und selbst in den Mittelpunkt zu drängen. Viele Jugendliche, auch in der Jugendgruppe, haben einfach zu viel Zeit, sich mit Unwichtigem zu beschäftigen.

124 Es ist ja auch wirklich schlimm mit dem Testosteron.- Manchmal hilft nur, einen ganzen Haufen überschüssiger Energie in ein powervolles Projekt zu investieren.

125 Viele dieser Regelkataloge haben den Nachteil, dass sie zirka 28 Punkte umfassen. Niemand liest so etwas und vor allem: Keiner hält sich dran. Das geht ja auch gar nicht. Wenig, aber prägnant ist besser.

126 Wir müssen es, wenn wir merken, dass es dran ist oder wenn die entsprechenden Phänomenen es zeigen. Wir tun es natürlich nicht, um schlafende Hunde zu wecken. Vorsicht!

127 z.B. Deutscher EC-Verband und Gemeindejugendwerk des Bundes EFG

128 Nicht ohne die Klarheit, dass es auch Rückschritte geben kann.

129 Eine Grundstruktur von Gottes Handeln wird in der Segensverheißung an Abraham deutlich. Abraham bekommt hier den „Dreischritt des Lebens" (T. Maier, Unterweissach) aufgezeigt: Empfangen, gebrauchen, weitergeben. Gott sagt: „Und ich will dich zum großen Volk machen und will dich segnen und dir einen großen Namen machen, und du sollst ein Segen sein" (1. Mose 12, 2).

130 Diese ist meistens nicht, dass man grundsätzlich keine Lust hat, sich mit der Bibel zu beschäftigen.

131 Immer mit dem deutlich geäußerten Zusatz, dass es nicht um eine Reihenfolge im Sinne einer abzuarbeitenden Prioritätenliste geht, damit wir auch fromm genug sind oder damit ja nichts fehlt.

132 Einer der besten und komplettesten Programmentwürfe für die missionarische Arbeit mit Teenagern, bei dem das Programm fast sofort gezielt einsetzbar ist, kommt von Jugend für Christus aus Mühltal. Das Programm gibt es unter www.rocksolidclub.de.

133 Pia desideria (P. J. Spener: Herzliches Verlangen nach gottgefälliger Besserung der wahren Evangelischen Kirche, TVG Brunnen). Seine „Hauskreise" waren u. a. inspiriert von Kolosser 3, 16 (Lasst das Wort Christi reichlich unter euch wohnen).

134 In sogenannten „Collegia pietatis" („fromme Kollegien"). Ist die damalige Ausdrucksweise nicht wunderbar?

135 Mir persönlich und den Anwesenden so konzipierter Hauskreise wurde es dabei noch nie langweilig.

136 Nun gut, für gewöhnlich gibt es immer welche ...

137 Welche zweifellos nicht von allen Teilnehmern einer Gruppe als negativ beurteilt werden muss. Auch Kinder- und Jugendkreise können sehr veränderungsresistent sein.

138 Diese Unausgewogenheit hat noch weitere ungünstige Folgen, die in anderen Kapiteln geschildert werden.

139 Es mag „Phasen" geben, in denen wir die Bibel einige Tage zur Seite legen.

140 Nicht schön, wenn ein Mensch, der eigentlich gesetzt redet, vor Jugendlichen plötzlich in Jugendsprache auftritt. Was an dieser Stelle nicht echt ist, sollte auch nicht so vorgespielt werden (s. Kapitel „Wir haben keine Beziehungen nach außen!").

141 Die „Programme" kommen in diesem Kapitel zugunsten der „Events" ein wenig zu kurz. Was für manchen Event gilt, gilt allerdings auch für viele Programmreihen. So gesehen versteht sich der Begriff „Programm" hier als eine Art „Sonderauflage von Themen und Inhalten", die wir in der Gemeinde einsetzen. Vorwiegend in bestehenden Gruppen, aber auch um neue Gruppen zu etablieren bzw. bestehende zu unterstützen.

142 Ich spreche hier übrigens nicht von „Relevanz", sondern nur von einer Möglichkeit für Menschen, den christlichen Glauben zu betrachten, den sie entweder nur vom Hörensagen oder überhaupt nicht kennen.

143 Als göttlich begabter, unübertroffen weiser und überaus genialer Geschichtenerzähler stand Jesus dennoch in einer methodischen Tradition seines Volkes: Die hebräischen „Moschél" waren traditionell Gleichnis- und Geschichtenerfinder, die wunderbar tiefgehende, heitere, auch aufrüttelnde Erzählungen lieferten. Außerdem hat Jesus neben Speichel anzurühren und undurchschaubare Sandmalereien zu kreieren allerlei andere bunte Wege gewählt, um seine Botschaft auf den Punkt zu bringen. Das gibt uns durchaus die Berechtigung, es mit heute geeignet erscheinenden Mitteln ihm nachzumachen.

144 Nicht selten strömten wahre Massen von Leuten zusammen, wenn Jesus auftrat. Aus purer Neugier oder Sensationslust, aber auch mit tiefen inneren Anliegen kamen die Menschen zu ihm. Von außen war das Anliegen aber (ausgenommen für Jesus) kaum oder gar nicht auseinanderzuhalten. Daran hat sich bis heute nichts geändert. Wir sollten froh sein, wenn viele Menschen kommen, um irgendeinen „Blick auf Jesus" zu erhaschen. Es kann der Anfang des Glaubensweges sein.

145 Wir nehmen es noch zu leicht mit der Tatsache, dass viele Menschen nicht zum Glauben finden, weil sie denken: „So wie mein muffig verstaubtes Bild von einer überflüssigen Kirche, genau so ist auch Gott ..."

146 Die zugegeben in Mecklenburg beim Großteil der Bevölkerung nicht sonderlich bekannt ist.

147 Wir sollten nicht dem Irrtum erliegen, den Ruf des christlichen Glaubens durch eine „Macher-Mentalität" aufpolieren zu müssen. Sollte der Eindruck entstanden sein, wäre das Kapitel verfehlt. Die Frage, der wir uns hier konsequent stellen, lautet lediglich: Wie kann es angehen, dass wir vielen Menschen einen realistischen Blick auf Gott verweigern? Die zutiefst verankerten Zerrbilder aus der Welt zu schaffen entspringt gerade nicht einer „Macher-Mentalität", sondern einer fröhlichen und liebevollen Hingabe. Dazu benötigen wir „Schaufenster des Glaubens", durch die der Zeitgenosse einen unverbindlichen, sogar anonymen Blick auf realistische Ausschnitte praktizierten Glaubenslebens und entsprechender Inhalte werfen kann. Wenn das an verschrobenen oder vorurteilsbeladenen Gedanken bleibt, dürfen wir getrost der Verrücktheit des Evangeliums ankreiden (vgl. 1. Kor 1,27: „Sondern was töricht ist vor der Welt, das hat Gott erwählt, damit er die Weisen zuschanden mache; und was schwach ist vor der Welt, das hat Gott erwählt, damit er zuschanden mache, was stark ist!").

148 Den ich persönlich in den letzten Jahren in den Gemeinden, die ich besucht habe, eher wenig erlebt habe. Viel weiter verbreitet scheint mir immer noch, dass viele Gemeinden, besonders die Jugendlichen, gerne etwas bewegen würden, aber entweder nicht wissen, wie sie das konkret machen sollen, oder es nicht in aller Konsequenz dürfen!

149 Zahlreiche tragfähige und mehr oder weniger tiefe Beziehungen zur Zielgruppe sind unerlässlich.

150 Mit dem Unterschied, dass der Lebensstil von Jesus nach den Schilderungen der Evangelien die besonderen Ereignisse des Glaubens wenig extrahierte. Zweifellos ist Jesus selbst ein einziges, göttliches „Ereignis" – das „Reich Gottes" ist nahe herbeigekommen (vgl. Mt 4,17). „Events" im heutigen Sprachgebrauch kamen dennoch im übertragenen Sinne vor. Wenn nicht mit einer Halle mit elektrischer Soundtechnik, dann eben am Seeufer mit Naturakustik oder wie sonst in oben erwähnten und anderen Zusammenhängen.

151 „Neutraler Boden" ist ein Merkmal eines wohl überlegten missionarischen Projekts.

152 Wir sollten uns nicht wundern, wenn die meiste Kritik von Christen kommt.

153 Der gesamte Vorgang von Planung und Praxis ist treffend, aktuell und leicht nachvollziehbar beschrieben in Klaus Göttler: „Für Jesus begeistern", Handbuch Jugendevangelisation, SCM Hänssler und Born-Verlag 2009

154 So etwas muss nicht lange dauern und auch nicht viel Zeit in Anspruch nehmen. Nur gründlich und ehrlich sollte es sein.

155 Fällt es uns wirklich auf?

156 Und sich damit auch von vielen Errungenschaften verabschiedet, die der christliche Glaube erwirkt hat.

157 Wie so vieles in diesem Buch, das nicht neu, sondern nur noch einmal formuliert ist.

158 Die zweifellos ganz hervorragend sein kann!

159 Siehe Kapitel „Wir haben zu wenig Mitarbeiter!" Ich bitte den Begriff „stark" immer im Sinne der Einleitung zu verstehen.

160 Gerne mag jemand versuchen, mit fünfzehn Menschen eine Gemeinde zu bauen, von denen mehr als die Hälfte ein psychisches Problem hat.

161 In manchen Fällen hat er auch „etwas gelassen". Aber ganz am Ende loben wir ihn.

162 Wenn jemand durch den Religionsunterricht motiviert wurde, den Jugendkreis zu besuchen, hilft es jemanden zu sehen, den man kennt.

163 Eine hervorragende Formulierung von Chuck Snider („Typisch Mann", Gerth Medien).

164 Bis auf zahlreiche Leitungsgremien, in denen sie dafür dann oft (rein zahlenmäßig) dominieren.

165 Das muss nicht schlecht sein. Es sind ja in den vergangenen Jahrzehnten daraus durchaus eine ganze Menge feiner Männer hervorgegangen.

166 Es soll hier nicht der Anschein erweckt werden, für Männer sei es schwieriger als für Frauen. Was aber weithin sichtbar auffällt ist, dass Männer in vielen Gemeinden außerordentlich rar sind. Das scheint offensichtlich damit zusammenzuhängen, dass Frauen im Gegensatz zu manchem männlichen Pendant eher Lösungen für alltägliche Herausforderungen im Gemeindekontext finden, wie Gemeinschaft, Trost, Ermutigung, Hoffnung usw., als Männer. Möglicherweise kommen für Frauen ihre Themen gezielter vor, möglicherweise ist die ganze Art von Gemeinschaft und Lebensstil mehr auf sie zugeschnitten. Wir müssen das bei uns vor Ort herausfinden, wenn wir Männer bewege wollen.

167 Von Abenteuern zu reden ist die eine Seite. Abenteuer zu erleben aber eine ganz andere.

168 Wieder einmal werden wir kaum um die Notwendigkeit herumkommen, diese jungen Männer als Freiwillige durch ein FSJ zu gewinnen. Wenn wir davon ausgehen, dass keine oder kaum männliche Mitarbeiter vorhanden sind, wird es einige Jahre dauern, bis aus einer Jungenarbeit männliche Mitarbeiter als Eigengewächse hervorgegangen sind, es sei denn, die Gemeinde ist schon derart missionarisch, dass junge Männer stetig dazukommen. Aber auch diese können meist nicht sofort als verantwortliche Mitarbeiter oder gar Leiter eingesetzt werden.

169 Gut, dass dieser Begriff auch anderswo eindeutig zu verstehen ist.

170 Was voraussetzt, dass die Gruppe entsprechend gestaltet und geleitet wird.

171 Böse Zungen behaupten auch von gläubigen Männern, dass der Themenkreis sehr eingeschränkt sei. Mögen es, den bösen Zungen zum Gegenbeweis, in Wirklichkeit mehr als die berühmten drei Themen sein, wir sollten bei spezifischen Männerangeboten darauf achten, dass wir nach fünf Einheiten nicht wieder beim ersten Thema ankommen, weil uns nichts Besseres mehr einfällt.

172 Hier im Sinne einer gemütlich unter sich bleibenden „Wohlfühl-und-Bequemlichkeits-Gesellschaft".

173 Durch die Kontakte über freiwillige Kandidaten für das FSJ, allerlei Referentendienste und unsere langjährigen Gemeindepartnerschaften sind es inzwischen recht viele.

174 ... weil sie in die Nähe von Jesus kommen sollten.

175 Ein besonders schönes Beispiel dafür finden wir bei Abraham, als er unwissend Engel beherbergte (vgl. 1. Mose. 1,18f.).

176 Und das sind hoffentlich alle Veranstaltungen.

177 Was aber in der Natur der Sache liegt und nicht weiter schlimm ist. Ein Event in einer großen Halle wird für gewöhnlich kaum eine intime Wohnzimmeratmosphäre haben.

178 Es ist nicht das Problem, dass es ihnen nicht gegönnt ist, sich über ihre Themen zu unterhalten. Das Problem ist, dass zu viele von ihnen zu oft das Reich Gottes verpassen.

179 Dagegen steht: Sollte eine Veranstaltung deshalb in die Hose gehen, weil wir schlecht vorbereitet sind und schlampig gearbeitet haben, dann sollten wir uns über Pannen und Missverständnisse nicht wundern. Davon erlebt man im christlichen Gemeindekontext auffällig viele. Sie sind in dem Fall vorprogrammiert und mehr als ärgerlich.

180 Oder fragend, suchend, skeptisch ...

181 Alle Menschen, die in Wandervereinen ein Zuhause gefunden haben, seien hiermit höflich um Vergebung gebeten. Es ist nur ein Beispiel.

182 In frappierend einfacher und nachvollziehbarer Weise hat diesen Vorgang John Ortberg in seinem Kurs „Abenteuer Alltag – Leiterhandbuch, Ein ganz normaler Tag mit Jesus", Gerth Medien, zusammengefasst.

183 Das praktische, tägliche Training kann ganz einfach sein, zum Beispiel: Ich grüße heute einmal wirklich aufmerksam meine Mitarbeiter. Wenn ich es vorher nicht gemacht habe, wird es zuerst zweifellos etwas komisch sein. Aber warum soll ich nicht auch mal etwas ungewohnt Komisches tun?

184 Ich werde nicht müde zu betonen, dass das nicht einfach ist. Training ist selten einfach. Es widerspricht manchem Wesenszug, es kostet möglicherweise Kraft, Gebetseinsatz, Überwindung, unterstützende Rituale und vieles mehr. Aber es macht nichts, wenn es etwas kostet. In dem Geheimnis, als Persönlichkeit zu wachsen, ist letztlich immer Segen für uns selbst verborgen.

185 Sie lernen unser wahres Gesicht kennen. Genau das ist authentisch: Wenn meine Frau meine schlechten Angewohnheiten und dunklen Seiten genau kennt, ich diese nicht vor ihr verbergen kann, aber sie mich trotzdem liebt.

186 Wir beherrschen es meist gut, Masken aufzusetzen. Das kann unbewusst passieren, wird für gewöhnlich gelernt. Es ist meistens dadurch gelernt, dass es anerzogen ist. Wenn wir es aber gelernt haben, sie zu benutzen, dann können wir auch ein gegenläufiges Verhalten lernen, sprich: wie man Masken ablegt.

187 In aller Reinheit wird das erst im Himmel der Fall sein. Bis dahin ist Zeit, zu üben. In Bezug auf unser Verständnis von Liebe schrieb C.S. Lewis dazu etwas, was mir auch auf diesen Vorgang sehr zutreffend scheint: „In jedem von uns steckt etwas, was Nachsicht, Toleranz und Verzeihen nötig macht. Die Notwendigkeit, diese Tugenden zu üben, setzt uns erst einmal in Bewegung, zwingt uns, unsere natürliche Liebe in Agape (Anm. göttliche, bedingungslose Liebe) umzuwandeln, genauer gesagt, von Gott umwandeln zu lassen. Dieses Stoßen und Reiben tut uns gut." (C.S. Lewis: „Was man Liebe nennt", Brunnen Verlag Basel)

188 In vielen Fällen habe ich ganz einfach reagiert. Wenn eine Gruppe von Menschen in dieser Weise redet, entferne ich mich fröhlich, unauffällig, nicht beleidigt. Ich wende mich aber wieder interessiert und liebevoll genau diesen Menschen zu, wenn das Thema wechselt. Vielleicht ist unsere stärkste Waffe oftmals, einfach nicht mitzumachen. Eingreifen dagegen lohnt sich immer dann, wenn es ums Lästern geht; meistens genügt eine kleine Erinnerung: „Moment, der/ die XY ist doch grade gar nicht hier …"

189 Wenn ich es mir genau überlege, würde ich wahrscheinlich doch nicht wandern gehen und irgendwann möchte ich auch keine Einladung mehr. Die Freiheit will ich behalten.

190 „Schulen sind kein Ort für Evangelisation", schreibt Klaus Göttler sehr treffend in: „Für Jesus begeistern", Handbuch Jugendevangelisation, S. 206, SCM Hänssler und Born-Verlag 2009). Allerdings gilt das im Wesentlichen für Inhalte des Unterrichts. Der Lebensort Schule, das Gebäude, die Ganztagesschulangebote, all das sind immer Einzelfälle, die je nach Vertrauensbasis einen riesigen Spielraum ermöglichen.

191 Der „Kairos" ist der Augenblick, in dem Gott quasi „auf den zeitlichen Punkt genau" etwas bewegt bzw. mit uns bewegen will.

192 Theodizee = Die Frage, warum ein liebender Gott das Leiden offensichtlich zulässt.

193 Achtung: Das kann schon auch mal ein paar Jahre dauern!

194 Wieder einmal habe ich den Eindruck: Kann es Spannenderes geben? Als jugendlicher Christ zu üben, meinen Glauben an einem öffentlichen Ort zu leben. Es gibt kaum eine größere Herausforderung, die ansteht.

195 Was besser zu ihm passt, wäre vielleicht eine Form von Überredung, wie er sie bei den meisten „Vätern" oder Propheten anwenden musste, die keine große Lust verspürten, Gottes Anweisungen zu befolgen. Dies galt aber in durchaus anderem Kontext. Wir sollten heute niemanden zu überreden versuchen. Jesus hat das auch nicht getan.

196 Mancher senkt an dieser Stelle angesichts menschlicher Begrenzungen beschämt den Blick und denkt sich: „Das musste ja schiefgehen"

197 Zachäus ist nur ein gutes Beispiel dafür, die Bibel ist voll von Menschen, die neugierig auf Gott waren in Jesus (und auch schon vor ihm!).

198 Aber gehen wir bitte in eine Schule und fragen mal einen Durchschnittsjugendlichen von heute, was ihm zum Thema „Kirche" oder „Glaube" als Erstes einfällt. Das Wort „Langeweile" ist ein ganz heißer Kandidat. Traurig ist das. Aber nicht demotivierend!

199 Ein Karnevalist, der ein Herz und eine Leidenschaft für den Karneval hat, was ich persönlich möglicherweise nie werde nachvollziehen können, braucht nicht krampfhaft daran erinnert werden, dass er sich bitteschön begeistert auf den nächsten Umzug vorbereiten soll. Er kann es einfach nicht abwarten, bis es endlich losgeht.

200 Wobei auffällig ist, dass Leute mit Krisen und Problemen oft gar nicht diejenigen sind, die unmotiviert sind.

201 Von besonderen Abenden, an denen die Gemeindemusiker regelmäßig längere Spielzeiten anbieten, bis hin zu Nachmittagen für ältere Leute, die vom gemeinsamen Singen bestimmt werden.

202 Von Mutter Teresa wird erzählt, sie habe im Anblick von Leid und Not Gott gefragt, warum er nichts tue. Er habe geantwortet: „Das Gleiche wollte ich dich auch fragen."

203 Letztlich ist es ein Prinzip Gottes, dass - auch, wenn wir diejenigen sind, die sich um die anderen kümmern - er selbst es ist, der es durch uns tut.

204 Übrigens ist auch beten eine Form der Diakonie. Wer nicht die Möglichkeiten hat, Menschen unmittelbar zu helfen, der kann in jedem Fall für sie beten - solange es andere gibt, die praktisch helfen und solange es nicht nur ein Alibi ist, nichts tun zu wollen.

205 In Apostelgeschichte 2 wird geschildert, wie Bedürftige auf sehr natürliche Weise integriert, zugelassen sind. Dass die Gemeinde sich dafür öffnet, ein Zuhause für jeden zu sein, ist der erste Schritt. Dass dazu auch Methoden verwendet werden dürfen ist klar, aber sie machen die Sache nicht aus.

206 J. H. Pestalozzi

207 Wie auch alle anderen sozial Benachteiligten, oder wen wir als solchen ansehen.

208 Es wäre schön, wenn auch diese Dinge nicht gegeneinander ausgespielt würden. Wir sind besonders gut darin, uns vorzumachen, dass wir ja „nicht viel tun können", und deshalb „nur" beten.

209 Ist die Bedürfnispyramide von Abraham Maslow bekannt? Sie macht deutlich, dass es verschiedene Kategorien menschlicher Bedürfnisse gibt, die nacheinander befriedigt werden müssen und auch nur in der richtigen Reihenfolge befriedigt werden können. Ist das Bedürfnis nach Nahrung, Schlaf und Wärme gestillt und fühlt sich der Mensch in Sicherheit, dann ist das Bedürfnis nach sozialen Kontakten präsent. Erst wenn die Grundbedürfnisse abgedeckt sind, können Menschen geistig arbeiten, Gedanken aufnehmen, sich mit dem Leben und dessen Sinn auseinandersetzen. Deshalb hängen Sozialdiakonie und Evangelisation eng zusammen. Sind die Menschen hungrig und fühlen sich unsicher, erreichen ausschließlich gesprochene evangelistische Worte kaum ihr Ziel.

210 Das sind nicht nur Mitglieder, sondern auch die, die sich selbst als dazugehörig verstehen, und sogar die, die einfach „nur so" dabei sind! Für uns gilt nach 2. Korinther 8,14: Jetzt helfe euer Überfluss ihrem Mangel ab, damit danach auch ihr Überfluss eurem Mangel abhelfe und so ein Ausgleich geschehe.

211 Der ist die Gemeinde nach 1. Korinther 12 und orientiert sich an seinem Wesen und Wirken. Das bedeutet, sie ahmt Jesus nach.

Zum Schluss: Danke!

Es gibt viele Menschen, denen ich zu danken habe, weil sie unmittelbar an all dem beteiligt sind, was in diesem Buch geschildert wird.

Danke an meine kleine Gemeinde mit allen Freunden, die dazugehören. Sie soll an erster Stelle genannt sein. Alle Erfahrungswerte und Texte dieses Buches ließen sich nur in praktischen Schritten formulieren, weil diese Gemeinde und Freunde schon mit mir gegangen sind oder wir noch zusammen unterwegs sind. Wir standen und stehen vor all den Schwierigkeiten, die aufgezählt werden, und sind von jeder perfekten Lösung weit entfernt. Aber wir sind auf dem Weg. Dafür bin ich sehr dankbar.

Danke an unsere vielen unermüdlichen Jugendlichen, besonders an die Mitarbeiter des EC Parchim, ebenso an unsere lieben Freunde aus anderen Jugendkreisen. Ihr seid lebendig mit dabei, das Abenteuer zu leben!

Danke an unsere tapferen Mitarbeiter in der Landeskirchlichen Gemeinschaft Parchim. Ihr verlangt mir immer wieder neu den größten Respekt ab, wenn ihr manchmal unter geradezu kuriosen Bedingungen nicht aufhört, mit Gott und Menschen unterwegs zu sein.

Danke an alle unsere Freiwilligen der vergangenen Jahre, ihre Familien und Gemeinden. Ohne eure Unterstützung wäre kein FSJ wahr geworden.

Danke an unsere Partnergemeinden und die vielen lieben einzelnen Freunde. Ihr habt so oft getragen, geholfen, gebetet und tut es noch immer.

Danke an Mareike Schulz und Ulrike Rönsch für ihre hilfreichen Beiträge zu einzelnen Kapiteln dieses Buches sowie an Fabien Girard für die fleißige Recherche. Ihr habt mich durch eure Mitarbeit neu motiviert und unterstützt.

Danke an Günther Kreis, Thomas Maier, Thomas Bast, Hartmut Stropahl, Thomas Hohnecker, Theo Schneider, Manfred Masannek, Ernest Ahlfeld und Siegrid Lemke. Ihr seid Leiter und Freunde, von denen ich viel lernen durfte und es immer noch darf. Das ist ein großes Glück für mich. Etliche weitere Namen könnten folgen, so viele Menschen haben unseren Gemeindebau über Jahr hinweg unterstützt und begleitet. Danke an jeden, der mit uns in dieser Weise verbunden ist.

*Danke von Herzen an meine Söhne Tim und Chris und meine liebe, **sehr** geduldige Frau Claudia.*